Mysterium des Herzens

Holger Niederhausen

Mysterium des Herzens

Das Menschenwesen hat eine tiefe Sehnsucht nach dem Schönen, Wahren und Guten. Diese kann von vielem anderen verschüttet worden sein, aber sie ist da. Und seine andere Sehnsucht ist, auch die eigene Seele zu einer Trägerin dessen zu entwickeln, wonach sich das Menschenwesen so sehnt.

Diese zweifache Sehnsucht wollen meine Bücher berühren, wieder bewusst machen, und dazu beitragen, dass sie stark und lebendig werden kann. Was die Seele empfindet und wirklich erstrebt, das ist ihr Wesen. Der Mensch kann ihr Wesen in etwas unendlich Schönes verwandeln, wenn er beginnt, seiner tiefsten Sehnsucht wahrhaftig zu folgen...

1. Auflage August 2018

© Holger Niederhausen · Alle Rechte vorbehalten
Umschlagabbildung: Shutterstock / dugdax, verändert.
Herstellung und Verlag:
BoD – Books on Demand, Norderstedt
ISBN 978-3-7528-4674-4

Sanftmut ist das heilige

Herz des Kosmos...

Sie betrachtete ihr Spiegelbild, gedankenversunken. Wie kam es, dass man gerade dieser Mensch war und kein anderer? War man das? Und wer war das, den man so sah, in so einem Spiegel?

Ein schönes Mädchen ... sie sah ein schönes Mädchen. Eine Weile betrachtete sie es so, als ob es ein fremdes Mädchen sei, an irgendeiner Straßenecke. Oder hinter einer Fensterscheibe. Der Spiegel als Fensterscheibe...

Und dieses Gefühl hatte sie oft. Dass sie gar nicht sie selber war. Nicht der, den man im Spiegel sehen konnte – und den Andere auch ohne Spiegel sahen. Sondern jemand ganz anderes. Oder keiner von allen. Nichts, was man sehen konnte. Die Gestalt, die sich im Spiegel zeigte, war *zufällig*. Sie hatte eigentlich keine Bedeutung...

Ihr Blick blieb an der herausgebrochenen Ecke des Spiegels hängen – links unten. Wann war diese Ecke herausgebrochen? Sie konnte sich nicht daran erinnern. Es musste vor ihrer Zeit gewesen sein. Und das war auch so etwas: manche Worte, manche Formulierungen. ‚Vor meiner Zeit'... Wann war das gewesen? War etwas *vor* ihrer Zeit gewesen? Sie konnte sich nicht vorstellen, jemals einmal nicht dagewesen zu sein – ihrem Spiegelbild zum Trotz.

Aber diesen Spiegel hatte man auch einmal hergestellt. Da waren Menschen gewesen, und sie hatten einen Spiegel gemacht – *diesen* Spiegel. Sie wusste nicht, wie man Spiegel machte. Sie nahm sich vor, es herauszufinden. Aber, jedenfalls, dieser Spiegel wurde irgendwann gemacht – auch schon ‚vor ihrer Zeit', denn er war älter als die herausgebrochene Ecke. Vielleicht machte man so etwas heute auch ganz mit Maschinen, auch früher schon, und der Mensch legte nur einen Hebel um, und eine Spiegelmasse ergoss sich in eine Form, erkaltete – und fertig war der Spiegel. Und zwar genau jener Spiegel, in dem sich Diana Lehmann dann fünfzehn

Jahre später betrachten würde – falls er nicht zu lange in der Fabrik und im Geschäft gelegen hatte, bis ihre Eltern ihn gekauft hatten.

Eltern... Wieso hatte man Eltern... Sie hatte sich all diese Gedanken schon unzählige Male gemacht – und nie eine Lösung gefunden. Natürlich, die Schule hatte eine Lösung, die Wissenschaft hatte eine Lösung. Aber was war überhaupt Wissenschaft? Warum gab es Wissenschaft? Und was wusste die Wissenschaft wirklich? Natürlich, sie wusste, wie aus einer Eizelle und einer Samenzelle ein Embryo hervorwuchs. Aber wusste sie wirklich, *wie* das geschah – oder nur *dass* es geschah?
Und wieso war man gerade der Embryo *dieser* Eltern? Natürlich, man konnte immer sagen: Du bist es nun mal. Aber wenn man sich damit nicht zufriedengab? Auch schon nicht damit, ein Embryo zu sein, ein Zellhaufen... Was war denn, *bevor* Ei- und Samenzelle zusammentrafen? Davor gab es sie, diese beiden, aber noch nichts anderes.
Und auf einmal gab es dann einen Zellhaufen ... und neun Monate später ein Etwas, das einen Namen bekam ... und das fünfzehn Jahre später, wie schon unzählige Male zuvor, vor dem Spiegel stand – genau diesem Spiegel, der mit der abgebrochenen Ecke –, und sich dann fragte: *Bin ich das?*

Man kam vom Hundertsten ins Tausendste mit solchen Fragen. Es ging ja mit dem Namen weiter. Wieso gaben einem die Eltern – was waren Eltern? – einem kurz nach der Geburt einen Namen? Und warum diesen? Ihre Mutter hatte irgendeine Beziehung zu jener sagenumwobenen Lady Diana gehabt, hatte sie irgendwie gemocht, und also auch den Namen, und das hatte ihrem Mann gereicht, er war einverstanden – und so hatte sie diesen Namen bekommen. Wie konnte so etwas reichen? Eine Idee, eine Sympathie – und ihr Vater war sogar nur ‚einverstanden' gewesen! Es fühlte sich fast an wie

eine peinliche, unangenehme Situation: Der Zellhaufen ist ja groß geworden. Jetzt ist er da, ein Baby auf einmal – und nun hat es ja noch gar keinen Namen...!
Sie hatte einmal eine ähnliche Redensart gehört: Wenn etwas Hals über Kopf auf einmal da war. Wie ein Lottogewinn. Wie hieß sie noch...
Da fiel es ihr wieder ein: ‚Wie die Jungfrau zum Kind...' Das war auch so etwas: Wie einem plötzlich Dinge wieder einfielen... Aber jetzt durfte sie den Faden nicht verlieren. Jetzt war sie bei der Jungfrau mit dem Kind. Und ja, so war es auch mit dem Namen. Sie war zu ihrem Namen gekommen wie die Jungfrau zu dem Kind. Einfach so. Willkürlich war das. Sie hatte gar nicht mitreden können – wie auch? Aber ihrem Vater war es offenbar auch egal gewesen – und ihre Mutter dachte sich: Ich will sie Diana nennen, nach meiner Lieblings-Prinzessin.
Aber hatte sie irgendetwas mit dieser Lady Diana zu tun? Doch rein gar nichts! Und trotzdem trug sie ihren Namen? Andererseits war diese Lady Diana nicht die Einzige, die so hieß. Nur, dass ihre Mutter sie wegen ihr so genannt hatte. Nun hieß sie also Diana.

Dieses *Spiegelbild* dort hieß Diana. Und das, was aus dem Zellhaufen geworden war, der sich aus zwei Zellen entwickelt hatte, die noch nichts davon gewesen waren, und was sich jetzt in dem Spiegel spiegelte, also das Gesicht mit dem ganzen Körper unten dran. Das hieß Diana. Eigentlich brauchte das also gar nicht ihr Problem zu sein, wenn sie nicht so heißen wollte. Es hieß dann ja nur jemand anders so. Das Dumme war, dass einen alle auch so *nannten*. Weil alle nur das sahen, was sie jetzt auch im Spiegel sah. Es gab also keinen Ausweg. Man musste es so hinnehmen. Vorerst.

Wenn sie das Bild so ansah – wie sie es schon oft gemacht hatte –, gefiel ihr das Mädchen. Es war ein sehr schönes

Mädchen. Aber das hieß trotzdem nicht, dass sie *sich* gefiel –
denn so betrachtete sie es gar nicht. Manchmal natürlich
schon. Manchmal musste man wissen, was im eigenen Gesicht los war, weil man zum Beispiel das Gefühl hatte, dass
man etwas im Auge hatte. Oder weil man sich gerade kämm-
te – wobei man das auch blind machen konnte. Aber viel lieber betrachtete sie das Gesicht im Spiegel, indem sie sich
sagte, das war *jemand*.
Und dann war es wie gesagt ein schönes Mädchen. Zu schön
eigentlich. Das störte sie immer dann, wenn sie sich sagen
musste, dass sie das selbst sei. Und wenn man die Folgen
davon in der wirklichen Welt spürte. Am schönsten war es,
das Mädchen nur zu betrachten – und zu denken: Was für ein
schönes Mädchen! Ein Glück ist das jemand anders...
Und was fand sie an ihr schön? Nun, die Haare waren schön
– schön seidig, lang, dunkelbraun, fast schwarz. Blaue Augen. Etwas zu kleine Nase – was aber Andere auch wiederum
schön fanden. Der Mund – obwohl ihre ältere Schwester sie
seit fast einem Jahr neidisch damit aufzog, dass er ‚sexy',
‚sinnlich' und auch sonst in jeder Hinsicht begehrenswert sei.
Ihr war das alles viel zu viel – und gerne hätte sie es geändert. Aber solange er nur ihrem Spiegelbild gehörte, fand sie
ihn schön. Ihr Spiegelbild würde sicherlich damit klarkom-
men...
Und zuletzt war da noch der Leberfleck etwas seitlich unter
ihrem rechten Auge. Bei dem Spiegelbild dachte man, er gehörte zum linken Auge. Hier hatte sie wirklich sehr lange gebraucht, um zu verstehen, wie man einen Leberfleck *schön*
finden konnte. Im Grunde hatte sie all die Jahre gebraucht,
sich an ihn zu *gewöhnen*. Und erst in den letzten Monaten
hatte sie das Gefühl gehabt, dass er schön sein *könnte* – wenn
man alles unter gewissen Aspekten betrachtete.

Das war überhaupt das Allerwichtigste: wie man etwas betrachtete. Schon bei dem Leberfleck ging ihr das alles viel zu

schnell. Die Menschen sagten dann entweder: ‚schön' oder aber: ‚nicht schön'. Und schon war es fertig! Sie musste gestehen, dass es ihr bei dem Leberfleck ja scheinbar nicht anders gegangen war. Andererseits konnte sie sich zugute halten, dass sie nie aufgegeben hatte, von dem ‚nicht schön' zu einer anderen Möglichkeit zu kommen. Sie musste aber bemerken, dass die Menschen das sehr selten taten. Natürlich nicht bei dem Leberfleck ihres Spiegelbildes! Sondern generell...

Es ging *alles* auf der Welt viel zu schnell. Und wenn einmal etwas fertig war, war es fertig. Vor allem in den Köpfen. Umdenken taten sie dann nicht mehr, diese Köpfe. Aber warum denn nicht? Warum wollten Köpfe immer, dass alles fertig war? Vielleicht war ihnen das Umdenken zu anstrengend... Vielleicht wollten sie am liebsten *überhaupt* nicht denken. Obwohl sie trotzdem fortwährend dachten – aber eben immer das Gleiche...

Also der Leberfleck, um ihm nun auch wirklich gerecht zu werden – denn auch er hatte ein Recht darauf –, hatte aufgehört, in ihren Augen ‚nicht schön' zu sein. Sie wusste gar nicht recht, ob er damit in ihren Augen nun ‚schön' genannt werden durfte. Aber sie sagte sich, dass der Leberfleck gewiss sogar ein Recht darauf hatte, *überhaupt nicht* irgendwie genannt zu werden – oder sogar selber entscheiden zu dürfen, wie er genannt wurde. Sogar ‚Leberfleck' war die allerschlimmste Krücke, um überhaupt eine Benennung zu haben, die sich natürlich nur Erwachsene ausdenken konnten. Auf den ersten Blick schien es schöner, die andere Bezeichnung zu nehmen, von der sie auch irgendwann erfahren hatte: ‚Schönheitsfleck'. Und doch fühlte sie den Fleck dadurch eigentlich auch erniedrigt – auf eine bloße Funktion, gleichsam nur kosmetisch.

In diesen letzten Monaten aber hatte sie gelernt – und eigentlich war das auch schon vorher der Fall gewesen, als sie ihn noch ‚nicht schön' gefunden hatte –, den Fleck an der Wange ernst zu nehmen. Das war auch so etwas, was niemand verstand, nicht Julia, ihre ältere Schwester, nicht Thomas, ihr jüngerer Bruder, aber auch nicht ihre Eltern, nicht die anderen Erwachsenen, überhaupt niemand, den sie kannte. Sie alle würden nicht verstehen, wenn sie versuchen würde, es zu erklären: Was es bedeutete, diesen Leberfleck ernst zu nehmen. Sie würden es also erstens nicht verstehen – und zweitens, selbst wenn sie es verstehen würden, würden sie sie für verrückt erklären. Also würden sie es noch immer nicht verstehen...

Dabei war es doch so einfach. Man nahm ihn einfach ernst! Er war weder ein Leberfleck noch bloß ein ‚Schönheitsfleck', sondern er war *dieser* Fleck, dort, genau an diesem Punkt ganz nah am Auge, etwa ein Zentimeter schräg unter dem Auge, zur Wange hin, den Übergang zur Wange bildend. Gleichsam wie ein treuer Hüter: ‚Hier bin ich, ich kann nicht anders. Ich beschütze diese Wange...'

Dieser Fleck war genauso einzigartig wie alles andere. Die Menschen hielten sich immer für so einzigartig – aber sie hatten keine Ahnung, dass auch alles andere einzigartig war, sogar *an* ihnen, oder auch nicht an ihnen, aber eben auch jeder beliebige Leberfleck, der eben gar nicht beliebig *war*, sondern genau an diesem einen Ort saß. Wenn er einen Zentimeter weiter rechts säße, wäre er schon nicht mehr dieser, sondern ein anderer... Allein schon das Wort ‚säße'! Er saß eben nicht, sondern er war da. Man konnte fast sagen, er *lebte* dort. Er existierte, wie sie auch existierte. Und sie, zumindest ihr Spiegelbild, konnte nicht ohne ihn existieren, weil es *mit* ihm existierte – und ohne ihn wäre es bereits ein anderes...

Aber darüber dachten die Menschen eben nie nach – und ernst nahmen sie es schon gar nicht. Dadurch war eben alles nur ein ‚Leberfleck' und fertig, ein ‚Schönheitsfleck' und fertig.

Dadurch wurde das Gesicht vielleicht schöner, aber der Fleck war ganz unwichtig.

Sie jedenfalls hatte in den letzten Monaten begonnen, diesen Fleck zu *lieben*. Nicht, weil er ihr Gesicht schöner machte, sondern weil er *da* war. Weil er so war, wie er war. Weil er dazugehörte. Weil er nicht egal war. Weil er ein Recht darauf hatte, gesehen zu werden. Sie liebte ihn, wie sie die Blumen liebte, die zwei Häuser weiter aus den Blumenkästen eines Fensters leuchteten, das im Erdgeschoss jedem Passanten ins Auge fiel. Die meisten gingen trotzdem einfach so vorbei – aber das war es eben: Wenn man sie *sah*, waren sie schön, einfach weil Blumen schön waren...

Flecken waren nicht einfach schön. Aber konnte man sie nicht auch so behandeln wie Blumen? Sie hatten ein Recht darauf. Zumal auch sie die Straße – oder in diesem Fall das Gesicht – nicht verschandelten, sondern ihm schlicht und einfach nur eine eigene Note gaben. Aber sie waren auch *etwas*. Als solche konnte man sie doch respektieren? Wenn man das tat, konnte man sie aber auch *mögen*. Nicht an sich – also an seinem eigenen Gesicht –, sondern *an sich*, also als *dieses*. Es gab alles nur einmal auf der Welt.

Nun – man konnte reden und reden, die Leute würden es doch nicht verstehen...

„Diana? Diana! Wo bist du?"

*

Die Stimme ihrer Mutter riss sie aus ihren Gedanken.

„Hier, Mama. Im Bad!"

„Kannst du bitte Einkaufen gehen? Ich brauche Milch für meinen Kaffee. Und wir brauchen noch einiges andere. Morgen ist Sonntag."

„Ja, Mama..."

Als sie in die Küche ging, erhielt sie von ihrer Mutter eine längere Einkaufsliste. Diese sah sie entschuldigend an und sagte:

„Ich weiß, eigentlich ist heute Thomas dran. Aber er hat ja bei Jakob übernachtet, und ich kann nicht immer warten, bis ihr alle wieder da seid und euer Amt übernehmen könnt..."

Im letzten Satz schwang einiger Ärger mit.

„Ist schon gut, Mama..."

Ihre Mutter blinzelte einmal lächelnd mit dem Auge.

„Meine Lieblingstochter!", sagte sie dankbar.

Sie wandte sich um, um im Flur den Rollwagen für die Einkäufe zu nehmen und sich auf den Weg zu machen.

Als der Gehweg sie aufgenommen hatte und sie sich von ihren Füßen weiter führen ließ, ging ihr auch dies weiter nach. Sie fand es ja schön, dass sie ihrer Mutter eine Freude machen konnte. Aber so etwas wie das, was ihre Mutter dann gesagt hatte – meine Lieblingstochter –, war ihr immer tief unangenehm. Etwas in ihr wehrte sich dagegen. Sie wusste genau, was ihre Mutter meinte. Aber musste man das auch *sagen*? Reichte es nicht einfach, sich zu *freuen*? Musste man dann ,Lieblingstochter' sagen und so eigentlich alles Schöne gleich wieder kaputtmachen?

Es machte ihr nichts aus, statt Thomas einkaufen zu gehen. Sie dachte an ihren jüngeren Bruder. Er hätte in derselben Situation einen Riesenaufstand gemacht. Er tat letztlich immer am wenigsten, fühlte sich aber immer am ungerechtesten behandelt. Wenn er auf irgendetwas schaute, war es immer die Frage: Wieviel müssen die anderen tun, bevor ich wieder dran bin? Ich habe schon dies-und-das gemacht. Warum nicht Diana? Warum nicht Julia? Julia macht gar nichts mehr!

Und das war der andere Streitpunkt. Ihre ältere Schwester war schon siebzehn. Inzwischen übernachtete sie mehr woanders als zuhause. So waren ihre Ämter eigentlich fast schon Makulatur. Sie existierten noch auf dem Papier und im Kopf, man wusste: Julia ist donnerstags und sonntags mit dem Abwasch dran. In Wirklichkeit aber wusch ihre Mutter inzwischen in zwei von drei Fällen selbst ab – weil sie einfach die Nase voll hatte und sie die Dienste auch nicht anders verteilt kriegten. Thomas hätte sich gegen jede Lösung, die nicht alles drittelte, kategorisch gesperrt.

Warum? Warum nur? War es so schwierig, etwas für die Familie zu tun? Wieso dachte er immer, er würde benachteiligt? Wieso kam es überhaupt darauf an, nicht benachteiligt zu werden – und immer an erster Stelle zu stehen im Nie-mehr-als-andere-machen-Wettbewerb? Warum merkte er gar nicht, wie er dadurch war – und wurde?
Und Julia war nicht viel anders – inzwischen. Deswegen war sie ja ‚Mamas Lieblingstochter'. Aber darum ging es ihr gar nicht. Sie fand es im Prinzip furchtbar, dass die Familie zerfiel. Julia war mit ihren Freunden und Freundinnen beschäftigt und betrachtete die Familie oder das Zuhause im wesentlichen nur noch als Durchgangsstation. Wenn sie zuhause war, ging sie davon aus, dass man sich freute, war im Prinzip selbst auch ganz nett, aber hielt Vorträge über das, was sie gerade dachte und mochte, und nahm wenig Rücksicht darauf, ob man das überhaupt hören wollte.
Sie hatte soviel verstanden, dass das ein Zustand zwischen Pubertät und Erwachsenwerden war. Julia benahm sich wie eine fast Erwachsene, die dies zumindest glaubte zu sein, und die gar nicht merkte, wie sehr sie sich in den Mittelpunkt drängte, wenn sie mal da war. Aber wenn das so war, wollte *sie* weder in die Pubertät kommen, noch erwachsen werden. Aber das konnte kein Naturgesetz sein, denn sie selbst war doch gar nicht so – und sie war auch schon fünfzehn, das hieß, weit drin in der Pubertät... Was war das überhaupt?
Sie merkte natürlich, was das war – körperlich. Aber sonst? Sie sah nur all die anderen Mädchen und Jungen, die in der Pubertät waren – und sah auch da sehr genau, was es war.

Aber immer mehr litt sie daran und wunderte sich darüber und fragte sich, wieso all diese Mädchen und Jungen so waren. Und auch die Erwachsenen. Die ganze Welt... Eine einzige große Frage. Leidvolle Frage...

*

In der Fußgängerzone sah sie die Frau. Sie sah diese Menschen sofort – Menschen, die Andere ‚Bettler' nannten, weil sie um Geld baten, obwohl das Wort aus dem Mittelalter stammte und sich seitdem nicht geändert hatte. Ein Wort wie ‚Leberfleck', nichtssagend, hässlich.

Die Frau saß hier in der Fußgängerzone neben einer Sitzbank auf dem Boden, mit einem Pappbecher, und sie hielt den Kopf gesenkt. Sie hatte sie noch nie gesehen. Die Frau hatte lange graue Haare und mochte vielleicht sechzig Jahre alt sein. Ihr Gewissen zog sich heftig zusammen, als sie an ihr vorüberging. Sie musste sie dabei die ganze Zeit ansehen – die Frau hatte ein liebes, verhärmtes Gesicht. Warum saß sie da? Sie schämte sich, erst einkaufen zu wollen und dann wiederzukommen. Aber dann hatte man mehr Ruhe...

Sie musste ihren Blick von der Frau fast losreißen. Wieso sah niemand anders sie an? Sie sah auch niemanden an – und das konnte man so gut verstehen! Aber wieso sah *sie* niemand an? Das konnte sie nie, niemals verstehen...

Der Gedanke an die Frau, das Bild der Frau, es begleitete sie bis in den Supermarkt. Nur halb bei der Sache, steckte sie einen Euro in den Einkaufswagen und fuhr durch die Gänge, dabei die Einkaufsliste Schritt für Schritt durchgehend. Auch das tat ihr weh. Dieses abgepackte Gemüse, all diese Dinge, Riesenstapel, Regale, Gänge, lauter Dinge – und wie sie hergestellt wurden. Ohne Rücksicht... Ihr Vorschlag, im Bio-Supermarkt einzukaufen, war von ihren Eltern glattweg abgelehnt worden. ‚So viel verdienen wir nicht', hieß es. Dabei hatte ihr Vater einen guten Job bei der Stadtverwaltung. Aber er war ‚Alleinverdiener'. Reichte es dann nicht? Reichte es dann nicht, um die Natur zu schützen, um Lebensmittel zu essen, die ohne Gift produziert waren? Aber sie hatten doch ein Auto. Sie fuhren im Sommer in den Urlaub. Und Julia bekam pro Monat fünfzig Euro Taschengeld. Sie hätte gar nicht gewusst, was sie damit tun soll, und hatte vor einem Jahr zu ihrem vierzehnten Geburtstag nach vielen Jahren eine Erhöhung auf fünf Euro in der Woche bekommen. Sie fand das noch immer unglaublich viel. Damit konnte man sich jeden Monat ein Buch kaufen. Oder etwas anderes. Aber fünfzig Euro im Monat! Natürlich musste Julia damit ihre ganzen Kosmetika auch bezahlen – aber wenn sie sie brauchte! Mit fünfzig Euro im Monat könnte man aber auch die Welt retten – und Monat für Monat Lebensmittel ohne Gift kaufen. Aber dafür war kein Geld da...?

Traurig rollte sie mit dem Einkaufswagen an die Kasse und stellte sich in die Schlange. Sie spürte es im Bauch – bis da hinein tat es weh, nicht körperlich, aber seelisch. All diese Dinge im Wagen zu sehen, von denen man wusste: das ist nicht *richtig*. Das ist falsch. Und alle, alle tun es. Und keiner denkt darüber nach. *Aber es ist falsch.* Auch sie tat es. Weil sie den Kampf nicht führen konnte. Weil sie Streit nicht ertrug. Aber sie wusste, dass es falsch war, und sie litt daran. Obwohl sie als die ‚Lieblingstochter' sogar am allermeisten einkaufte. Wie verrückt war diese Welt...

Als sie dran war, bezahlte sie mit dem Fünfzig-Euro-Schein ihrer Mutter und verstaute das Wechselgeld im Einkaufs-Portemonnaie. Dann packte sie alles Eingekaufte in den Rollwagen, fuhr den Einkaufswagen zurück und begab sich wieder in die Fußgängerzone.

Jetzt hatte sie alles erledigt, was sie musste, und nun war sie frei. Gleich würde die Frau wieder da sein – noch immer dort sitzen –, und dann würde sie mit ihr sprechen. Sie hatte schon mit so vielen dieser armen Menschen gesprochen. Man *musste* mit ihnen sprechen. Wieso tat es keiner?

Als sie die Bank mit der Frau wiedersah, fuhr sie hinter der Bank herum, an der Frau vorbei, stellte ihren Wagen neben sich und setzte sich dann neben der Frau. Es war ein warmer Aprilmorgen.

Sie umschlang ihre von ihrem Frühlingskleid bedeckten Beine und schaute vorsichtig zu der Frau, die neben ihr saß – und die voller Erstaunen verfolgt hatte, was gerade neben ihr geschah.

„Guten Morgen...", sagte sie zu der Frau unsicher.

Sie wollte auch nie in die Privatsphäre eindringen, obwohl diese Menschen schon so wenig Privatsphäre hatten...

„Guten Morgen...", sagte die Frau traurig und ebenfalls etwas verunsichert.

Jetzt erst wurde ihr deutlich, dass dies für die Frau der falsche Gruß gewesen sein musste.

„Sind sie...", fragte sie befangen, „sind sie schon ... schon lange hier?"

„Hier?", fragte die Frau müde. „Hier in dieser Stadt? Hier auf der Straße?"

Sie schämte sich und kam sich fast so vor, als würde jede ihrer Fragen die Frau doch belästigen. Dabei wollte sie so sehr das Gegenteil.

„Ich weiß nicht...", sagte sie unsicher. „Sind ... Sie denn nicht von hier?"

„Nein..."

„Aber – wieso sind Sie dann hier?"

Die Frau hatte so ein liebes, armes Gesicht...

„Mein Mann", begann die Frau mit müder, leiser Stimme, als wolle sie nicht, dass die vorbeigehenden Passanten etwas hörten, die nun vielfach schauten – auf einmal, weil sie jetzt mit da saß –, „er war, also er ist – Alkoholiker. Und – und irgendwann habe ich es nicht mehr ausgehalten...“

Es war eine Grenzwanderung... Ein Tasten im heiligen Reich eines völlig fremden Lebens.

„Und dann...?“, fragte sie so vorsichtig wie möglich.

„Dann bin ich ... hier gibt es ein Hilfszentrum. Für Frauen. Da bin ich hingefahren. Es gibt Notunterkünfte, zum Übernachten, haben sie gesagt – und da konnte ich bis jetzt übernachten. Aber das ist nicht dauerhaft. Ich weiß nicht, wo ich bleiben soll.“

Sie war entsetzt.

„Und die Leute vom Hilfszentrum?“

Die Frau seufzte.

„Es gibt Formulare. Es gibt so vieles. Aber ich hab dazu im Moment keine Kraft. Ich bin ja erst vor drei Tagen angekommen. Sie haben gesagt, ich soll meinen Mann verklagen. Aber das kann ich nicht. Ich kann so was nicht...“

„Verklagen? Warum denn?“

Die Frau schaute sie einige Momente schweigend an. Dann sagte sie:

„Das willst du alles gar nicht wissen...“

Betroffen schwieg sie. In solchen Momenten fühlte sie sich klein, behandelt wie ein kleines Kind. Vielleicht wollte sie es nicht wissen, das konnte sein – aber wie wollten andere Menschen wissen, was sie wissen wollte und was nicht? Wieso *entschieden* sie einfach über sie?

„Er hat mich geschlagen...“, sagte die Frau nun leise. „Und auch noch Schlimmeres...“

Nun schämte sie sich fast. Jetzt fühlte sie sich wirklich, als wäre sie in das Privateste der Frau eingedrungen. Sie wusste nicht, was das noch Schlimmere war. Aber sie konnte es sich denken. Und sie hatte von der Frau niemals verlangen wollen, das zu gestehen. Sie hatte nicht gewusst, dass es so schlimm war. Betroffen schwieg sie...

„Tut mir leid...", murmelte sie dann.

Die Frau kam ihr sehr einsam vor, einsam und verloren.

„Und die Formulare?", fragte sie leise, sich fortwährend irgendwie schuldig fühlend, weil sie so wenig verstand und noch weniger machen konnte. „Was gibt es noch – außer das Verklagen...?"

Die Frau schüttelte müde den Kopf.

„Ich weiß es nicht... Theoretisch müsste ich ja zurück, aber das kann ich ja nicht. Theoretisch ist eine andere Behörde zuständig – aber jetzt bin ich ja hier. Ich kann nicht mehr zurück. Theoretisch müsste ich umziehen, mich ummelden, was auch immer..."

Wieder schüttelte die Frau den Kopf.

„Ich weiß es nicht..."

„Also Sie brauchen etwas zum Schlafen?"

„Ja... Erstmal..."

Die Frau sah sie mit leiser Hoffnung an, als hätte sie etwas.

Wieder schämte sie sich.

„Es tut mir leid...", sagte sie leise. „Ich – ich hab ja auch nichts..."

„Ja, natürlich...", sagte die Frau mit geschwundener Hoffnung. „Es ist nett von dir, dass du trotzdem gefragt hast..."

Sie war auf einmal unsicher, ob sie noch willkommen war, oder ob sie nun eine Last wurde, wenn sie noch blieb.

„Es tut mir sehr leid...", sagte sie aufrichtig.

Die Frau schwieg eine Weile. Ihre Gefühle strömten zu der Frau hin...

„Weißt du...", sagte diese nun wiederum leise, „du bist der erste Mensch, der in dieser Stadt mit mir spricht. Außer den Leuten vom Hilfszentrum, meine ich..."

Tief betroffen konnte sie nur schweigen. In so einem Moment hatte man einfach keine Worte.

„Dafür danke ich dir..."

„Das müssen Sie nicht", erwiderte sie voller Mitleid, und nun begegneten sich ihre Blicke einen langen Moment, bis sie dem Blick der Frau ausweichen musste...

Am liebsten hätte sie den Arm der Frau gestreichelt, oder ihren Rücken – irgendetwas... Aber das wagte sie nicht.

„Brauchen Sie *jetzt* irgendetwas?", fragte sie warm. „Ich hab gerade eingekauft... Gemüse, Obst."

„Du bist so nett, Mädchen... Ich habe etwas Geld bekommen. Ich kann mir auch nachher etwas zu essen kaufen. Aber einen Apfel vielleicht – wenn du mir einen geben kannst..."

„Aber natürlich!"

Sie war so froh, dass sie irgendetwas tun konnte, dass sie fast überstürzt aufstand und in dem Rollwagen umständlich nach den Äpfeln fischte, bis sie die Tüte erwischt hatte und einen davon herausnahm.

„Wollen Sie vielleicht zwei?", fragte sie die Frau.

„Nein – einer reicht, liebes Kind..."

Sie reichte ihn der Frau. Die ganze Zeit begleitete sie das Gefühl, so unendlich wenig tun zu können. Ein fortwährender leiser Strom der Scham...

„Und wie heißt du?", fragte die Frau nun dankbar.

„Diana."

„Diana? Ein schöner Name..."

„Finden Sie?"

„Aber ja!"

„Und wieso?"

„Wieso? Er ist doch schön. Sehr schön sogar. Ein schöner Klang..."

Es war ihr ein wenig unangenehm, so schön über ihren Namen gesprochen zu hören.

„Und Sie?", fragte sie schüchtern. „Wie heißen Sie...?"

„Gisela. Gisela Franke."

Ein Schweigen trat ein. Da hatte ein Mensch einfach einen Namen. Jeder Name war ein Mensch. Und auf einmal hatte ein solcher Mensch kein Zuhause mehr. Und eine alte Frau hieß auf einmal Gisela Franke – und hatte seit drei Tagen kein Zuhause mehr, sondern war jetzt hier in ihrer Stadt, und der einzige Platz, den sie hatte, waren die Pflastersteine der Fußgängerzone neben der Bank in der Nähe des Supermarktes...

„Soll ich...", fragte sie unsicher, „soll ich Ihnen ... meine Telefonnummer oder Adresse geben? Falls Sie vielleicht Hilfe brauchen ... ich meine, Sie brauchen natürlich Hilfe, aber ich meine – ich wollte sagen – –"
„Ach, du liebes Mädchen. Ja, schon gerne. Aber ich will dir auch nicht zu nahe treten. Ich werde schon irgendwie zurechtkommen. Aber – ja, freuen würde ich mich, dich wiederzusehen... Überhaupt..."
„Gut...", sagte sie unbeholfen, weil sie selbst gar nichts zum Aufschreiben dabeihatte. „Haben Sie ... also ... haben Sie etwas zum Schreiben?"
„Ja..."
Die Frau kramte in einem kleinen Beutel, der neben ihr lag, und fischte einen kleinen, abgegriffenen Notizblock und einen alten Kugelschreiber hervor. Sie reichte ihr beides. Die Geste rührte sie sehr – um so mehr, als sie beim Aufschlagen bemerkte, dass es bereits Eintragungen gab und sie über diese privaten Eintragungen hinwegblättern musste, um die leeren Seiten zu finden.
„Also", sagte sie zögernd, „dann schreibe ich – hierhin?"
„Ja, bitte."
Sie trug in ihrer schönsten Schrift ihren Namen mit Adresse und Telefonnummer ein. Man konnte dies heute gar nicht ohne Unbehagen tun, weil es so viele Geschichten in der Welt gab – und immer wieder hieß es: Gib nicht deine Daten heraus! Aber Google hatte ohnehin alle Daten – und so viele

andere Konzerne, von denen man es kaum wusste, der amerikanische Geheimdienst, und wer noch alles. Aber eine liebe Frau, die nichts mehr hatte, durfte ihre Adresse nicht bekommen? Doch, sie durfte!
Wieder gab sie mit diesem Strom von Mitleid der Frau das alte Notizbuch und den Stift zurück.
„Bitte...“
„Danke, liebes Kind.“

„Dann ... dann wünsche ich Ihnen jetzt erstmal alles Gute... Ich ... ich komme jedenfalls sehr oft hier vorbei. Wenn Sie dann ... noch da sind...“
„Vielen Dank, Diana. Du bist wirklich wie ein Engel gewesen. Ich wünsche dir auch alles Gute!“
„Danke...“, sagte sie mit tiefer Verlegenheit.
Dann erhob sie sich unbeholfen und sah die Frau noch einmal an.
„Auf Wiedersehen...“
Sie winkte aus nächster Nähe unbeholfen einmal kurz mit ihrer Hand.
Die Frau grüßte zurück.
„Auf Wiedersehen...“

Sie konnte sich nicht von einem Menschen verabschieden, ohne sich noch mindestens zwei- oder dreimal umzusehen. Wie war so etwas möglich? So etwas wie Abschiede? Wie konnte man auseinandergehen, wenn man eben noch in einer Begegnung war? Wie konnte so etwas wie eine Begegnung *beendet* werden? Es war, als zerrisse man einen Faden, ein Band, ja, ein Netz, eine Hülle. Eine zarte Eihülle, wie die von einem Küken, die nicht kaputtgehen durfte, weil das Küken ja noch drin war.

*

23

Als sie bei einem Müsli mit ihrer Mutter am Tisch saß, während diese ihren Kaffee mit Milch trank, sagte sie möglichst beiläufig:

„Mama – wenn jetzt eine Frau von ihrem Mann geschlagen wurde, und Schlimmeres... Und ... wenn sie dann von ihm weggelaufen wäre. Und wenn sie –"

Ihre Mutter hatte sie begreifend gemustert und schließlich mit ihrer ganzen Miene alles gestoppt.

„Diana...", unterbrach sie sie mit diesem typischen entlarvenden Ton, „hast du etwa wieder jemanden auf der Straße getroffen und dich mit ihm unterhalten?"

„Nicht *jemanden*, Mama", antwortete sie nun verzweifelt. „Es war eine Frau. Eine liebe alte Frau. Ihr Mann hat sie geschlagen, und –"

„Und wir können nicht für alles Leid in der Welt verantwortlich sein, Diana!", vervollständigte ihre Mutter den Satz auf ihre Weise. „Wann begreifst du das endlich?"

Hilflos sah sie ihre Mutter an.

„Ich ... ich *kann* das nicht begreifen, Mama! Was heißt denn ‚alles Leid in der Welt'? Sie ist doch hier! Hier in unserer Stadt, Mama – ganz in der Nähe. Bei der Bank kurz vor dem Supermarkt. Da sitzt sie jetzt – und hat niemanden. Und ihr Name ist Gisela – Gisela Franke. Das ist nicht alles Leid in der Welt. Es ist *eine* Frau..."

„Nein", sagte ihre Mutter entschieden. „Wir können ihr jedenfalls nicht helfen, Diana."

„Sie könnte in meinem –"

„Nein, Diana!", unterband ihre Mutter nun alle Vorschläge, ohne sie angehört zu haben. „Sie könnte gar nichts. Nicht bei uns. Das geht nicht, Diana – verstehst du denn nicht? Du kannst nicht einfach Menschen aufnehmen. Du kennst sie gar nicht. Und man kommt auf die Dauer gar nicht miteinander klar, das kann ich dir schon jetzt voraussagen. Du stellst dir das immer alles so leicht vor. Das ist es aber nicht. Die Frau muss sehen, wie man ihr helfen kann. *Wir* können es nicht. Wirklich nicht."

Das war dann immer das Ende eines solchen Gesprächs. Ein Machtwort. Das, was die Mutter dachte – oder der Vater –, das zählte. Natürlich. Es war ja nicht ihre Wohnung. Sie konnte also nichts tun, als es zu versuchen. Aber es scheiterte immer.

Sie schwieg betroffen.

„Diana...", versuchte ihre Mutter es nun wieder gutmütig. „Ich meine – *versuchst* du es denn wenigstens zu verstehen? Ich kann ja deine Gedanken auch verstehen. Aber versuchst du denn auch, unsere Position, unsere ... Überlegungen zu verstehen?"

Sie sah ihre Mutter traurig an. Auf solche Fragen konnte man dann immer nicht mehr antworten... Sie gaben einem ein schlechtes Gewissen, dass man es angeblich nicht versuchte. Weil die Erwachsenen doch immer weiser waren, mehr überschauten und die richtigeren Entscheidungen trafen.

„Ich kann euch verstehen", erwiderte sie. „Aber ich verstehe es trotzdem nicht..."

Die Mutter seufzte.

„Na ja", sagte diese schließlich. „Komm erstmal in unser Alter. Wenn du dann einmal drei Kinder hast und so weiter ... vielleicht verstehst du es dann..."

Und das war das zweite ‚Argument'. Sie wollte ja aber gar nicht so werden!

„Ja, Mama..."

Ihr Wunsch nach Harmonie war immer so groß... Und doch wurde er immer nur so einseitig erfüllt – indem sie nachgab. Indem sie etwas ‚einsah', was ihr Herz niemals einsehen konnte. Aber darauf beruhte die Harmonie. Dass ihr Herz einsehen musste, während alle anderen nicht einsehen brauchten.

Ihr Herz musste einsehen, dass alle anderen nicht so waren wie sie...

*

Ursprünglich hatte sie sich für diesen Samstag vorgenommen, das Buch weiterzulesen, das sie angefangen hatte. Sie hatte vor kurzem einen schwedischen Schriftsteller entdeckt, Peter Pohl, und nun hatte sie das zweite Buch von ihm begonnen, ‚Ich bin Malin'. Aber obwohl sein Stil sich von allem unterschied, was sie bisher gelesen hatte, und er sie außerordentlich berührte, konnte sie sich doch nicht entschließen, ihr Vorhaben wahrzumachen. Zu sehr ging ihr die Begegnung mit der Frau nach. Lieber wollte sie jetzt allein sein, draußen. Sie machte sich also zwei Brote für unterwegs, sagte ihren Eltern Bescheid und machte sich dann auf den Weg.

Es gab ein Naherholungsgebiet, das mit dem Bus in zwanzig Minuten zu erreichen war. Hier ging sie oft spazieren. Es gab einen Weg, der durch die Felder führte, teilweise sogar durch Landschafts- und Naturschutzgebiet. Sie liebte die Natur – und fühlte sich auf solchen einsamen Wanderungen immer wundersam geborgen...

Als sie den Bus bestieg, waren nicht allzu viele Menschen darin. Das war nicht ungewöhnlich. Es gab genügend andere Ausflugsziele. Auch war es gerade die Lücke zwischen Vormittag und Mittag. Dennoch saßen im hinteren Teil des Busses, wo sie sich ebenfalls hinsetzte, hinter ihr drei ältere Mädchen. Sie achtete zunächst nicht auf deren Gespräch, sondern sah nach draußen – aber die Mädchen unterhielten sich so ungeniert, dass man nach kurzer Zeit mithören musste, ob man wollte oder nicht.

Zuerst wurde ihr deutlich, dass die Mädchen in den nächsten Monaten ihr Abitur machten. Sie waren also drei Jahre älter als sie, gerade erwachsen geworden.

Jetzt erzählten sie von ihren ‚Ex'. Ein Mädchen sagte:

„Ich hatte schon in der vierten einen Freund. Und in der sechsten hat er mit mir Schluss gemacht, weil ‚ich zu viel Zeit bräuchte'."

Sie glaubte, ihren Ohren nicht zu trauen. Wovon redeten diese Mädchen? Sie rechnete nach. In der vierten Klasse war man neun Jahre alt, in der sechsten dann elf...

Jetzt sprachen sie über ihren ersten Sex. Ein Mädchen sagte, das war mit fünfzehn. Eines hatte ihn schon mit vierzehn. Sie wurde rot, obwohl sie den Mädchen nur den Rücken zukehrte...

Sie sprachen über die Pille. Eines der Mädchen sagte:

„Allein schon, weil man sonst immer diskutieren muss: Willst du ein Baby oder nicht?"

Ein anderes sagte:

„Ich denke mir schon lange: wenn du achtzehn bist, kriegst du ein Baby. Safe. Aber wenn es so wäre – ich könnte nie abtreiben."

„Das könnte ich auch nicht."

„Ich meine, ich bin kein Gegner, oder so etwas. Wenn Frauen so was machen – das müssen sie entscheiden. Aber ich selbst, ich könnte das nicht. He, Leute – wir müssen raus!"

Für einen Moment sah sie noch einmal die drei Mädchen im Profil und dann ganz kurz, als sie ausgestiegen waren. So sah man also aus, wenn man sein Abitur machte und achtzehn geworden war. Und wenn man schon neun Jahre zuvor seinen ersten Freund hatte und schon seit vier Jahren offenbar ganz regelmäßig Sex...

Sie war völlig erschüttert. Ein wenig erinnerten diese Mädchen sie an ihre große Schwester, Julia. Bei ihr hatte sie sich nie gefragt, wie das alles war. Aber auch Julia traf sich mit verschiedensten Freunden – und hatte daneben einen festen Freund, wobei das auch wechselte. Und nun hatten diese drei Mädchen ihr völlig ungeniert offenbart, in einer Unterhaltung, in der jeder mithören konnte, sicher auch noch ein, zwei Fahrgäste ein paar Reihen weiter vorne, was heute auf diesem ‚Gebiet' normal war.

Sie fühlte sich völlig fremd. Berührt von einer fremden Welt, ganz fremd. Wie konnte man über diese Dinge *so* reden? Selbst ihr Erschrecken bekam sie kaum zu fassen – in dem, was genau sie so erschreckte. Allmählich wurde ihr es dann aber doch deutlich, dass es genau dies war: diese Art zu sprechen. Als wäre es *normal*. Nun – wenn man es normal *fand*, dann war es das auch. Dann gab es genau das: den ersten Freund, den zweiten, den dritten... Den ersten Sex, den zweiten, den dritten, den fünfundachtzigsten.

Sie würde das nie verstehen. Dass die anderen in ihrem Alter und in dem Alter dieser Mädchen *so* darüber redeten. Dann war das ... dann war es auch nicht anders als die neueste Episode der gerade laufenden Serien, in denen sich die anderen heute ja auch so hervorragend auskannten. Ob man nun Folge acht von Serie X in Staffel Y geschaut hatte – oder ob man Sex Nummer dreiundvierzig mit Freund Nummer neun gehabt hatte ... welchen Unterschied machte das noch? Dann war auch das nur noch ein ‚Event'. Und dann warf man eben die Pille ein, um ‚durchstarten' zu können.

Sie fühlte fortwährend, wie ihre Seele erschauerte. Sie konnte das *noch* weniger verstehen, als dass ihre Eltern die alte Frau nicht aufnahmen. In ihre Eltern konnte sie sich noch ein wenig hineinfühlen. In diese Art, über diese Dinge zu sprechen, nicht mehr. Sie konnte sich vorstellen, dass es möglich war, weil es ja vor ihren Augen geschah. Aber sie konnte sich nicht vorstellen, wie man so werden konnte, wie man freiwillig so sprechen konnte. Wie man über das *Heiligste überhaupt* so sprechen konnte, als würde man es ... von der Straße aufkratzen...

Sie musste aussteigen – der Bus hatte sein Ziel erreicht. Sie verließ die Bushaltestelle, und schon nahm die Natur sie auf. Um sie herum grünte es, blühte es vorsichtig – und sangen die Vögel.

Die Natur – warum fühlte sie sich in ihr nur so wohl? Man konnte in ihr noch das Kleinste lieben. Es war *alles* schön. Die unendliche, wunderschöne Landschaft, mit all ihren Einzelheiten – und dann bis hin zu dem kleinsten Baumstumpf mit den einzelnen Moospolstern darauf, ja noch die kleinsten Mooshälmchen. Die einzelnen Sämlein. Der kleinste Käfer. Alles – einfach alles. Alles war schön. Wie eine Biene zu den Weidenkätzchen flog. Wie sie fleißig Pollen und Honig sammelte und dann zu ihrem Stock trug. Dieses kleine, liebe Insekt – das sich so anstrengte, so fleißig war, man sah gar nicht, *wie* fleißig. Man sah ja immer nur Momente. Und schon diese kleinen Momente konnten einen so ungeheuer *rühren*... Nur dass auch dies niemand anders erlebte, offenbar niemand sonst.
In der Natur war alles so unglaublich schön. Man konnte es so sehr lieben. Es war in seiner Schönheit so unglaublich berührend. In seiner Schönheit – aber auch ... aber auch in ... seiner *Unschuld*. Die Natur war ganz und gar, wie sie war. In allem schön. Und so unglaublich unschuldig. Das Mooshälmchen. Die einzelne Blume. Der Baum. Der Käfer. Die Ameise. Die Biene. Alles war so völlig unschuldig. So wehrlos gegenüber dem Menschen auch.

Und dann waren da die Mädchen von heute, wie sie heute waren. Und die *sahen* das alles nicht. Die sahen nur ihre Handys. Die sahen und unterhielten sich über Freund Nummer X und über Sex Nummer Y, überhaupt nicht mehr gezählt. Alles normal. Nicht mehr der Rede wert. Zwar der Rede wert, denn man unterhielt sich ja darüber – aber gerade um so entheiligter...

Wenn man über die Natur reden würde, würde man sie auch ... nicht mitnehmen können in ihrer ganzen Schönheit. Man würde reden – aber die Natur wäre nicht mehr da. Man würde auch die Natur zerreden. Man zerredete heute *alles* – und sah *nichts* mehr.

Aber wie kam das? Wieso merkte man nicht – wie sehr man alles kaputtmachte? Schon durch das Reden! Schon durch die Art des Redens! Es war für sie ein völliges Rätsel. Sie verstand es nicht...

Was sie spürte, war, dass diese Mädchen offenbar *stolz* darauf waren, so zu sein. Irgendetwas fanden sie ‚toll' daran, so darüber zu reden: über ihre ersten Freunde schon mit neun, zehn Jahren. Über das gegenseitige ‚Schlussmachen' schon mit elf oder zwölf. Über den ersten Sex mit vierzehn oder fünfzehn – und dann immer weiter, mit achtzehn war es längst normal, alles normal, und man war *stolz* darüber! Wie konnte man darüber stolz sein? War das nicht unendlich furchtbar... Unendlich traurig und trostlos? Offenbar nicht für diese Mädchen. Sie fanden das alles offenbar toll. Dabei war es so schlimm – so schlimm...

Sie spürte, dass ihre Gefühle ein wenig so waren wie heute Morgen gegenüber der alten Frau. Ja – die Mädchen taten ihr wirklich irgendwie leid. Aber irgendwie auch nicht. Aber etwas *tat* ihr leid. Was war es dann aber? Was tat ihr leid? Womit hatte sie Mitleid?

Aber ja! Es war das, worum es ging – dieses selbst. Sie wusste noch nicht, wie das war: die Liebe. Die wirkliche Liebe. Das wusste sie noch nicht. Sie wusste nur eines: sie war *nicht* so, wie diese Mädchen davon redeten. Diese Mädchen *kannten* die Liebe überhaupt nicht – nicht die wirkliche... Sie redeten von etwas, was auch die neueste Serienepisode sein könnte – und das war es ja auch, eine Episode in einer unendlichen Serie, und die einzelnen Staffeln waren dann die wechselnden Freunde. Sie erschauerte wieder.

Womit aber hatte sie dann Mitleid? Sie spürte dieses Gefühl gegenüber dem, was diese Mädchen immer nicht kannten. Sie spürte ein unsägliches Leid darüber, dass dieses Etwas *überhaupt* nicht mehr gekannt wurde. Sie kannte es selbst auch noch nicht – und doch hatte sie so sehr das Gefühl, dass sie es viel besser kannte als all die anderen, die es gerade ... ja, wirklich mit Füßen traten...

Sie selbst würde dieses ‚Etwas' heilig halten, weil es wirklich heilig *war*.

Jetzt erinnerte sie sich auch wieder an ein Gespräch, das sie vor etwa einem Dreivierteljahr mit Julia gehabt hatte. Diese hatte sie neckend nach ihrem Freund gefragt – aber da war noch kein Freund. Dann hatte sie sie wieder mit ihrem ‚sinnlichen Mund' aufgezogen. Und dann hatte sie in etwa gesagt: ‚Diana – ich glaube, du bist die Ultra-Idealistin, oder Romantikerin, oder wie man auch immer dazu sagen soll. Aber wir leben nicht mehr in einer solchen Zeit. Es gibt auch keine Traumprinzen mehr. Nimm es einfach, wie es kommt! Sonst kommt irgendwann nichts mehr... Dann hast du die Realität verträumt. Und die ist voller Jungs...'

Sie fand diese kleine Ansprache damals auch genauso furchtbar. Jetzt stellte sie fest, dass es genau das Gleiche war. Es war die *Einstellung*.

Wieder schauderte ihr Inneres. Es war ihr völlig egal, wie sehr die Welt ‚voller Jungs' war. Sie wollte überhaupt keine Welt voller Jungs – und schon gar nicht voll solchen, wie sie heute herumliefen. Gegen die allermeisten Jungs waren die Mädchen von eben ja noch harmlos! Das war das Schlimme: dass es immer *noch* schlimmer wurde...

Sie wollte niemanden, der so war. Keine Freundin, keinen Freund. Niemand, der so war, würde *sie* je verstehen. Würde es so jemanden überhaupt geben? Einen, der sie verstehen würde? Einen Einzigen? Ein Einziger würde ihr ja reichen... Ein Einziger... Sie glaubte nicht, dass es selbst nur einen Einzigen geben würde. Aber wie konnte es sein – dass für alle allein schon dies, die Liebe, auch die körperliche Liebe, so *gewöhnlich* war? Aber dann auch alles andere... Die Natur, die unendliche Schönheit... Die Blumen am Fenster eines Erdgeschosses. Eine alte Frau, die vor drei Tagen alles verloren hatte, was sie bis dahin gehabt hatte.

Warum? Warum sahen sie alle das nicht? Niemand... Warum sah es niemand...? Was machte sie alle so blind? Was für eine Art Blindheit war dies? Eine, auf die man noch stolz war – denn das sah sie ja *auch*: dass die Menschen auf diese Art von Blindheit stolz waren, so stolz...

Und das Rätsel wogte und würgte wieder in ihrem Bauch, bis dorthin spürbar, als leidvolle Frage, als unbeantwortetes Leid... Und dann spürte sie Tränen in sich aufsteigen – und wusste nicht, woher sie kamen, sie kamen einfach...

Am Abend, als sie zu viert beim Abendbrot saßen – Julia hatte sich verabredet –, nutzte ihr Vater die Gelegenheit, um zu fragen, was sie in der Schule gerade hatten und machten. Das tat er in gewissen Abständen. Sie gab dann eigentlich immer bereitwillig Auskunft und erzählte von der jeweiligen Epoche. Diesmal aber lag ihr noch immer das Schicksal der alten Frau so sehr auf dem Herzen, dass sie unbedingt *darüber* sprechen wollte.

„Na, Diana, was macht *ihr* gerade?“
Sie sah ihren Vater an – und ließ dann zögernd ihrem Herzen freien Lauf.
„Ähm, Papa ... ich ... ich wollte etwas anderes fragen. Also, wenn...“, sie spürte den erstaunten Blick ihres Vaters, sie sammelte neuen Mut und setzte das Angefangene fort, „wenn also ein Mensch ... auf einmal kein Zuhause mehr hat...“
Die Mutter unterbrach nun:
„Diana, darüber haben wir schon gesprochen.“
„Aber sie *hat* kein Zuhause mehr!“, wandte sie sich leidenschaftlich an ihre Mutter.
„Um wen geht es hier eigentlich?“, erkundigte sich ihr Vater.
„Um eine alte Frau!“
Sie sah hoffnungsvoll wieder ihren Vater an.
„Sie – sie saß heute neben der Bank bei dem Supermarkt. Sie – verstehst du? – da war die Bank, aber sie saß nicht auf der Bank, sondern daneben, auf den Steinen! Um eine ‚Bettlerin‘ zu sein! Aber sie hat ... hat einen Mann, vor dem sie weglaufen musste, weil er sie schlug ... und ... Schlimmeres. Und nun ist sie hier, in unserer Stadt, und das Frauenzentrum kann ihr auch nicht wirklich helfen – und nun hat sie *nichts* mehr! Papa, verstehst du? Nichts...“
Voller Hoffnung sah sie nun ihren Vater an. Ihre Worte und das Schicksal der Frau schwebten über dem Tisch, pulsierend, leidenschaftliche Hoffnung...

Ihr Vater wand sich nun unter diesen Worten – und sie sah und spürte wie in Zeitlupe, wie ihre Hoffnung vergeblich war, wie sie enttäuscht wurde, unwiderruflich.

„Diana ... also ... du hast doch offenbar mit deiner Mutter darüber schon gesprochen. Das heißt, du weißt ... und du weißt doch sowieso schon, dass wir solchen Menschen nicht helfen können. Dafür sind eben andere Leute da, und wir können nicht –"

„Warum sagt ihr immer ‚solche Menschen'?", warf sie sich noch einmal mit brennendem Herzen in diesen Kampf. „Was heißt denn das? Es *sind* nicht ‚solche Menschen'! Es war eine alte Frau. Es war *diese* alte Frau. Und du hast sie noch nicht einmal gesehen! Aber ich habe neben ihr gesessen! Ich habe – ich habe ihr auch –", ihre Stimme stockte, sie fühlte ihre Tränen kommen, „ich habe ihr auch einen *Apfel* gegeben, und ich – ich – *bezahle* ihn auch von meinem Taschengeld – und – –"

Sie musste woanders hinschauen. Heiß und still rannen die Tränen nun in einem unaufhörlichen Strom über ihre Wangen ... an ihrem Hals hinunter...

Ihr Vater atmete mit einem Seufzen aus.

„Also ist es wieder einmal soweit!", sagte er mit einer Mischung aus etwas Mitleid und viel Ärger – Ärger über das zerstörte Abendessen.

Sie hielt es nicht aus. Die Schuld, die sich nun noch auf alles hinaufhäufte, ließ den Berg, der ihr auf der Seele lag, zu groß werden. Zitternd vor Leid erhob sie sich und stammelte:

„Esst – esst weiter – ich – geh schon, tut – mir leid..."

Durch einen Schleier von Tränen und Schmerz suchte sie den Weg zur Tür. Hinter ihr hörte sie nun noch einmal ihren Vater:

„Na, toll!"

Wie ein Schlag. Ein Schlag auf das Herz, das sich nicht wehren konnte – das nur die Schuld nun noch größer empfinden konnte, dabei wollte sie doch nur – –

In ihrem Zimmer warf sie sich auf ihr Bett und schluchzte hilflos in ihr Kissen hinein. Ein unendliches Meer aus Nicht-Verstehen und Nicht-verstanden-Werden war und wogte in ihrem Herzen, ihrer Brust, ihrer Seele – und sie übergab sich ihm, und ein Teil des Meeres strömte in schluchzenden Tränen auf das Kissen, das Laken, den weißen Stoff, aber nur ein so kleiner Teil, das ganz große Meer war innen und konnte nur innen bleiben...

*

Schließlich öffnete sich ihre Tür. Sie spürte, wie ihr Vater hereinkam. Waren sie mit dem Essen jetzt fertig...? Sie spürte, wie er sich setzte. Sie barg ihr Gesicht weiter in dem nun ganz nassen Kissen. Sie schämte sich dafür auch – nicht für die Tränen, aber dafür, dass sie nicht aufschaute, aber sie konnte es einfach nicht...
„Diana...“
Sie spürte seine Hand auf ihrem Rücken. Es tat so gut, sie litt so sehr unter allem, was ein Bruch war...
„Wir haben gedacht...“
Unmittelbar keimte neue Hoffnung in ihr auf. Sie konnte das Glück kaum fassen. Ihre Eltern hatten wirklich gedacht, man könnte es einmal versuchen?
„...nun, wir haben gedacht, es ... wäre gut, wenn du mal zu einer Psychologin gehst...“
Unmittelbar fühlte sie sich eingehüllt wie in einer erstarrenden Blase. Alles in ihr wollte erstarren, ihr Herz, ihre Glieder, ihre Gedanken. Etwas in ihr wollte, dass diese letzten Worte nicht gesagt worden waren. Etwas in ihr fühlte sich, wie wenn so etwas wie ein Todesurteil ausgesprochen worden war.

Aber wer war dann der Verurteilte... Sie wagte nicht aufzusehen. Sie wagte kaum zu atmen. Nicht mehr atmen. Einfach verschwinden... Alles in ihr wollte in diesem Moment verschwinden, vergehen, nicht mehr da sein...

„Diana...", hörte sie wie von ferne die Stimme, die zu ihrem Vater gehörte. „Ich meine es ernst. So kann es nicht weitergehen."

Sie war weit, weit weg. Das war nicht ihr Vater – und sie war auch nicht hier. Sie war jemand ganz anderes. Und das alles hier passierte gar nicht. Nicht ihr...

„Du bist ... wie soll ich sagen? Du bist ... nicht *ausgeglichen* genug, Diana. Es ist ... du gerätst zu schnell aus dem Gleichgewicht – verstehst du? Wir ... also deine Mutter und ich ... wir wollen doch auch nur dein Bestes!"

Die Worte hatten sie wieder hergebracht, hergesaugt, sie war wieder auf ihrem Bett, spürte wieder die feuchte Kühle des Kissenbezuges, aber auch hier war sie noch immer mutterseelenallein, todeinsam...

Sie spürte, wie ihr Vater die Hand von ihrem Rücken nahm, selbst etwas verlegen.

„Das heißt also nicht ... dass du ‚krank' bist oder so etwas... Das verstehst du hoffentlich, oder? Und du musst dich bei ihr auch wohlfühlen, ich meine – du wirst selbst sagen können, ob es gut ist, oder ob du eine andere nehmen möchtest..."

Als sie noch immer nichts sagte, nur zuhörte, sagte ihr Vater verlegen, und sie spürte, dass er in der nächsten Sekunde dann aufstehen würde:

„Ja, also ... aber wir möchten, *dass* du das machst. Du sollst einmal zu einer Psychologin gehen. ... Ja, Diana? ... Hast du gehört? Okay..."

Ihr Vater erhob sich.

„Dann ... dann gehe ich jetzt wieder..."

Die Tür schloss sich. Sie hatte gehört, dass er sich Mühe gegeben hatte, sie leise zu schließen – wie wenn man etwas wiedergutmachen wollte oder aber sich irgendwo schämte. Aber der Beschluss war da. Er war sogar noch hier – hier bei ihr im Raum. Ihr Vater war gegangen, aber den Beschluss hatte er nicht mitgenommen. Er hatte ihn mitgebracht – und dann hatte er ihn hiergelassen. Nun war sie nicht mehr allein. Der Beschluss war mit ihr hier. Als wenn er im Zimmer stand, an ihrem Bett, auf sie herabschauend. ‚Du bist nicht mehr allein, Diana. Merkst du? Du kannst denken, was du willst – aber nicht mehr ohne mich. Und du wirst gehen. Dafür stehe ich hier. Du wirst zu dieser Psychologin gehen. Und das ist alles zu deinem Besten. Du hast es gehört...'

Sie drehte sich auf die andere Seite, zog ihre Beine an die Brust und barg sich wie ein Küken in der Schale...

*

Viel später, als sie längst wieder eine Ewigkeit lang auf dem Rücken gelegen und an die Decke gestarrt hatte, während sie in Wirklichkeit ganz woanders war, hatte sie gehört, wie Thomas Zähneputzen gegangen war. Dann aber, einige Minuten später, war er hereingekommen. Und nachdem er ihren Namen genannt hatte, hatte sie sich auf die Ellbogen gestützt, um ihn anzuschauen – und als er herankam, hatte sie sich ganz aufgesetzt...
„Diana...?"
„Ja?"
„Darf ich noch kurz reinkommen..."
„Ja..."
„Ich...", er setzte sich etwas unbeholfen auf ihren Bettrand. Das rührte sie auf einmal unendlich. Er war eigentlich ein so lieber Bruder – oft. Sehr oft. Viel öfter, als er es selbst wusste...

„Ich habe ... ich war dabei, als ... Mama und Papa vorhin darüber sprachen, also ... ich meine...“

„Ist schon gut.“

„Ich wollte nur sagen...“

„Ja?“

„Ich mag dich trotzdem noch.“

In ihrem Kopf begann sich alles zu drehen. Aber schnell verstand sie, wie er es meinte. Für ihn schien es auch wie eine ‚Krankheit‘ zu sein, oder zumindest ein Anzeichen dafür. Und der Beschluss stand noch immer im Zimmer...

„Papa sagte, du bist nicht krank oder so...“

„Und du? Was denkst du?“

„Nein – ich denke das auch nicht.“

„Und warum bist du gekommen?“

„Ich weiß nicht... Du ... du sollst das auch nicht denken... Auch nicht, dass ich das denken würde...“

„Ist schon gut, Thomas.“

„Okay, dann ... geh ich mal wieder...“

Sie musste lächeln. Es war *so* ähnlich wie vorhin. Aber ihr Bruder tat ihr leid. Darum wollte sie noch etwas sagen. Weil ihr nichts anderes einfiel, fragte sie:

„Und was hast *du* Papa erzählt? Hat er dich auch noch nach der Schule gefragt?“

„Ja, das hat er tatsächlich noch. Aber er hat gar nicht richtig zugehört.“

„Und...“, fragte sie warm, nun auch mit dem guten Willen, ihm das zu schenken, was er vorhin vermissen musste. „Was habt *ihr* gerade?“

Und eine warme Liebe strömte zu ihrem Bruder, der so oft über seinem Handy saß...

„Ach“, erwiderte er, „Körper und so. Muskeln und Knochen. Ziemlich uninteressant.“

„Und was habt ihr *heute* gelernt?“, fragte sie mit derselben Wärme weiter.

„Weiß ich nicht mehr. Ach so, ja, doch... Dass das Herz keine Pumpe ist."

Ihr eigenes Herz schien einen Schlag auszusetzen.

„Keine Pumpe?", fragte sie fassungslos, innerlich zitternd. „Und was dann?"

„Weiß nicht", sagte Thomas. „Ich hab nicht so genau aufgepasst..."

„Macht nichts, ich – ich frag Herrn Weber selbst. Ihr habt doch bei ihm die Epoche, oder?"

„Ja."

„Okay, danke, Thomas!"

„Wofür?", fragte ihr Bruder überrascht.

Sie musste ihre Aufregung beruhigen – sie wusste selbst nicht, woher diese kam.

„Einfach ... dass du gekommen bist..."

„Dann – gute Nacht!"

„Gute Nacht, Thomas."

Ihre Zuneigung begleitete den Bruder noch bis zur Tür. Dann kehrte sie langsam zurück. Sie ließ sich wieder auf das Bett sinken. Der Beschluss stand noch immer im Raum, aber sie beachtete ihn in diesem Moment nicht mehr.

Ihr Inneres war nun übervoll. Es wogte und strömte und war nicht mehr zu ordnen – es war zu viel gewesen heute, alles. Aber nicht einmal *das* war schlimm. Es war nur nicht mehr zu ordnen, das war alles... Sie starrte an die Decke, aber auch das war zu viel, und dort war sie nicht. Sie war überall im Raum und nirgendwo. Und in ihr war Verletzlichkeit, Aufregung, Liebe, Freude, Trauer, Mitleid und noch viel mehr. Und alles gleichzeitig...

In der ersten großen Pause ging sie zum Lehrerzimmer und klopfte dort.

Ein Lehrer aus der Unterstufe öffnete die Tür.

Drinnen sah sie ein Gewimmel von Lehrern, die Pause machen wollten, miteinander sprachen, in Heftern lasen, Kaffee tranken. Die Klassenbetreuerin der elften Klasse drängte sich an ihr vorbei.

„Guten Tag...", murmelte sie. Dann sah sie den vor ihr stehenden Klassenlehrer der dritten oder vierten Klasse an und fragte verlegen:

„Also ich – wollte fragen: Ist ... Herr Weber schon da?"

Der Lehrer schaute kurz zurück in den Raum, dann sagte er:

„Ja – warte kurz hier. Ich schick ihn zu dir nach draußen."

„Danke...", sagte sie schnell, während der Lehrer bereits wieder verschwand.

Die Tür schloss sich bis auf einen Spalt.

Sie trat einen Schritt zurück und wartete. Ihr Herz klopfte. Für sie war es nie etwas Gewöhnliches, mit einem Erwachsenen zu sprechen. Und jetzt schon gar nicht...

Der Klassenlehrer ihres Bruders trat aus der Tür, schloss diese hinter sich und stand nun freundlich lächelnd vor ihr.

„Guten Tag, Herr Weber...", sagte sie etwas unsicher.

„Guten Tag. Du bist doch – die Schwester von Thomas, nicht?"

„Ja."

„Was kann ich für dich tun?"

Sie war auch von solchen Sätzen immer berührt. Egal, ob man sie so meinte. Sie *hörte* sie so. ‚Was kann ich für dich tun...' – konnte es eine schönere Frage geben?

Mit einem warmen Gefühl in der Brust folgte sie dieser Frage wie ein zutraulicher Vogel und sagte ermutigt:

„Ich – also – ich wollte sie fragen, weil ... weil Thomas gestern kurz erwähnte, was Sie gerade machen, also in der Epoche, meine ich...“

„Ja? Du meinst die Menschenkunde-Epoche?“

„Ja!“

„Und wieso fragst du?“

Ihr Herz pochte heftig.

„Ich wollte fragen, was Sie ... was Sie über das *Herz* gesagt haben...“

„Dass es keine Pumpe ist?“

Die kurze Gegenfrage ließ sie innerlich leise erschrecken.

„Ja... Was haben Sie darüber gesagt...? Können Sie – –“

Sie standen etwas im Weg, also ging er auf die gegenüberliegende Seite des Ganges ans Fenster, und sie folgte ihm.

„Es geht im Prinzip darum, dass die Naturwissenschaft das Herz ja als eine Art Pumpe betrachtet. Aber es gibt verschiedene Phänomene, die zeigen, dass der Blutkreislauf das Ursprünglichere ist – und dass das Herz auf diesen nur *antwortet* und ihn sozusagen reguliert. Ich kann Thomas ein paar Sachen mitgeben, wenn es dich interessiert...“

„Ja, bitte!“, bat sie inständig, „es interessiert mich sehr! Ich – ich verstehe nicht, warum *wir* das nicht gelernt haben.“

„Nun ja“, lächelte Herr Weber. „Ich habe mich auch gefragt, ob es in diese Epoche gehört. In dieses Alter auch. Dein Bruder hat glaube ich nicht besonders zugehört. Aber dazu kommt, dass das sich natürlich auch gegen eine eherne ‚Erkenntnis‘ der Naturwissenschaft richtet. Die meisten Lehrer erwähnen das dann lieber gar nicht erst...“

„Aber was ist dann wahr?“

„Ja“, lächelte der Lehrer ihres Bruders. „Wenn diese Frage so einfach wäre, nicht wahr? Die Naturwissenschaft ist ja eigentlich an der Wahrheit interessiert, oder? Aber sie hat eben immer ihre Theorien. Und dann kommt jemand und sagt: Das stimmt aber so nicht. Und dann kann es sein, dass eine ewig lange Zeit vergeht und sich erste Hinweise finden, die andeuten, dass dieser eine Zweifler Recht gehabt haben könnte. Wohlgemerkt: könnte. Die Frage der Wahrheit ist nicht so einfach zu beantworten..."

Ihr Herz schlug fortwährend in einer wundersamen Aufregung. Selten hatte sie eine Frage so beschäftigt wie diese – die nach dem Herzen...

„Und", fragte sie fast scheu, „wer war ... dieser ... Zweifler?"

„Na ja, ‚Zweifler' ist vielleicht das falsche Wort. Er hat es auch als ‚Forschung' bezeichnet. Aber in dem Fall nannte er es ‚Geistesforschung'. Ich meinte Rudolf Steiner. Er hat als Erster gesagt, dass das Herz keine Pumpe sei. Natürlich hat man ihn für verrückt gehalten. Nicht nur deswegen..."

„Rudolf Steiner?", wiederholte sie fast stammelnd. „War das nicht –"

„Ja", kam ihr der Lehrer lächelnd zuvor. „Das war genau der, der die Waldorfschulen gegründet hat. Also die erste..."

Es entstand eine kleine Pause. Auf einmal wurde der Lehrer etwas unruhig und sagte:

„Ich – muss noch ein paar Dinge für die nächste Stunde vorbereiten. Ich gebe einiges Thomas mit. Dann kannst du es dir anschauen. Ja?"

„Ja", sagte sie leise beschämt. „Entschuldigung, ich wollte Sie nicht aufhalten. Aber ich danke Ihnen sehr! Vielen Dank..."

Und dann war der Lehrer wieder im Raum der Lehrer verschwunden. Ab und zu kamen andere Lehrer oder Lehrerinnen heraus oder herein. Und sie stand noch immer dort auf dem Gang, an dem Fenster, allein nun, mit einer Fülle von Gedanken und Empfindungen und einmal mehr betroffen, wie schnell ein Abschied vonstatten gehen konnte... In Gedanken versunken ging sie langsam wieder auf den Hof. Vor sich sah sie das Bild eines einsamen Mannes, der ganz allein aussprach, dass das Herz keine Pumpe war – und alle um ihn

43

herum verspotteten ihn... Staunend, ja, mit einer wunderlichen, ungläubigen Bewunderung für diesen einen unbekannten Menschen und mit diesem Bild in ihrer Seele ging sie, als es klingelte, langsam mit dem Strom der anderen Schüler wieder in das Schulhaus zurück und in die nächste Stunde...

*

Am Nachmittag bestürmte sie ihren Bruder fast nach den mitgebrachten Unterlagen. Er überreichte ihr zwei Blätter mit Kopien von handgeschriebenen Notizen. Fast war sie davon enttäuscht – aber sie hatte sie ja noch nicht gelesen. Also bedankte sie sich und zog sich mit diesen zwei Blättern zurück in ihr Zimmer, wo sie bald alles andere um sich herum vergaß.

Sie konnte den Notizen verschiedene kurze Zusammenfassungen von Forschungsergebnissen entnehmen, die sie nur mit großer Konzentration in ihrer Bedeutung erfassen konnte. Dann aber wurde sie davon immer begeisterter. Da gab es zum Beispiel Forschungen eines Guyton aus dem Jahr 1972, die zeigten, dass das Blut durch den Sauerstoffbedarf der Muskeln und Organe gleichsam von diesen *angezogen* wurde. Auch sei die Steigerung des Blutdurchflusses bei Hochleistungssportlern – innerhalb kürzester Zeit von der Ruhe in die volle Belastung – unmöglich von einem Herzen zu leisten, das als Pumpe gedacht wurde, und könne nur andere Ursachen haben. Das stimmte mit dem überein, was Guyton herausgefunden hatte...
Dann las sie, dass in der Embryonalentwicklung das Herz noch gar nicht da war, aber das Blut bereits strömte. Vielleicht wegen der Mutter... Aber das Herz bildete sich dann in schleifigen Strukturen, wie sie ein Fluss in einer Landschaft hinterließ, wenn er nicht künstlich in ein menschengemachtes Flussbett gebannt wurde. Das hieß: egal, was das Herz später

tat – zuerst wurde es *selbst* von einer Strömung gebildet, die ohne es schon da war...

Dann gab es noch eine Forschung aus dem Jahr 2006. In dieser wurde an einem Fischembryo gezeigt, dass die Bewegung des Herzschlauchs langsamer war als das hindurchfließende Blut...

Eine besondere Rolle in diesen Forschungen spielte dann noch ein Leon Manteuffel-Szoege, der über dreißig Jahre lang Chefarzt der chirurgischen Abteilung eines Warschauer Krankenhauses gewesen war und unter anderem nachgewiesen hatte, dass bei Hunden, deren Herz mit einem Pfeilgift gelähmt wurde, das Blut wieder zu fließen begann, wenn Sauerstoff in die Lungen geleitet wurde. Auch hier begannen die Organe wieder, das sauerstoffreichere Blut anzusaugen. Dieser Arzt und Professor hatte seine Forschungen schon ab 1956 veröffentlicht.

Sie erschauerte, weil sie unmittelbar an die Hunde denken musste. Vor ihr entstand das Bild eines großen Raumes mit alten Geräten, wie es sie vor sechzig Jahren nur gab. Ein paar wenige Menschen liefen dort herum. In der Mitte gab es einen Operationstisch, und dort lag der Hund – der, an dem jetzt in diesem Moment gerade geforscht wurde. Der Professor, der dort stand, hatte selbst das Pfeilgift in das Blut des Hundes gespritzt, und sein Herz hatte ausgesetzt. Zuvor war der Hund bereits betäubt worden. Nun wurde er getötet.

Sie zweifelte nicht daran, dass der Hund diese ganze Prozedur nicht überlebte. Der Professor forschte weiter – aber sie kehrte zurück zu dem Moment, wo er das Gift spritzte und wo das Herz des Hundes aussetzte. Und zwei große Tränen rannen über ihre beiden Wangen. Wie konnte man so etwas tun? Ein Leben nehmen – einfach so... Das war etwas, was sie niemals würde verstehen können. Ein hilfloses Tier. Ein Hund – welches Tier war so gutmütig, so lieb und so treu wie ein Hund! –, und vielleicht hatte er sich sogar freiwillig auf den Tisch gelegt, bevor er – –

Sie konnte nicht weiterdenken. Nun rannen die Tränen einfach so herunter, wie ein Strom. Das war *auch* ein Strom, der angezogen wurde, von dem Hund, nicht Blut, sondern Tränen. Und das Mitleid floss von selbst zu dem Hund... Nur herzlose Menschen konnten es aufhalten, das Mitleid wollte zu dem Hund, es war von Anfang an bei ihm, wollte ihn beschützen, aber es wurde fortgestoßen, von der Forschung, die mitleidlos war.

Längst hatte sie die zwei Blätter sinken lassen. War denn alle Forschung jemals ihre Ergebnisse wert, wenn dafür unschuldige Wesen leiden mussten? Nichts – nichts war dieses Opfer wert. Sie litt unendlich daran, dass die Erkenntnisse über das Herz durch *solche* Forschung erlangt wurden. Dass man das Herz eines lebenden Wesens *anhielt*, um herauszufinden, was ohne es noch möglich war... Allein schon der Gedanke ließ die ganze Seele erschauern. Hatte man denn vorher längst sein *eigenes* Herz angehalten? Wie konnte so etwas geschehen? Wie konnte man so forschen? So ohne alles Mitleid? Ja, man hatte alles in sich angehalten – alles, was dieses Mitleid hätte fühlen können...

Voll neuen Leides und Kummers nahm sie die beiden Seiten noch einmal zur Hand und überflog sie kurz. Stand dort nichts über diesen einen einsamen Mann – über Rudolf Steiner? Nein, es stand nichts dort. Sie legte sie wieder auf ihr Nachttischchen. Dann müsste sie den Lehrer ihres Bruders morgen noch einmal fragen.

Oder sie suchte selbst im Internet, ob es dazu etwas gab. Das tat sie nicht so gern, wenn es sich vermeiden ließ. Sie hatte gegen den Bildschirm eine Art instinktive Ablehnung. Sie wollte nicht so werden, wie alle anderen, die diese Bildschirme gleichsam anbeteten und ihnen ihre Lebenszeit opferten.

Sie wusste nicht, was der Unterschied war, sie hätte ihn auch nicht in Worte fassen können, aber sie spürte ihn so überwältigend wie kaum etwas anderes: der Unterschied zwischen einem Bildschirm und einem Buch. Vielleicht war das Buch oder seine Information nur in irgendeiner abgelegenen Bibliothek zu finden, verstaubt und vergessen, von niemandem mehr beachtet, weil das Internet ja unendlich viel schneller und einfacher funktionierte und ‚lieferte' – aber das Buch... Das Buch war *echt*. Das Internet war ... etwas *anderes*. Die Bildschirme waren etwas anderes. Es waren keine Götter, eher so etwas wie Teufel. Aber sie hätte es nicht begründen können... Niemand verstand sie, hier würde man es ja erst recht nicht...

Sie dachte wieder an den Mann, den auch niemand verstanden hatte. Um seinetwillen und um dessentwillen, was er über das Herz gesagt hatte, machte sie ihren Laptop an und wartete, bis sie das Internet aufrufen konnte... Ihre Startseite war auch eine Suchmaschine – denn sie suchte sehr wohl viel, auch sie. Aber immer war es ihr Herz und ihre Sehnsucht, die den Antrieb zu dieser Bewegung gab... Ihre Suchmaschine war nicht ‚Google', weil sie sich auch instinktiv gegen dieses Monster wandte. Es war eine andere, kleinere, der sie noch mehr Menschlichkeit zutraute, obwohl auch diese natürlich bloße Technik war. Dennoch gab es Unterschiede, und mit dem Herz konnte man sie fühlen...

Sie gab also ein: ‚Rudolf Steiner Herz keine Pumpe'. Der erste Eintrag war eine furchtbare Seite, die Rudolf Steiner als Scharlatan hinstellte. Sie erschrak schon vom Hinsehen. Sie überflog die Seite – und kehrte schnell zurück zu den folgenden Suchergebnissen. Sie fand heraus, dass der Berliner Arzt Martin Mendelsohn schon 1928 entdeckt hatte, dass Herzen von Gestorbenen wieder schlugen, wenn Flüssigkeit hindurchgeleitet wurde.

Sie brauchte eine ganze Weile, bis sie schließlich Worte von Rudolf Steiner selbst fand. Und dann las sie auf einmal:

Es ist dasjenige Organ, welches mit dem Blutkreislauf in innigem Zusammenhange steht. Nun glaubt die Wissenschaft, daß das Herz eine Art von Pumpe ist. Das ist eine groteske phantastische Vorstellung. Niemals hat der Okkultismus eine solch phantastische Behauptung aufgestellt wie der heutige Materialismus. Das, was die bewegende Kraft des Blutes ist, sind die Gefühle der Seele. Die Seele treibt das Blut, und das Herz bewegt sich, weil es vom Blute getrieben wird. Also genau das Umgekehrte ist wahr von dem, was die materialistische Wissenschaft sagt. Nur kann der Mensch sein Herz heute noch nicht willkürlich leiten; wenn er Angst hat, schlägt es schneller, weil das Gefühl auf das Blut wirkt und dieses die Bewegung des Herzens beschleunigt. Aber das, was der Mensch heute unwillkürlich erleidet, wird er später auf höherer Stufe der Entwickelung in der Gewalt haben. Er wird später sein Blut willkürlich treiben und sein Herz bewegen wie heute die Handmuskeln. Das Herz mit seiner eigentümlichen Konstruktion ist für die heutige Wissenschaft eine Crux, ein Kreuz. Es besitzt quergestreifte Muskelfasern, die sonst nur bei willkürlichen Muskeln gefunden werden. Warum? Weil das Herz heute noch nicht am Ende seiner Entwickelung angelangt, sondern ein Zukunftsorgan ist, weil es ein willkürlicher Muskel werden wird. Daher zeigt es heute schon die Anlage dazu in seinem Bau.

Sie verstand nur die Hälfte. Aber sie *empfand* unendlich viel mehr als bei allen anderen bloßen Notizen und Forschungsergebnissen... Sie hatte noch gesehen, dass Rudolf Steiner diese Worte im Jahr 1907 gesagt hatte. Es war ein Vortrag gewesen.
Sie machte den Laptop wieder aus. Man war immer in der Versuchung, weiterzumachen. Aber das war meistens nicht gut. Sie hatte die Erfahrung zu oft gemacht, dass man sich am Ende nur verlor – und endlich müde und erschöpft aufhörte, viel zu spät... Irgendwann hatte sie sich entschieden, ganz

genau aufzupassen, was sie machen wollte, und auch nur das zu machen. Wenn sie weitersuchte und forschte, dann, weil sie es *wollte*. Jetzt fand sie es viel wichtiger, nicht weiterzuforschen, sondern genau an diesem Punkt erst einmal aufzuhören.

Wieder lag sie auf ihrem Bett. Ob der Lehrer ihres Bruders *das* auch gesagt hatte? Dass nicht nur das Blut das Herz bewegte ... sondern ... dass die Seele das *Blut* bewegte? Die Seele das Blut... Was war die Seele? Und wie konnte sie das Blut bewegen? Aber natürlich, wenn man aufgeregt war, wenn man Angst hatte, wenn man sich schämte – immer schlug das Herz anders. Auf einmal. Einfach so. Sie hatte nie darüber nachgedacht... Wenn nun aber das Herz nur deshalb anders schlug, weil das Blut anders floss... Weil die Seele das Blut anders bewegte...? Man spürte auf einmal sein Herz heftig klopfen ... aber wenn das nur ein *Ergebnis* war? Wenn nicht das Herz das Blut heftiger pumpte, sondern wenn es auf einmal vom Blut heftiger bewegt wurde...? Spürte man denn sein Blut überhaupt? Wenn man rot wurde, spürte man es... Man spürte auch sein Herz. Aber beim Rotwerden spürte man *alles*...

Die Seele bewegt das Blut... Sie musste immer wieder an diesen einen Gedanken denken. Ob der Lehrer davon etwas erwähnt hatte? Und warum hatten *sie* davon nicht das Geringste gelernt? Nicht einmal das, was auf den beiden Zetteln stand? Nun dachten doch alle dreißig Kinder, Jugendlichen, ihrer Klasse, dass das Herz eine Pumpe war! Sie dachten überhaupt nicht darüber nach – aber *wenn* sie daran dachten, dann würden sie so denken. Und so verhielten sie sich auch. Als wenn das Herz keine Rolle spielte.
Sie sann eine Weile darüber nach. Scheinbar verlor das Herz seine Rolle weiter, wenn es nicht einmal eine Pumpe war, sondern nur vom Blut getrieben wurde. Aber warum war dies

trotzdem so wunderbar? *Weil* es eben keine Pumpe war! Sie konnte es nicht erklären, was sie daran so unendlich freute. Sie hatte das Gefühl, dass sich ihr Herz selbst darüber freute. Es freute sich, dass es keine Pumpe war. Es schlug freudiger. Aber warum? Weil *sie* sich freute. Aber das würde ja ... nach den beiden Blättern und nach den Worten von Rudolf Steiner bedeuten, dass sich ... durch *ihre* Freude auch das *Blut* freute – und dass dadurch dann auch ihr Herz freudiger schlug.

Sie stellte sich vor, wie sich das Herz darüber freute, dass das Blut sich freute – und wie es deshalb freudiger schlug, weil das Blut, das es liebte, freudiger war. Eine Mutter freute sich auch, wenn ihr Kind sich freute. Wenn das Kind freudig herumsprang, tat auch das Herz der Mutter einen freudigen Sprung. So freute sich auch das Herz, wenn es ‚sah', wie das Blut sich freute. Und das Blut freute sich, weil ... *sie* sich freute. Ihre Seele – das war sie selbst.

Das Herz wurde überhaupt nicht weniger wichtig. Es sah nur so aus. Es war bei allen *jetzt* unwichtig. Alle behandelten es als Pumpe, hatten, wenn sie alt wurden, Angst, dass sie weiter schlug – aber das ganze Leben lang kümmerten sie sich nicht darum. Sie wussten, dass die Pumpe ‚wichtig' war, aber das war auch alles. Das Herz war eben nur eine Pumpe. Sie erschrak immer wieder über einen solchen Gedanken. Das *konnte* überhaupt nicht wahr sein! Vielleicht *half* es dem Blut – aber es war zugleich auch wesentlich mehr.

Bei allen Menschen war das Herz unwichtig, das Blut unwichtig, und von der Seele redete man gar nicht. Wer von ihren Klassenkameraden machte sich darüber Gedanken? Sie redeten nicht von der Seele, sondern vom Sex! Nicht vom Herzen, sondern von Hip-Hop, Hype und ‚holy shit'. Sie verstand ihre Altersgenossen nicht – und sie verstanden sie nicht. Aber sie wusste – es ging darum, was man wichtig fand und was wichtig war. Die anderen fanden alle alles Mögliche wichtig, was nicht wichtig war. Und das, was wirklich zählte, behandelten sie wie etwas völlig Unwichtiges.

Und wieder wurde ihr deutlich, dass dieser *Stolz* mitschwang. Dieses ‚Selbstverständliche', dieses übersprudelnde ‚Ich, hier, jetzt', und dann kam all das, was ‚man' gerade wichtig fand, so unendlich wichtig, dass man auf nichts anderes achtete. Jede Mode, jeder Film, jedes neue YouTube-Video wurde kommentiert, diskutiert, mitgemacht, auch wieder: angebetet, ohne dass man bemerkte, was man da tat. Man war stolz auf das so unendlich Unwichtige... Und das andere? Das, was allein wichtig war? Die Gedanken, die man sich machte? Über die Welt und über das Schlimme? Und darüber, wie man miteinander umgehen konnte...

Mit all diesen Gedanken fühlte sie sich immer wieder nur belächelt. Behandelt wie ein Kind. Als Jugendlicher hatte man diesen ‚Unsinn' längst hinter sich gelassen. Aber Kinder konnten noch nicht über die Welt nachdenken! Das konnte man erst *jetzt*, in diesem Alter! Aber ihre Mitschüler *taten* das nicht – sondern sie stürzten sich in das Unwichtige, was einen ganz vom Denken abhielt: ins Internet, in das Quatschen, das Chatten und Chillen, das Abhängen, das Coolsein, das Spaß-Haben. Aber das alles war *sinnlos* – sie spürte nicht, was all dies für einen Wert haben sollte. Aber alle anderen stürzten sich da hinein und waren stolz auf dieses ‚Leben', während sie das, was sie nicht verstanden – und was ihr so wichtig war –, belächelten, bemitleideten, sich dessen schämten.

Erschüttert schlug ihr Herz heftig. Das bedeutete also ... man war stolz über das Sinnlose ... und empfand *Scham* über das wirklich Wichtige! Scham darüber, dass einem die Natur vielleicht etwas bedeuten könnte, wo sie allen anderen nichts bedeutete. Scham darüber, vielleicht ein Eichhörnchen süß zu finden, wenn alle anderen sich dies schon vor Jahren abgewöhnt hatten. Scham darüber, an die große, wirklich große Liebe zu glauben – ohne jede Erfahrung mit dem ‚Sex' –, während alle anderen jeden Tag, wenn sie Lust hatten, welchen hatten.

Aber was war wichtig? Der Sex oder die Liebe? Alle waren stolz auf das, was sie ,wussten', was sie schon ,gemacht' hatten, welche ,Erfahrung' sie hatten – und man schämte sich, wenn man nicht damit prahlen konnte. Wie war das möglich? Sie versuchte mit aller Kraft, es zu verstehen – aber sie konnte es einfach nicht... Sie schämte sich für ihre Altersgenossen. Sie schämte sich, weil sie sich unendlich einsam fühlte. Einsam mit ihren Empfindungen... Einsam damit, den Mut zu haben, an die wirkliche, heilige Liebe zu glauben. Dafür brauchte man doch gar keinen Mut – dafür musste man doch nur sein *Herz* befragen? Und für alles andere doch auch. Dafür, um zu wissen, was wichtig war.

Sie hatte kurz das Bild, dass alle anderen nicht ihr Herz befragten, sondern etwas anderes, was auch immer. Wie wenn sie an ihrem Herzen vorbeilebten. Oder wenn es zwar schlug, aber als fühlendes Herz betäubt wurde, ja, zum Stillstand gebracht, mit diesem Pfeilgift... Warum fand man Hip-Hop oder irgendein bescheuertes YouTube-Video *wichtig* – während einen eine alte Frau in der Fußgängerzone nicht interessierte, man einfach so an ihr vorbeilaufen konnte, sogar ohne hinzuschauen...?

Es musste mit einer Art unsichtbarem Herzgift zu tun haben... Sie konnte dieses Rätsel einfach nicht lösen...

Das Schicksal wollte es, dass sie am nächsten Tag in der großen Pause von einem Jungen nicht nur ihres Alters, sondern auch ihrer Klasse angesprochen wurde.

Es war Boris – ein Junge, den sie nicht mochte, weil sie immer das Gefühl hatte, dass er sich selbst gefiel. In normalen Kategorien musste er wohl als ,recht hübsch' gelten, aber dieses andere lagerte sich für sie seit Jahren so sehr darüber, dass sie das Gegenteil empfand. Er hatte eine Frisur, die man immer wieder durch einen Strich in die Stirn korrigieren musste, was ,cool' wirken sollte, dann viel zu dünne Lippen und viel zu durchdringende Augen – die auch wieder zu glauben schienen, dass sie jedes Mädchen bannen konnten.

„Hi, Diana..."

„Hallo", sagte sie vorsichtig abwehrend.

„Ähm – hast du vielleicht Lust, nach der Schule einen Kaffee zu trinken?"

Verwundert sah sie ihn an.

„Einen Kaffee?"

„Ja – oder eine Cola, was du willst."

„Wieso?"

Boris grinste kurz verlegen, als müsste man die Antwort doch längst selbst kapiert haben.

„Einfach so. Ich würd' mit dir *gern* was trinken gehen..."

Sie sah sich kurz um.

„Ist das ein Streich oder so was?"

In diesem Moment kam tatsächlich auch Peer heran, der Boris feixend anrempelte und sagte:

„Ey – was willst du denn von Lady Di?"

„Halt's Maul!", gab Boris zurück, und Peer zog ab, nicht ohne seinen Spott dazulassen.

Boris wandte sich wieder ihr zu.

„Tut mir leid...", sagte er entschuldigend. „Peer spinnt einfach. Also ... willst du?"

In den allerletzten beiden Worten spürte sie eine Art Ablegen der Coolheit. Dann spürte sie immer den anderen Menschen. Und dann konnte sie nie Nein sagen, nur sehr schlecht... Aber sie verstand es nicht. Darum fragte sie noch einmal:
„Aber warum?"

Boris schaute einmal kurz in die Luft, als wäre die Antwort da zu finden. Dann sah er sie wieder an.
„Diana, verstehst du das echt nicht?"
„Nein."
Tief in ihr verstand sehr wohl jetzt etwas, worauf Boris hinaus wollte. Aber das wollte sie gar nicht.
„Warum geht man denn zusammen in ein Café – Diana? Das musst du doch wissen. Ich meine – selbst wenn du's normalerweise nicht machst..."
„Ja, aber dann will ich's nicht", sagte sie nun.
„Halt, warte!", sagte Boris, als wollte sie sich abwenden – und vielleicht war sie tatsächlich schon dabei gewesen.
Sie sah ihn wieder an.
„Kannst du es nicht einmal tun, Diana? Du – du weißt doch noch gar nicht, wie das ist?"
„Kaffee trinken?"
Ihre Antwort tat ihr selbst leid, denn seine letzten Worte hatten sie wirklich berührt. Aber nun war sie zu aufgeregt, um sich nicht zu wehren...
„Nein! Zusammen Kaffee trinken gehen... Das ist was anderes..."
„Ich weiß nicht, warum du das willst", sagte sie und ging mit diesen Worten weiter.
Er aber beeilte sich, neben ihr zu gehen.
„Ich möchte dich kennenlernen, Diana... War das ... jetzt deutlich genug? Das musst du doch schon vorher verstanden haben... Hast du Angst? Warum willst du das denn nicht? Einfach nur mal so, Diana..."

Sie blieb stehen und sah ihn wieder an. Überrascht blieb auch er wieder stehen.

„Nein", sagte sie. „Ich habe keine Angst. Wovor denn? Aber ... aber ich weiß nicht, was du von mir willst."

Wieder huschte dieses verlegene und zugleich leicht spöttische Grinsen über sein Gesicht.

„Diana – was willst du denn damit sagen? Du weißt es nicht? Oder heißt das nur, du willst nichts von mir?"

Sie dachte kurz nach.

„Ja – das vielleicht auch. Ich wollte ja nichts von dir, Boris. Du hast mich angesprochen..."

„Ja, Diana", stellte er fest. „Aber würdest du es tun? Würdest du mit mir nach der Schule etwas trinken gehen? Dich mit mir unterhalten? Würdest du?"

Ihr Herz klopfte. Sie konnte seine Bitte nicht ablehnen – sie wollte es nicht, weil er bat.

„Ja. Ja – wenn du willst, dann komme ich mit."

„Gut!", antwortete Boris erfreut. „Toll..." Er schien es jetzt selbst kaum glauben zu können. „Okay – dann ... ich freu mich..."

Mit einem letzten Blick verabschiedete er sich.

Etwas verwirrt blieb sie zurück. So ging das also? Man verabredete sich zum Café – und ließ sich bis dahin stehen...? Oder lag es an ihr... Nun, sie wusste selbst nicht, wie es anders hätte gehen sollen. Es war ihr ja sehr recht, dass sie wieder allein war. Aber trotzdem... Sie verstand es trotzdem nicht, wie man sich fortwährend begegnete und nicht begegnete und verabschiedete und einander stehenließ. Besonders die Abschiede verstand sie nicht – auch jetzt wieder nicht...

Verwirrt konnte sie auch den nächsten Unterrichten nur halb folgen. Immer wieder musste sie an das Gespräch von der Pause denken. Boris selbst ließ sich nichts anmerken. Für ihn schien das Gespräch von vorhin gar nicht zu existieren. Er witzelte mit den anderen Jungs herum, wie er es immer tat, und das war alles. Sie versuchte, an ihm eine Veränderung zu bemerken – aber es gab keine, die sie erkennen konnte.

*

Nach dem Ende der letzten Stunde, einer Musikstunde, wartete sie zögernd auf ihn, und nun richtete er auch seinen Blick auf sie, kam zu ihr und lächelte. Wieder war es Peer, der nun völlig erstaunt tat:
„Oh – ach ... ihr seid verabredet? Du mit Diana? Wie kommt das denn?"
„Mach 'ne Fliege, Peer! Das geht dich 'n Scheiß an!"
„Ich glaube nicht...", grinste Peer.
„Hau einfach ab!", wiederholte Boris. „Du störst einfach."
„Viel Spaß...", machte Peer mit leicht erhobener, butterweicher Stimme.
Sie hatte all dies mit innerer Bestürzung mitverfolgt.
Als Peer gegangen war, wandte Boris sich ihr zu und sagte wieder:
„Tut mir leid... Du kennst ja Peer..."
Sie hatte es aber noch nie bezogen auf sich erlebt. Sie hatte Peer nie etwas getan. Und sonst gab es zwischen Peer und Boris auch keinen Unterschied. Was hieß dann ‚Du kennst ja Peer...'?
Noch immer erschrocken von dem Vorfall, folgte sie Boris durch das Treppenhaus, bis sie über den Schulhof zum Tor gingen.
Nun deutete ein Neuntklässler auf sie und sagte in ganz normaler Lautstärke, so, dass sie es hören musste, zu seinem Kumpel:
„Guck mal, Diana hat sich einen Freund geangelt!"
Boris blickte auch zu diesen beiden hinüber und sagte zu ihnen ebenfalls:
„Halt's Maul, Weichnase!"

Sie verstand das alles nicht. Eine Welt von lauter Spott und Schimpfworten, Beleidigungen. Sie bereute es bereits, dem Jungen neben ihr eine Zusage gegeben zu haben.

Aber auf der Straße wurde es ruhiger. Es gab keine weiteren Zwischenfälle mehr. Die übrigen Schüler fuhren nach Hause oder in die Freizeit. Und sie ging neben diesem Jungen ins Café.
„Kennst du das ‚Pfefferminz'?", fragte Boris.
„Nein", gestand sie. „Ich gehe ja nicht in Cafés, das weißt du doch..."
„Hätt' ja sein können, dass du es trotzdem kennst."
„Nein."
„Wir sind gleich da..."
Sie gingen eine Weile schweigend. Und es kam ihr vor wie ein Handel – ein Warenhandel. Erst im Café konnte man reden. Wieso nicht hier? Aber vielleicht lag es wieder an ihr... Es *lag* nicht an ihr. Aber vielleicht konnte er es hier nicht. Mit jedem anderen hätte er es vielleicht gekonnt.

Als sie das Café betreten hatten, deutete er in eine hintere Ecke.
„Dort?"
Es war ihr fast zu weit in der Ecke – aber sie kannte sich nun einmal nicht aus. Also nickte sie einfach.
Boris bestellte einen Milchkaffee – und sie tat deshalb das Gleiche.
Dann trat das berüchtigte Schweigen ein. Man war an dem Ort angekommen, wo man hinwollte, man hatte sich gesetzt, jetzt war man da – und nun könnte man eigentlich sprechen...
Boris sah sie verlegen an – sie *sah*, dass er etwas verlegen war, er, der dies sonst nie war.
„Ja, also...", begann er zögernd. „Ich find's erstmal schön, dass du mitgckommcn bist..."
„Ja – gern...", erwiderte sie.

„Du schließt dich ja sonst ziemlich aus...", setzte Boris das Begonnene noch immer etwas zögernd fort.

Nun war der Ball auf einmal vor ihre Füße gerollt. Aber das war gar nicht ihr Ball.

„Was willst du denn damit sagen?"

„Nichts...", nahm er den Ball wieder an sich. „Ich meine nur. Es ist ... es ist nicht *leicht*, dich kennenzulernen..."

‚Nein', dachte sie innerlich. ‚Es ist wahrscheinlich viel, viel schwieriger, als du überhaupt denkst...'

Sie wusste noch immer nicht im Geringsten, warum dieser Junge es eigentlich versuchte.

„Ist es *überhaupt* leicht, irgendjemanden kennenzulernen?"

„Ja", gab Boris überzeugt zurück. „Meistens kann man sich einfach so kennenlernen. Bisschen quatschen und so weiter, verstehst du? So machen es doch alle! Ich meine – warum du nicht?"

Nun war der Ball wirklich wieder bei ihr – und jetzt gehörte er ihr auch... Sie dachte über die Antwort nach...

Erst einmal kamen aber nun die beiden Milchkaffees. Sie bedankte sich – er tat es kaum, nahm die Bedienung einfach lässig hin. Das gefiel ihr wieder nicht. Dabei hatte sie gerade vorgehabt, aufrichtig zu antworten.

Sie rührte ihren Milchkaffee ein wenig um...

„Was machen alle?", fragte sie zurück. „Sich kennenlernen? Ja – tun das alle?"

„Ja", sagte Boris verständnislos, „wieso – wie würdest du es denn bezeichnen?"

„Es ... es ist einfach nicht meine Welt. Ich meine ... was *heißt* denn überhaupt ‚sich kennenlernen'? *Du* willst mich kennenlernen? Ich habe ja nicht mal das Gefühl, dass mich meine eigenen Eltern kennen – oder meine Schwester – manchmal kenne ich mich selbst nicht! Und du sagst, jeder lernt sich kennen? Dann reden wir von zwei unterschiedlichen Worten..."

Boris hatte ebenfalls angefangen, in seinem Kaffee zu rühren. Jetzt fragte er:

„Okay, aber ... was wäre dann ... Kennenlernen für dich?"

Nun hatte sie den Ball aber wirklich heftig... Sie musste innerlich einmal durchatmen. Diese Antwort hätte sie nicht erwartet. Sie sah den Jungen vor ihr einmal unsicher an. Dieser lächelte ermutigend. So hatte sie sich das nicht vorgestellt... Sie nahm einen Schluck von dem Milchkaffee.

Boris sah sie an, während sie weiter überlegte, wie sie antworten sollte.

Auf einmal sagte er:

„Ähm, Diana..."

„Ja?"

„Du ... du hast da noch ein bisschen was..."

Er fuhr sich einmal kurz über die Lippen.

„Oh..."

Sie spürte, wie sie absolut rot wurde, und schämte sich furchtbar. Sie senkte den Kopf so weit sie konnte...

„Das ist doch nicht schlimm...", hörte sie die Stimme des Jungen vor ihr.

„Doch, es ist peinlich...", murmelte sie.

„Nein, überhaupt nicht", widersprach Boris. „Bitte schau doch wieder..."

Mutig nahm sie ihren Kopf wieder hoch, selbst beschämt, sich an solche Kleinigkeiten zu halten.

„Diana...", sagte Boris nun leise. „Hast du eigentlich irgendeine Ahnung, wie unglaublich schön du bist...?"

Das war das, was sie am wenigsten hören wollte, wirklich überhaupt nicht. Sie verlor innerlich irgendeinen Halt und musste mit aller Kraft darum kämpfen, auf den Beinen zu bleiben.

„Warum sagst du so etwas?", erwiderte sie abwehrend. „Sind wir deshalb hier?"

Der Junge sah sie ein wenig erschrocken an.

„Nein", verteidigte er sich. „Nicht nur deshalb... Aber ... aber wir sind deshalb hier, ja... Denn ich kann ja nichts dafür – du ... du *bist* einfach schön. Deswegen – –"

„Deswegen hast du mich gefragt?"

„Diana... Ist das denn ein Verbrechen? Ich meine..."

„Nein!", sagte sie abwehrend. „Kein Verbrechen. Aber..."

„Aber?"

Boris wartete geduldig, dass sie den begonnenen Satz fortsetzte.

„Aber das hat damit nichts zu tun!", beendete sie ihn trotzig.

„Womit?"

„Mit dem Kennenlernen."

„Wieso denn nicht?"

„Weil es darum nicht geht."

„Wie meinst du denn das?"

„Du kennst mich doch überhaupt nicht! Du behauptest, ich bin schön – aber du *kennst* mich überhaupt nicht!"

„Ja, aber deswegen will ich dich ja kennen*lernen*!"

„Weil ich schön bin?"

„Ja..."

„Es gibt auch andere schöne Mädchen."

„Ja, aber keine ist so wie du."

„So schön?"

„Nein – so wie du."

„Dann hat das nichts mit ‚schön' zu tun."

„Doch. Du bist *auch schön* – und zwar unglaublich schön."

„Und weswegen willst du mich nun kennenlernen?"

„Wegen beidem."

„Nein – nur, weil du mich schön findest."

„Nein – woher willst du das denn wissen?"

„Weil du mich noch gar nicht kennst. Du findest mich nur ‚schön' – aber du kennst mich noch gar nicht. Also geht es dir nur um die Schönheit.“

Boris musste verwirrt nachdenken. Sie war mit sich zufrieden. Sie hatte seine Äußerlichkeiten entlarvt.
Er sah sie an. Etwas verunsichert erwiderte sie seinen Blick.
„Du hast was dagegen, dass man dich schön findet, stimmt's – du magst das nicht, oder?“
Sie fühlte sich in eine unbekannte Enge gedrängt, die sie nicht einschätzen konnte...
„Nein, stimmt.“
„Und warum nicht?“
„Weil das nicht wichtig ist.“
„Und warum nicht?“
„Was soll daran wichtig sein?“
Boris überlegte.
„Man hängt doch auch schöne Bilder an die Wand...“
„Willst du mich an die Wand hängen?“
„Nein!“, verteidigte Boris sich energisch. Und, nach einem Moment, fragte er: „Ist es dir *nicht* wichtig, dass etwas schön ist?“
„Doch. Ich mag es nur nicht, wenn man nur *etwas* schön findet und anderes nicht!“
„Was meinst du?“
„Alles hat seine eigene Schönheit. Warum mögen die Menschen nicht alles?“
„Magst *du* alles?“
„Ja, auf seine Art.“
„Ja, aber manches mag man vielleicht besonders.“
„Du verstehst nicht, was ich meine.“

Boris schwieg. Dann sah er sie wieder an und fragte:
„Diana, wirklich – warum ist es für dich so schwer zu akzeptieren, dass man dich schön findet?“

„Es ist für mich nicht schwer zu akzeptieren. Ich will nur nicht, dass man mich deswegen *anspricht*!"

Wieder schwieg Boris. Ein wenig tat er ihr leid. Aber sie musste hart bleiben, denn sie wollte es wirklich nicht.

Schließlich fragte er leise:

„Und weswegen dürfte man dich ansprechen?"

Wieder hatte sie den Ball... Und wieder musste sie nachsinnen, wie man es sagen konnte.

„Wenn man mich kennenlernen wollte – mich, weil ich es bin, egal wie ich aussähe."

Boris kaute auf der Antwort herum.

„Das ist doch Unsinn, Diana!"

„Für dich vielleicht – für mich überhaupt nicht."

„Also kann dich niemand kennenlernen?"

„Doch – jeder, dem mein Aussehen egal ist."

„Aber so funktioniert die Welt nicht, Diana!"

„Ich aber."

„Das heißt ... *ich* darf ... also nicht?"

„Nein – du bist dann ja wieder nur an dem Aussehen interessiert."

„Das bin ich doch gar nicht *nur*!", beharrte Boris verzweifelt.

Sie fragte sich, ob ihr ein Denkfehler unterlaufen sei. Irgendetwas an seinen Bemühungen berührte sie. Dennoch blieb sie unerbittlich.

„Du hast dich jahrelang nicht für mich interessiert – und jetzt auf einmal? Weil du mich schön findest – warum sonst?"

Der Junge schien zunehmend verzweifelter.

„Ich verstehe einfach nicht, warum das so ein Problem ist, Diana. Die meisten Mädchen freuen sich doch, wenn sie schön sind..."

„Ich aber eben nicht", sagte sie hart.

„Aber du bist es *gerade*."

„Dein Problem."

„Ja – mein Problem..."

Noch immer berührte sie sein Bemühen. Sogar dabei wollte sie ihm helfen.

„Vergiss es einfach wieder. So schön bin ich auch nicht."

„Vielleicht willst du nur niemanden an dich heranlassen."

„Das ist Unsinn!"

„Dann *tu* es doch, Diana!", sagte Boris verzweifelt, so dass sie wirklich erschrak.

„Ich hab eben gesagt –"

„Ja, aber das kann ich nicht *ändern*, Diana! Ich kann es nicht ändern, dass man sich in dich schon *deshalb* verliebt, weil du schön bist! Wenn das bedeutet, dass man dich nicht kennenlernen darf, weil man schon versagt hat, dann heißt das also, *ich* darf dich nicht kennenlernen. Denn ich habe dich eben schon schön gefunden, bevor ich's verhindern konnte. Dann – dann muss ich eben wieder gehen. Dann tut es mir leid, dass ich dich kennenlernen wollte..."

„Halt, warte!"

Sie hinderte ihn gerade noch am Aufstehen.

Als er sitzenblieb und sie ansah, sagte sie ruhig:

„Du *kannst* mich kennenlernen. Aber ich glaube es nicht, Boris. Ich glaube nicht, dass das geht... Und ich ... würde mich auch nicht in dich verlieben. Wenn du also *das* gehofft hattest..."

Boris sah sie an wie ein etwas begossener Pudel. Dann sagte er:

„Wow..."

Dann, schließlich, fügte er hinzu:

„Und ... wonach gehst *du*, wenn du dich ... *nicht* verliebst?"

„Was meinst du?"

„Ich meine, du bist dagegen, dass man nach dem Äußeren geht. Wonach gehst du... Was stört dich an mir – sozusagen..."

„Was mich – stört?"

„Ja – es muss dich doch etwas stören? Du – du magst mich nicht besonders, nicht wahr."

„Na ja...", sagte sie verlegen und rührte in ihrem Kaffee.

„Du kannst es einfach sagen. Warum solltest du lügen oder so etwas? Das tust du ja sonst auch nicht."

„Sonst?"

„Ja, du ... du sagst nicht viel. Aber wenn du was sagst, dann... Also dann ... sagst du eigentlich immer, was du denkst."

Sie wunderte sich, dass sie in irgendeiner Weise mit irgendetwas irgendjemandem auffiel. Das also war ihm aufgefallen? War das so? Und war es etwas, das auffiel?

„Also?", riss Boris sie aus ihren Gedanken.

„Also was?"

„Sag einfach, was du an mir nicht magst."

„Ach so..."

Sie sah ihn an. Sie tat so was nicht gern. Es musste doch jeder selbst merken.

„Warum sollte ich? Damit du auch mich nicht mehr magst?"

„Nein – aber ich dachte, du bist ehrlich."

„Das bin ich ja auch. Aber ich will niemanden verletzen."

„Sag es einfach. Ich hab ja eh keine Chance..."

„Wieso?"

„Na ja – du hast es doch schon gesagt."

Jetzt verstand sie.

„Aber man kann sich ja auch kennenlernen, ohne sich zu verlieben."

„Ja – aber wenn du mich nicht magst, wirst du ja nicht mal das wollen."

„Aber dann muss ich dich doch nicht noch verletzen..."

„Ist es so schlimm?"

„Ja...", sagte sie leise. „Ehrlich gesagt, ist es schon schlimm. Aber es betrifft ja nicht nur dich..."

„Und...?"

„Ich weiß nicht, wozu das gut sein soll, Boris. Du wirst mir nur böse sein – und es doch nicht wirklich verstehen..."

Der Junge sah sie an, etwas verunsichert. Schließlich sagte er: „Diana – ich ... ich werde dir versprechen, dass ich dir *nicht* böse sein werde. Ja, vielleicht werde ich es nicht verstehen. Das weiß ich ja nicht. Aber ich werde dir nicht böse sein. Das verspreche ich dir."

„Und woher willst du *das* wissen?"

„Aus dem gleichen Grund, aus dem *du* mir vorhin böse warst."

„Ich war dir böse?"

„Ja."

„Weswegen?"

„Weil ich angeblich nach dem Äußeren ging..."

„Du *bist* nach dem Äußeren gegangen!"

„Gut, dann werde ich also jetzt auch wegen dem Äußeren nicht böse..."

„Was? Wie meinst du das?"

Boris sah sie an.

„Ich werde nicht böse – egal, was du sagst. Weil du so unglaublich schön bist, Diana..."

Diese Antwort riss ihr fast die Beine weg. Sie kannte diese Logik nicht. Nicht bei einem Jungen...

„Und wenn du aber doch böse wirst, siehst du, dass das alles nichts nützt..."

„Okay. Und wenn ich nicht böse werde, siehst du auch etwas..."

„Und was?"

„Das musst du dann selbst wissen..."

„Ich verstehe."

„Gut, jetzt fang an. Sprich dein Urteil..."

Betroffen sah sie ihn an. Wieder hatte sie etwas an diesem ganzen Wortwechsel berührt, ohne dass sie sagen konnte, was es war. Vielleicht einfach, dass er ihre Worte hinnehmen wollte. Es war ein sehr seltsamer Moment. Noch nie hatte sie jemand nach ihrem ‚Urteil' gefragt. Jetzt wollte dieser Junge es wissen. Er wollte wissen, warum sie ihn nicht mochte... So etwas war noch nie dagewesen. Und auf einmal schauten seine Augen auch anders. So, wie man ein Urteil hinnahm, wenn man es auf einmal erwartete...

„Ich mag es zum Beispiel nicht", sagte sie leise, „dass ihr nie so seid, wie jetzt gerade..."

„Jetzt gerade?", fragte Boris vorsichtig. „Und was ist jetzt gerade, Diana?"

„Jetzt gerade", erwiderte sie langsam, „jetzt gerade bist du ehrlich... Ich meine ... nicht ehrlich, sondern ... jetzt gerade ... bildest du dir nichts ein. Und bist auch nicht cool oder sonst was ... und schon ist der Moment wieder vorbei. Man kann es nicht mal erklären..."

„Und wieso ist er wieder vorbei?"

„Das war nicht deine Schuld. Ich meine, selbst die Worte brauchen manchmal eine bestimmte Stimmung. Und das kann manchmal nur einen Augenblick dauern. Spürst du das nicht?"

„Nein, tut mir leid..."

„Trotzdem finde ich es gut, dass du jetzt anders bist als sonst. Das ist eigentlich alles, was ich nicht mag und was ich ‚schlimm' finde. Das – und dass es immer um völlig unwichtige Dinge geht."

„Unwichtige Dinge?"

„Ja, worüber sich ständig alle unterhalten. Musik, Filme, Videos. Was noch? Disco. Abhängen. Chillen. Shoppen. Was noch? Mehr ist es doch nicht!"

„Und was findest *du* wichtig?"

„Das würdest du ja doch nicht verstehen."

„Aber woher willst du das wissen? Du hast doch jetzt die Chance, es mir zu erklären..."

„Vielleicht will ich gar keine ‚Chance'. Vielleicht verstehe ich gar nicht, warum niemand die Chance sucht, es wirklich *verstehen* zu wollen."

„Aber vielleicht suche ich die jetzt gerade. Ich suche sie doch die ganze Zeit, Diana..."

„Nein – du willst mich kennenlernen, aber du weißt gar nicht, was dich erwartet."

„Und du? Du denkst immer schon, du weißt, was dich erwartet. Weil du gar nicht glaubst, es könnte sich jemand für dich interessieren – ist es nicht so?"

Betroffen hörte sie diese Antwort.

„Ja – du hast Recht. Das ist so. Das glaube ich wirklich. Aber ich habe auch immer nur diese Erfahrung gemacht. Deswegen kann ich langsam gar nichts anderes mehr glauben..."

Es tat gut, so ehrlich zu sein. Sie spürte auch keine unmittelbare Gefahr. Im Moment konnte sie diesem Jungen wirklich *vertrauen*. Das hätte sie vorher nie gedacht...

„Das kann ich verstehen", sagte der Junge. „Ich glaube auch, dass du es sehr schwer hast ... weil du so anders bist. Ich glaube, ich verstehe ein bisschen, wie es dir gehen muss. Aber ... ich hoffe, du glaubst auch mir, dass ich dich wirklich kennenlernen will, Diana. Das *ist* so. Es tut mir leid, dass es scheinbar nicht der Grund ist, der dir gefällt. Aber das ändert doch nichts an der *Tatsache*. Oder, Diana? Die Tatsache bleibt doch die gleiche..."

„Aber wenn du dann merkst, dass ich für dich uninteressant bin, dann war es das für dich wieder – und ich bin um eine immer gleiche Erfahrung reicher."

„Ja, das denkst *du*. Aber verstehst du denn nicht, Diana? Du *kannst* für mich gar nicht uninteressant sein oder werden – nur den Grund kannst du nicht akzeptieren. Und ich glaube, du verstehst ihn auch nicht. Aber deine Vermutung ist auf jeden Fall falsch – nämlich dass ich mich sehr bald nicht mehr für dich interessieren würde. Das ist *definitiv falsch.*"

Diese Antwort machte sie betroffen. Denn sie bedeutete, dass sie ihm Unrecht getan hatte.

„Okay, wenn das wirklich so ist, dann verzeih mir, dass ich das dachte, Boris. Das wollte ich nicht. Ich hab's nur wirklich noch nie anders erlebt."

„*Hat* sich schon mal jemand in dich verliebt, Diana?"

„Ja, Jonathan vor einem Jahr. Das musst du doch mitgekriegt haben?"

„Ach – Jonathan! Gut. Okay... Willst du mich jetzt denn mit Jonathan vergleichen?"

Sie musste zugeben, dass es hier anders lief als damals. Jonathan hatte sich genauso für sie interessiert und sie dann ‚angemacht' – aber die Begegnung war nie auch nur bis zu dem Moment vorgedrungen, an dem sie jetzt stand...

„Nein", gab sie leise zu. „Das war anders..."

„Und sonst...", fragte Boris vorsichtig, „sonst hat sich noch nie jemand in dich verliebt, Diana?"

„Ich weiß nichts davon."

„Meine Güte – das ist irgendwie unglaublich."

„Was heißt denn das?", fragte sie ungehalten, weil sie dieses Thema so hasste, „*du* hast dich doch auch erst jetzt verliebt."

„Ja, gut", gab Boris zu, „dann finde ich mich selbst eben auch unfassbar ... dämlich."

Innerlich musste sie leise lachen. Wieder war sie berührt...

„Aber der Punkt ist", sagte Boris nun. „dass so ein Sich-Verlieben den Blick ganz schön verändert."

Sie spürte, dass er damit witzig sein wollte.

„Das ist auch so etwas, was ich überhaupt nicht mag", erwiderte sie. „Dass man mit so etwas Witze macht!"

„Tut mir leid..."

„Es braucht dir nicht leid zu tun. So was macht ihr ja nun mal immer. Aber wenn du mich kennenlernen wollen würdest, dann wäre dir das wichtig..."

„Es tut mir ja leid."

„Darum geht es nicht!", sagte sie leidenschaftlich. „Verstehst du den Unterschied nicht? ,Tut mir leid' kann man mal schnell sagen – und es kann einem sogar wirklich leid tun, weil man nichts Falsches tun wollte. Aber *warum* es falsch ist – *das* müsste einen interessieren."

Sie wurde ruhiger und fügte leise noch hinzu:

„Das ... müsste dich interessieren, wenn du mich kennenlernen willst. Warum ich es falsch finde..."

„Ja, Diana. Es interessiert mich auch. Willst du es mir sagen? Bitte..."

Wieder überraschte sie die Antwort, obwohl sie eine solche ersehnt hatte. Sie hatte so etwas noch nie erlebt. Sie spürte ihr Herz klopfen. Es lebte gerade fortwährend in Überraschungen, die es nicht kannte...

Sie öffnete sich völlig.

„Boris, ich ... ich verstehe die *Welt* nicht! Alles... Alles, was um mich herum vorgeht... Ich verstehe es nicht! Du denkst vielleicht, ich bin ganz normal – von allem so abgesehen –, aber – –"

Sie sah ihn hilflos an, sah, dass er noch bei ihr war...

„Die Welt ist verrückt, Boris! Schaut euch doch an! Alle... Alle, Boris... *Du auch!* Ich kann das alles nicht verstehen. Du denkst, das hat jetzt wenig mit der Frage von eben zu tun. Hat es aber nicht! Ich sehe einfach, wie – wie euch ... wie euch *nichts* wichtig ist! Nichts, was wirklich wichtig *wäre*! Ihr macht Witze über das Sich-Verlieben. Ihr macht Witze über Kriege – oder über Leute, die Kriege führen. Über alles! Und nicht nur ihr! Die ganze Welt ist so. Filme – Bücher – ich schaue schon lange kein Fernsehen mehr. Weißt du, warum? Es ist verrückt! Einfach verrückt. Sinnlos. Ohne Sinn. Nur Gelaber – das, was ihr ‚Gelaber' nennt. Bücher! Gute Bücher zu finden, wird immer schwieriger. Aber ihr lest alles! Oder noch schlimmer: Ihr lest natürlich *gar* nicht mehr! Handys! Die ganze Zeit seid ihr an den Handys. Was macht ihr denn da? Dasselbe, was ihr auch sonst macht – nur noch reduzierter, noch abgekürzter, noch bescheuerter! Tut mir leid, so was will ich gar nicht sagen. Ich sage es nur, weil ich so verzweifelt bin. Da draußen –"

Sie zeigte auf die Tür des Cafés.

„Da geht die Welt kaputt. Alles! Weißt du, mit wieviel Gift heute alles hergestellt wird? Weißt du, wie egal den Konzernen alles ist, die in Afrika, in Asien, in Südamerika, überall produzieren? Ich weiß nicht, wo ich *anfangen* soll, Boris! Aber ihr, ihr alle, fangt nicht mal an, nachzudenken! Euer Handy ist so was wie euer Gott. Und euer Spaß – wie ihr das auch immer nennt. ‚Abchillen' und was weiß ich. Was soll denn das sein? Was für einen Spaß habt ihr denn da? Da guckt ihr doch auch wieder nur *zusammen* aufs Handy – oder redet über das letzte Video, was irgendjemand auf dem Handy gesehen hat. Wow! Ein Video! Von einem YouTuber – oder was weiß ich. Weißt du, *wie* belanglos das ist? Ich bekomme das einfach nicht in meinen Kopf rein – wie man – wie man auch nur eine Sekunde dafür opfern kann! Und ihr tut all das den ganzen Tag! Den ganzen Tag! Das ganze Leben! Ich fasse das nicht...!"

Sie atmete einmal tief durch. Sie hatte sich völlig verausgabt, Ihre ganze Leidenschaft war in die Worte hineingeflossen.

„Das fasse ich alles nicht...", schloss sie noch einmal leise.

„Wow...", sagte Boris, sichtlich erschlagen.

Als er schwieg, sagte sie:

„Da fällt dir nichts mehr ein, oder?"

„Na ja", gestand er, „mir wäre ein witziger Spruch eingefallen, aber das magst du nicht."

„Wie kann denn das *sein*, Boris?", sagte sie innig. „Könnt ihr *nur* noch in Witzen denken und sprechen? Merkt ihr gar nicht mehr, wie ... wie – *krank* das ist? Ihr seid wirklich krank! Ihr denkt, die alten Leute, die Alzheimer haben, Demenz, die alles vergessen, die wirklich nichts mehr können, sind ‚krank', aber was mit euch los ist, merkt ihr gar nicht. Ihr seid schon mit fünfzehn so krank, dass ihr nichts mehr ernst nehmen könnt. Ihr *könnt* es gar nicht mehr! Selbst wenn ihr wolltet, könntet ihr es einfach nicht mehr! – Ich weiß nicht. Es hat doch gar keinen Sinn..."

Sie stützte ihren Kopf resignierend auf ihre Hand und starrte auf den Schaum in ihrer Kaffeetasse.

„Und du, Diana? Was machst du?"

Es war eine wirkliche Frage.

Sie seufzte.

„Ich trinke mit so einem Verrückten Kaffee..."

Er zeigte mit dem Finger auf sie.

„Das war jetzt aber auch ein Witz! Du hast einen Witz über mich gemacht."

„Nein – das war Selbstironie. Eine Sekunde schwarzer Humor, weil alles so hoffnungslos ist."

„Ach, das magst du dann wieder?"

„Nein, auch nicht. Aber ich weiß nicht mehr, was ich machen soll."

„Erklär mir doch einfach, was *du* machst, Diana. Beschreib es doch..."

„Ich bezweifle immer noch, dass du es verstehen würdest."

„Dann geh das Risiko ein."

„Und wenn du es lächerlich findest – *weil* du es nicht verstehst?"

„Dann kannst du mich hart bestrafen!"

„Jetzt machst du schon wieder Witze."

„Oder ich resigniere – so wie du."

„Boris, das ist nicht witzig."

„Diana – ich will auch gar nicht witzig sein. Ich will dir zuhören... Aber wenn du nichts sagst... Kannst du mir nicht vertrauen? Du hast mir eben doch auch vertraut. Ich habe alles angehört – und ich möchte, dass du mir von *dir* erzählst. Ich werde dich definitiv nicht lächerlich finden! Das habe ich dir schon versprochen. Bitte glaube es mir doch. Wovor hast du denn so viel Angst?"

„Du musst zugeben, dass man vor euch Angst haben kann", beharrte sie eigensinnig.
„Okay, ich geb's zu. Aber ich sehe es ein. Und jetzt brauchst du keine Angst zu haben. Bitte, Diana – ich will dir nur zuhören. Ich höre dir wirklich zu..."

Sie stand mit leeren Händen da.
„Ich *weiß* nicht, was ich mache, Boris. Was soll ich denn jetzt erzählen? Ich sage ja, du verstehst das nicht. Du *kannst* es gar nicht verstehen. Weil mich *niemand* versteht. Also wie du dann? Ich lese gute Bücher. Aber was heißt das? Heißt das irgendetwas? Kannst du damit was anfangen? Ich verstehe euch nicht. Das ist meine Beschäftigung! Euch nicht zu verstehen. Den ganzen Tag lang verstehe ich die Welt nicht. Das mache ich! Du hältst mich jetzt für verrückt, das sehe ich – aber das Problem ist: Man kann es schon nicht einmal *erklären*! – Also gut: Ich denke viel nach. Ich recherchiere auch viel, denn man muss doch *wissen*, wie schlimm es ist. Ich fühle mich verantwortlich. Ich denke nicht, dass man sagen kann: ‚Ich weiß nichts'. Dann ist man selber schuld! Heute kann man alles wissen – aber man muss sich auch Mühe geben. Das tut aber keiner. Lieber ein YouTube-Video, als zu wissen, wieviel Gift man täglich isst und wie sehr die Natur zerstört wird!
Ich gehe gern spazieren. Da denkst du jetzt gleich: ‚Oh, spazieren – wie spannend!' Weil du es nicht verstehst! Weil du es noch nie gemacht hast – und weil du auch das gar nicht

mehr könntest! Du kannst es einfach nicht. Aber du denkst, es sei langweilig. Ist es auch – für alle, die nur noch ihre Handys kennen und die über alles Witze machen. Es *muss* für euch ja langweilig sein – weil ihr nichts mehr seht. Ihr seht zwar alles, aber ihr seht eigentlich nichts mehr. Denn ihr seht die Schönheit nicht. Ihr seid blind. Völlig blind. Und wieder muss man verzweifeln, weil man es einfach nicht anders erklären kann!

Ihr geht in der Fußgängerzone an denen vorbei, die ihr ‚Bettler' nennt. Ich kann das nicht fassen. Was bildet ihr euch ein? Dass das Bettler *sind*? Oder dass sie euch nichts angehen? Wie kommt ihr dazu? Ich kann an diesen Menschen nicht vorbeigehen – ich *kann* es einfach nicht! Das ist das, was *ich* nicht kann! Ich habe schon mit so vielen Menschen gesprochen – mit ihnen, ich nenne sie die ‚Bittenden'. Aber denkst du, sie bitten um Geld? Nein! Sie bitten darum, *gesehen* zu werden! Aber wie denn – von all den Blinden?

Ich versuche, meinen Eltern das zu erklären. Das ist auch etwas, was ich mache. Aber es hat keine Chance. Ich kann Stunden um Stunden reden – und irgendwann stoppen sie mich. Jetzt haben sie sogar gesagt, ich soll zu einer Psychologin gehen. Weil ich ‚unausgeglichen' wäre! Ja – in dieser Welt ist man unausgeglichen, wenn man weint, weil ein anderer Mensch ein Bittender ist, dem niemand hilft... Ich soll also zu einer Psychologin... Das ist demnächst dann vielleicht auch etwas, was ich mache...

Ich mache meine Hausaufgaben. Ich lerne. Ich interessiere mich für das, was wir in der Schule haben – im Gegensatz zu euch allen. Ich lese vieles nach. Ich lese da weiter, wo die Lehrer aufhören. Darauf würdet ihr nicht mal im Traum kommen! Ich finde nicht, dass die Lehrer dafür verantwortlich sind, was ich weiß. Ich finde, ich bin es selber... Und die Welt ist *so groß*, Boris – so groß! Wir kennen nur den kleinsten Teil. Und ihr wollt nicht einmal von diesem winzigen Teil etwas wissen. Weißt du, was man alles wissen kann? Du hast nicht mal eine Vorstellung davon! Obwohl wir glauben, schon die ganze Welt zu kennen, sind in den Regenwäldern, die wir so rasend schnell zerstören, die meisten Insektenarten noch nicht einmal entdeckt oder bekannt! Aber das sind alles nur Schätzungen – denn *man weiß es einfach nicht!* Aber es wird bereits zerstört... Und in den Meeren genauso.

Und hier genauso. Weißt du, was eine Kornblume ist? Ja, vielleicht weißt du das noch. Es gibt ja schon Kinder, die wissen nicht einmal mehr, wo die Milch herkommt! Aber die Kornblumen. Früher haben die Mädchen daraus Kränze geflochten – heute ist man froh, an einem armseligen Feldrand mal noch eine solche wunderschöne blaue Blume zu sehen... Gift, Boris! Gift – und erbarmungslose Monokultur. Weißt du, was das ist? Und dann gibt es natürlich auch die anderen Pflanzen nicht mehr – es sind ja nur ‚Unkräuter'. Aber dann gibt es auch die Tiere nicht mehr – und die anderen, die sich von den ersten ernähren. Irgendwann gibt es gar nichts mehr. Nur eine einzige Sorte. Aber dann stirbt alles. Weil das *Gleichgewicht* zusammengebrochen ist. Verstehst du, Boris? Das Gleichgewicht! *Mein* ‚Gleichgewicht' ist meinen Eltern anscheinend wichtig. Aber nicht *das* Gleichgewicht! Aber wie halten wir das Gleichgewicht, wenn alles tot ist?

Und wen interessiert das? Ich denke den ganzen Tag darüber nach! Oder darüber, warum wir bei Herrn Maurer nicht gelernt haben, dass das Herz keine Pumpe ist. Ich habe es nur ganz zufällig von meinem Bruder erfahren – der hatte es nämlich bei Herrn Weber! Und selbst er hat nicht aufgepasst. Weil es niemanden interessiert! Aber mich interessiert das – und es interessiert mich nicht nur, sondern ich kann das alles nicht fassen – warum das einfach so sein kann, *und es interessiert niemanden!* Das Herz ist keine Pumpe – und alle denken es weiterhin! Und sie wissen nicht, dass der Herz vom *Blut* bewegt wird und nicht umgekehrt, das höchstens im zweiten Schritt, und sie wissen auch nicht, dass das Blut von der *Seele* bewegt wird, und nicht umgekehrt.

Ja – jetzt hältst du mich *wieder* für verrückt. Aber ich habe auch darüber nachgedacht. Das ist das einzige Problem – dass die Menschen nicht nachdenken. Denkst du, man schämt sich, weil man rot wird? Nein – man wird rot, weil man sich schämt! Und weißt du, was das heißt? Das heißt nichts anderes, als dass die Seele das Blut bewegt. Denn zuerst schämt sich die Seele – dann wird man rot.

Weißt du überhaupt, was die Seele ist? Nein, weißt du nicht. Ihr denkt nicht nach! Es ist euch auch egal. Aber ich frage mich die ganze Zeit all diese Dinge. All das, was ihr euch nie fragt. Wer ist das, den ich im Spiegel sehe? Das kann man nun wirklich nicht mehr erklären. Das versteht keiner mehr. Wen siehst *du* im Spiegel, Boris? Bist du stolz auf dein Aussehen? Willst du cool sein? Willst du gut aussehen? Wer ist dein Spiegelbild, Boris? Wen siehst du? Und wer guckt da? Ich bin nicht die, die sich im Spiegel sieht! Aber das kann ich niemandem erklären. Der Spiegel lügt! Aber er zeigt, was man eben sieht. Nur darf man nicht glauben, dass man das wäre. Und dein Name? Bist du Boris? Oder haben deine Eltern dir diesen Namen aus irgendeiner blöden Idee heraus gegeben? Ich bin nicht mein Name – und ich bin nicht mein Spiegelbild oder was sich da spiegelt. Aber wie soll man das jemandem erklären? Ihr seid ja alle zufrieden mit dem, was ihr seht – und was ihr habt – Handys und Witze. Hab ich denn was vergessen?

Ich weiß nicht, was ich sagen soll, auf deine Frage, Boris. Ich habe jetzt fünf Minuten oder so geredet. Und *das* soll mein Leben sein? Man kann es überhaupt nicht beschreiben, weil die Wahrheit da *drinnen* liegt – und da kommen die Worte gar nicht hin.

Und *hier* drinnen", sie zeigte auf ihre Brust, „hier ist dann das Herz. Da kommt man auch nicht hin, mit den Worten, aber da ist dann das Sich-Verlieben. Das wollte ich noch sagen, weil das bei euch ja so schnell geht. Und so witzig ist. Und dann hat man nach ein paar Wochen die nächste Freundin oder den nächsten Freund. Und man hält die für verrückt, die noch gar keinen hatten – und auch keinen Sex –, weil man denkt, man selbst ist so großartig, weil man schon Dutzende hatte. Ich hab gehört, wie Mädchen im Bus damit geradezu angegeben haben. Voreinander! Freundinnen! ‚Ach, es ist ja so normal, und ich hatte schon mit neun meinen ersten Freund, und die Pille nehme ich, weil man sonst immer diskutieren muss, ob man ein Baby will!' Ich fasse es nicht, Boris. Ich begreife das alles nicht. Die verlieben sich ständig irgendwie – aber sie wissen gar nicht, was das ist. Sie haben sich noch nie *wirklich* verliebt. Und sie wissen vielleicht, was Sex ist – aber nicht, was *Liebe* ist. Das ist bei ihnen auch nur so wie YouTube und Fernsehen. Da *existiert* es aber nicht.

Ich weiß nicht. Mehr kann ich nicht mehr erklären. Ich lebe in einer völlig *anderen Welt*. Eure Welt ist nicht meine Welt, Boris. Es sind zwei völlig verschiedene. Wirklich völlig verschieden..."

Sie trank einen Schluck von ihrem lauwarm gewordenen Kaffee und wischte sich vorsichtshalber noch einmal über die Lippen...

„Diana?"

„Ja?", erwiderte sie müde.

Er wartete, bis sie ihn anschaute.

„Eins steht fest, Diana... Ich liebe dich wirklich!"

„Aber du *kennst* mich doch gar nicht!", entfuhr es ihr.

„Doch...", hörte sie beschämt seine Antwort. „Ein bisschen kenne ich dich doch jetzt... Und ich liebe dich nur um so mehr..."

„Ich will dieses Wort gar nicht hören!", wehrte sie sich.

Sie sah, wie er leise zurückzuckte.

„Okay, dann ... dann sage ich es nicht..."

Berührt ließ sie ihre Abwehr sinken.

„Boris... Was willst du denn von mir? Hast du ... hast du denn nicht begriffen, wie unterschiedlich unsere Welten sind?"
„Doch... Doch, das habe ich. Aber..."
„Was aber?"
„Aber ich ... habe auch verstanden, dass ... also dass ... nun ja, Diana, du hast sicher Recht. Nein, ich meine, du hast natürlich Recht. Und ich – ich verstehe dich. Wirklich! Und ... ich ... also, ich wünschte, ich könnte ... also ... von dir *lernen*... Das klingt vielleicht komisch. Aber – aber ich ... also ... ich *möchte* nicht, dass es getrennte Welten bleiben. Verstehst du? Ich möchte das nicht..."
Das Bemühen dieses Jungen rührte sie sehr. Trotzdem hatte sie wenig Hoffnung.
„Sie lassen sich nicht verbinden, Boris."
„Sie sollen sich ja auch nicht *verbinden*. Ich möchte – *deine* Welt kennenlernen, Diana. Ich möchte von dir lernen... Ich möchte dich kennenlernen und auch von dir lernen."

Nun war sie wirklich berührt. Sie schwieg betroffen, konnte es sich noch immer nicht vorstellen, dass dieser Junge das gerade wirklich gesagt und auch wirklich gemeint hatte.
„Das verstehe ich nicht, Boris", sagte sie leise. „Und ich verstehe auch nicht, wie das gehen soll. Willst du einen Teil deiner Welt beibehalten und dann etwas von *mir* lernen? Selbst das funktioniert nicht... Was soll das dann werden? So etwas wie die Dinge, wo die Konzerne ‚Bio' draufschreiben, obwohl gar nichts drin ist? Du kannst nicht deine Welt behalten, wenn du meine Welt kennenlernen willst..."
„Was soll ich machen?", fragte Boris. „Auf mein Handy verzichten?"
„Ja, das wäre ein guter Anfang..."
„Aber du hast doch sicher auch ein Handy."
„Ja, aber ich benutze es nicht für ... für all dieses Sinnlose!"
„Also wofür darf ich es jetzt nicht mehr benutzen?"
Sie seufzte traurig.

„So funktioniert das nicht, Boris... Jetzt verhandelst du schon – merkst du das nicht? Du musst selbst wissen, was sinnlos ist. Was soll ich dir denn jetzt sagen? Es ist *alles* sinnlos, was ihr damit macht!"

„Das heißt, ich muss meine Kontakte abbrechen?"

Sie fühlte eine Art Resignation.

„Du musst gar nichts, Boris. Ich kann dir auch gar nicht helfen. Wie gesagt – ich *weiß* nicht, wie das gehen soll. Du hast nun einmal diese Welt. Was soll ich dir da denn sagen? Ich weiß es nicht! Ich weiß es einfach nicht. Du kannst nicht eine Welt beenden und eine andere neu beginnen. Du lebst in deiner, und ich lebe in meiner. Du denkst, bloß weil du dich in mich verliebt hast, wird alles anders? Das ist unmöglich. Man wird dich ja schon auslachen, wenn man dich an meiner Seite sähe. Und dann hättest du noch *nichts* geändert!"

Boris schwieg – und auch das tat ihr wiederum leid. Er rührte etwas verloren in seinem Kaffee herum.

„Es ist nicht unmöglich, Diana", sagte er schließlich leise. „Ich meine – würdest du mich denn wollen? Also..."

Er beendete den Satz nicht. Und ihr Herz klopfte nun bis zum Halse. Es sollte eine Art Entscheidung treffen.

Unsicher fragte sie:

„Was meinst du mit ‚dich wollen'?"

„Diana – das weißt du doch. Sag es doch einfach... Würdest du mich als Freund wollen..."

„Als Freund...", wiederholte sie, um Zeit zu gewinnen.

Boris schwieg und sah sie nur an. Die Augen hatten jetzt nichts Selbstsicheres, sie wollten keinerlei Wirkung ausüben. Es waren die Augen eines unsicheren Jungen. Dass er verliebt war, sah man nur, wenn man es wusste...

„Ich kenne das nicht, Boris...", sagte sie aufrichtig. „Und ich kann es auch nicht sagen... Ich weiß es nicht! Als Freund – ja, sofort... Weißt du, wie schön Freundschaft ist? Ich weiß es,

obwohl ich keine wirklichen Freunde habe. Ich weiß es trotzdem! Es ist nichts, was ihr habt. Es ist viel mehr. Als ein *solcher* Freund wärst du mir sofort willkommen – wie jeder andere auch, der eine solche Freundschaft kennen würde. Aber ... aber als *Freund*, wie du es meinst, also ... als ... *der* Freund ... das ... das weiß ich noch nicht, Boris... Ich ... ich kann es dir wirklich nicht sagen...“
Boris senkte seinen Kopf.

„Das...“, fragte sie leise, „wolltest du nicht hören, nicht wahr?“
„Nein...“, erwiderte auch er leise. „Aber – ich verstehe dich, Diana. Es ist klar. Es ... ich verstehe es. Trotzdem... Ich würde trotzdem alles andere aufgeben, um ... um auch nur eine Chance zu haben... Weißt du?“
„Eine Chance?“
„Ja.“
Sie verstand es noch immer nicht.
„Und ... und was würdest du dann auf einmal den ganzen Tag machen?“
„Ich weiß nicht... Wahrscheinlich an dich denken – und auf den Moment warten, wo ich wieder einmal mit dir zusammen sein darf...“
Diese Antwort zog ihr wieder etwas wie unter unsichtbaren Füßen hinweg...
„Und was ist mit Peer und all den anderen? Und den Mädchen? Deinen ungezählten Freunden und ‚Kumpeln‘?“
„Ja“, gestand Boris. „Das wird schwer. Ich weiß es nicht. Das weiß *ich* noch nicht. Aber was ich weiß, ist, dass ich aufhören will mit dem, was du ‚sinnlos‘ findest – und dass ich das kennenlernen will, was dir wichtig ist...“
„So halb?“, fragte sie zögernd.
„Nein – richtig.“

Ihr Herz war in Aufruhr. So etwas hatte sie noch nie erlebt. Selten war sie von einer menschlichen Begegnung so berührt gewesen wie jetzt. Ausgenommen die Begegnungen mit den ‚Bittenden' – aber das war etwas ganz anderes.

„Gut, Boris...", sagte sie leise.

„Gut?", fragte er fast ungläubig und sah sie völlig überrascht an.

„Ja, ich meine ... was soll ich tun, ich ... ich habe nur mein Misstrauen beendet. Das ist schließlich nie richtig... Ich vertraue dir jetzt, Boris. Dem, was du gesagt hast. Aber bitte erwarte nicht zu *viel*..."

„Ja, ist gut, Diana...", antwortete Boris warm. „Und wann ... darf ich dich wiedersehen?"

„Wir sehen uns doch jeden Tag – in der Schule."

„Ja, aber ich meine ... außerhalb."

„Wollen wir nächsten Samstag spazieren gehen?"

„Nächsten Samstag erst?", fragte Boris bestürzt. „Heute ist Dienstag!"

Beschämt schaute sie auf ihren Kaffee.

„Aber ich...", sagte sie leise, „bin nicht so schnell, Boris... Ich muss das auch erst einmal ‚verdauen'. Ich... Ich ... will mich dann *auch* auf das nächste Mal freuen und so weiter. Und ... und am Wochenende ist dann auch wirklich Zeit..."

Boris sah sie schweigend an.

„Ich – ich *bin* so, Boris", sagte sie fast bittend. „Ich brauche diese Zeit. Ich bin nicht so schnell wie ihr..."

„Ich verstehe, Diana...", sagte Boris warm. „Du brauchst dich nicht zu entschuldigen. Ich fange an, es zu verstehen... Du bist echt lieb... Ich werde mich *auch* auf Samstag freuen, Diana. Und ja... Zum Glück sehen wir uns ja auch in der Schule. Es ist schön, dich jeden Tag zu sehen... Weißt du das?"

Sie fühlte, wie sie leicht errötete.

„Nein...", sagte sie leise. „Das hat mir noch niemand gesagt..."

*

An diesem Abend lag sie lange wach.

Wer war das Mädchen, das da in seinem Bett lag? Und wer war der Junge, mit dem es heute gesprochen hatte? Was war das überhaupt für ein Gespräch gewesen? Der Junge hatte sich in das Mädchen verliebt – und sie war ihm nach einigem Zögern in ein Café gefolgt. Sie hatten sich in der hintersten Ecke gesetzt – und sie hatte ein wenig Angst gehabt, was dann folgen würde... Aber es war etwas ganz anderes passiert als alles, was sie irgendwie erwartet hatte.

Was hatte sie denn erwartet? Sie hatte erwartet, was sie immer sah, überall. Überall sah man verliebte Jungen, die sich dann auch nicht anders verhielten als sonst, nur noch etwas verrückter. Aber die Sprüche blieben dieselben, die Witze blieben dieselben, der ganze Rest blieb derselbe. Es wurde alles nur noch schlimmer. Cool. Albern. Sinnlos. Krank...

Aber dieser Junge ... hatte sie überrascht. Immer wieder. Mehr als einmal hatte sie sich über ihre Vorurteile geschämt. Aber waren es nicht die Urteile gewesen, die sie haben musste, weil sie es eben immer und immer wieder nur so erlebt hatte? Aber der Junge hatte ihr dann gesagt, was die Dinge geändert habe. Dass er sich verliebt hatte...

Darüber hatte sie sich dann auch wieder geärgert. Er hatte sich in dieses Spiegelbild verliebt, das sie jedes Mal sah, wenn sie sich im Bad die Hände wusch oder die Zähne putzte. In dieses hatte er sich verliebt! Wie war so etwas möglich? Offenbar war es das. Es war ja schon einmal passiert. Jonathan hatte diesen Fehler auch schon begangen. Bei ihm hatte sich dadurch aber nichts geändert. Und nun hatte sich dieser Junge in ihr Spiegelbild verliebt – und er *hatte* sich geändert.

81

Wie war das möglich? Wie konnte man einen Menschen sehen – und sich *ändern*? Was passierte da? Sie versuchte, sich in den Jungen hineinzuversetzen. Sie versuchte, sich ihr Spiegelbild aus einer noch anderen Situation vorzustellen, als sie es sonst so oft anschaute – jetzt als ein Junge. Ein Junge sah also ihr Spiegelbild ... und verliebte sich. Und auf einmal wollte er sich ändern. Warum?

Weil er ihre Welt kennenlernen wollte. Sie. Sie, in die er sich verliebt hatte. In ihr Äußeres – ihr Spiegelbild. Und sie hatte das an ihm verurteilt. Sie hatte es falsch gefunden. Und doch hatte er sie berührt. Weil ihr Spiegelbild *ihn* berührt hatte. Was berührte sie daran so? Es war ... vor allem *ehrlich* gewesen. Er war wirklich berührt von ihrem Spiegelbild. Er hatte sich tatsächlich verliebt. Und es war anders als sonst, er war *aufrichtig* verliebt. Das war es, was sie berührt hatte.

Und dann gab es noch einen Punkt. Er hatte sich in *ihr* Bild verliebt. Sie selbst war es, die das betraf. Das war es, was sie am meisten verwirrte. Jemand, dieser Junge, hatte sich verliebt, in ein Bild von einem Mädchen, und das Mädchen, um das es ging, das war *sie*... Sie musste sich damit abfinden, dass sie so aussah, dass sich zumindest ein Junge in sie allein schon deshalb verliebte. Sie fand es nicht richtig, aber so war es nun einmal. Aber dann wollte dieser Junge sein ganzes Leben *für sie* ändern. Er wollte auf einmal *sich* ändern, weil er ihr Spiegelbild schöner fand als das aller anderen Mädchen. Wie hing das zusammen?

Für das, was sie wirklich war – und wovon sie dann versucht hatte, in diesem minutenlangen leidenschaftlichen Ausbruch etwas in Worte zu fassen –, hatte sein Interesse nur dadurch zu erwachen begonnen, dass er sich in ihr Spiegelbild verliebt hatte. Ausgerechnet in ihres... Und wenn sie ihr Spiegelbild hässlich machen würde, dann würde sein Interesse auch wieder erlahmen. Vielleicht erlahmte es auch schon, wenn der

Weg, zu dem er sich selbst entschieden hatte – der Weg in ihre Welt hinein –, ihm zu anstrengend war. Dann würde ihm selbst alle Schönheit ihres Spiegelbildes nichts nützen. Er wäre durch sich selbst in seiner Welt gefangen. Das war es, was sie geglaubt hatte. Aber er hatte beteuert, so wäre es nicht.

Was für eine ‚Macht' hatte dann so etwas wie dieses Spiegelbild von ihr? Was war das Sich-Verlieben, wenn es *so* verlief? Wie konnte sich ein Junge in diese *äußere* Schönheit verlieben? Und erst dadurch für das aufwachen, was man *eigentlich* war? Was zog einen Jungen dann an? Sie hatte den Eindruck gewinnen müssen, dass viele Jungen den Brüsten und dem Po der Mädchen-Spiegelbilder hinterherliefen. Aber das konnte es bei Boris nicht sein. Was war es dann? Ihr Kleid wohl kaum – wenn, dann wurde es immer nur spöttisch belächelt. War es dann das Gesicht? Vielleicht hatte auch Boris ihre ‚sinnlichen Lippen' küssen wollen... Oder war es der Leberfleck? Fand er ihn schön? Oder ihre blauen Augen? Sie waren viel zu blau... Sie hasste es, Blicke auf sich zu ziehen. Sie hasste all dieses Sich-Verlieben in Spiegelbilder. Es war falsch.

Aber dieser Junge *hatte* sich in sie verliebt. In was auch immer – vielleicht in ihr Gesicht *mit alledem*, mit ihren Augen, ihrem Mund, ihrem Leberfleck, ihren Haaren. Darin hatte dieser Junge sich verliebt – und es hatte sie trotz allem berührt, weil *er* wirklich berührt war. Und das war das unaufhörlich Seltsame: Dass man sich in ein äußeres Spiegelbild verlieben konnte und dass dann etwas Inneres begann. Bei Jonathan hatte nichts Inneres begonnen – aber bei Boris schon. Er war schon durch das Verliebtsein in ihr äußeres Spiegelbild ein anderer Mensch geworden. Und das war beachtlich. Es war nicht nur beachtlich, es war *berührend*. Ja, in gewisser Weise *hatte* er ihr Herz gewonnen. Genau deswegen. Und genau aus diesem einzigen Grund verzieh sie ihrem Spiegelbild...

Am nächsten Tag war die ‚Sensation' in der Schule in aller Munde – bei denen, die sich darum kümmerten und die daraus eine Sensation machten. Als Boris sich in der großen Pause zu ihr gesellte, waren sie nach wenigen, unschuldigen Sätzen schnell von einer kleinen Traube tuschelnder und witzelnder Spötter verfolgt.

„Was machen wir nun?", flüsterte Boris.
„Nichts. Stört es dich...?", fragte sie.
„Dich nicht, Diana?"
„Doch, es stört mich – aber ich kann es ja nicht ändern."
„Du könntest dich dagegen wehren."
„Ja, aber das würde auch nichts ändern."
„Wieso nicht?"
„Weil es dann erst recht weitergehen würde."

Boris wandte sich zu der kleinen Traube um, zu denen auch einige Klassenkameraden gehörten, und sagte laut:
„Könnt ihr mal eure Klappe halten und abzischen!?"
Gekicher und Gelächter war die Folge.
„Boris, was ist los? Bist du wirklich in ... Diana verknallt?"
Prustendes, nur halbherzig unterdrücktes Gelächter.
„Ist das ansteckend? Müssen wir aufpassen?"
Boris wandte sich um und blieb drohend stehen.
„Halt's Maul!", warf er dem Spötter entgegen.
„Oh... Die Krankheit macht aggressiv...", säuselte die Stimme.
Nun wollte Boris auf den anderen Jungen losgehen.
„Boris, hör auf!", rief sie entsetzt.
Er hielt sich im letzten Moment zurück, machte noch eine drohende Bewegung gegen den anderen Jungen.
Dann wandte er sich wieder ihr zu.
„Sie hat", tuschelte es hinter ihrem Rücken, „ihn ja gut unter Kontrolle!"

„Boris", sagte sie schnell, „du brauchst gar nicht hinzuhören. Das geht uns nichts an. Das wollen sie doch nur... Es ist aber *ihr* Problem, nicht unseres..."

„Aber wenn es immer so weitergeht?"

„Das tut es nicht. Aber selbst wenn – das ist auch ihr Problem. Verstehst du nicht? Es ist einfach ihr Problem. Warum stört es dich denn... Es stört mich nur, weil man keine Ruhe hat. Aber irgendwann wird es ihnen langweilig werden. Es ist mir *so* egal, was sie sagen, was sie denken... Du weißt doch, wie arm das ist... Willst du dich von so einem dummen, sinnlosen Verhalten ärgern lassen? Es ist Luft – mehr nicht."

„Ja – ich verstehe."

„Gut."

„Hört ihr, wie sie turteln? Täubchen! Täuberich!"

Sie gingen einfach weiter.

„Die sind taub!", sagte jemand in spöttischer Überraschtheit.

„Hört ihr? Das sind nicht nur Täubchen – die sind auch wirklich taub!"

„Täubchen in dem braunen Kleid", dichtete nun einer, „ist jetzt eine holde Maid."

Und dieselbe Stimme dichtete dann weiter:

„Boris neben Täubchen Di, ähm ... will nachmittags heimlich sie..."

Großes Gelächter hinter ihnen.

Nun stürzte Boris sich ohne Vorwarnung auf den Dichter – einen Jungen aus der Klasse unter ihnen. Die Prügelei war schon im Gange, als sie wiederum verzweifelt seinen Namen rief – aber er hörte nicht auf. Die Umstehenden schauten der Prügelei belustigt und begierig zu.

Bestürzt und angewidert sah sie die kleine Menge an, die schnell größer wurde. Und dann rief sie:

„*Das* gefällt euch? Spotten? Und Prügeln? Ja? Das wollt ihr sehen – und hören? Schaut euch nur an! Schaut euch alle an!

Wie arm ihr seid! Und überlegt euch mal, *warum* euch das so gefällt! Denkt einmal im Leben nach – über euch *selbst*!"

Dann versuchte sie vorsichtig, in dem sich prügelnden Gemisch aus zwei Jungenkörpern Boris' Schulter zu berühren, was ihr schließlich auch gelang.

„Boris – Boris! Hör auf! Das ist sinnlos! Es ist falsch und verrückt! Bitte hör auf!"

Boris hörte nun unvermittelt auf, stand auf und blickte noch immer hasserfüllt auf seinen Gegner.

„Komm, Boris...", sie zog ihn am Arm, versuchte, ihn von der Menge wegzuziehen, vor allem aber von seinem eigenen Hass. Langsam gelang es ihr.

Während sie sich von der Menge entfernten, sah sie, dass ihre Worte bei nicht Wenigen eine Betroffenheit hinterlassen hatten. Sie hatte keine Ahnung, wie nachhaltig diese sein würde.

„Boris...", sagte sie. „Warum bist du nur wieder auf ihn losgegangen?"

„Du hast doch gehört, was er gesagt hat", verteidigte Boris sich leidvoll.

„Aber das ist doch egal."

„Nein, ist es nicht."

„Du darfst dich nicht provozieren lassen..."

„Sie dürfen aber auch nicht alles sagen!"

Sie schwieg.

Dann sagte sie leise:

„Ich hoffe, sie tun's jetzt auch nicht mehr..."

*

Am Nachmittag musste sie wieder einen Einkauf machen.

Als sie wieder mit dem Rollwagen die Fußgängerzone entlangging, sah sie die Frau noch immer oder wiederum an derselben Stelle sitzen.

„Hallo, Frau Franke!", sagte sie mit einer Mischung aus Freude und Mitleid.

„Oh", sagte die alte Frau, sah auf und schien sich ebenfalls zu freuen. „Diana! Bitte sag doch Gisela..."

Sie ‚parkte' ihren Wagen wieder und setzte sich neben sie.

„Gut, das werde ich machen..."

„Kind – du brauchst jetzt aber nicht jedes Mal bei mir zu sitzen..."

Sie konnte es nicht fassen. Es war für sie mit dem Herzen einfach nicht zu begreifen, wie die ‚Bittenden' *von sich aus* ihr Schicksal immer wieder so sehr hinnahmen, dass sie sogar alle menschliche Zuwendung als ein ‚Zuviel' betrachteten, was sie anderen Menschen nicht zumuten konnten. Sie fühlte, wie in ihrer Kehle ein Kloß wuchs...

„Aber – aber ... Gisela... Denken Sie denn, ich tue es, weil ich glaube, ich müsste es? Eine Last? Oder eine Pflicht? Ich tue es doch, weil ich es möchte!"

„Ach, Kind – wirklich? Damit rechne ich gar nicht mehr..."

„Aber natürlich! Gisela – sie sind doch ein *Mensch* wie jeder andere. Sie sind doch ... keine Ausgestoßene! Auch wenn man Sie so behandelt – weil Sie hier sitzen. Aber ich finde es schlimm, dass Sie hier sitzen müssen! Ich – ich weiß nicht, was ich sagen soll...!"

Ihr Kloß wuchs und fing an zu brennen...

„Du bist so lieb, Diana..."

„Ich", antwortete sie leise, „sitze *gerne* bei Ihnen..."

Nun fühlte sie zwei Tränen über ihre Wange rinnen und wischte sie verlegen fort.

„O Gott, Kind...", murmelte die alte Frau.

Jetzt konnte sie nicht mehr, schluchzend barg sie ihr Gesicht in ihren Händen.

„O nein, Diana!", sie fühlte die Hand der Frau auf ihrem Rücken. „Was bekümmerst du dich denn so um mich..."

„Wie kann –", schluchzte sie, „man einfach – hier sitzen – und – sein Zuhause verlieren – und keiner – *kümmert* sich um einen?"

Und während sie weinte, fühlte sie die Hand der Frau auf ihrem Rücken, und das tat so gut – und zugleich schämte sie sich, dass die Frau *sie* tröstete und nicht umgekehrt...

Schließlich sagte die alte Frau:

„Ich weiß nicht, was ich machen soll. Aber ich bin weg von meinem Mann. Da konnte ich nicht bleiben. Ich weiß jetzt, dass das richtig war. Und hier? Ja, mein Gott, Kind – ich bin alt. Wenn sich keiner um mich kümmert, dann weiß ich's auch nicht... Irgendwann stirbt man ja sowieso..."

Wieder musste sie heiß aufschluchzen... Mit einem angestrengten tiefen Atemzug beherrschte sie sich dann mühsam.

„Kind, tut mir leid – das wollte ich nicht! Ich bin froh, dass ich dich hier kennengelernt habe. Und alles andere ... wird halt gehen, wie es geht..."

„Verlieren Sie nicht die Hoffnung, Gisela!", bat sie. „Können Sie nicht *hier* zu den Behörden gehen? Soll ich mitkommen?"

„Nein, Kind. Das ist lieb... Aber ich hab ja schon gesagt, das geht nicht. *Sie* haben es mir gesagt. Also geht es nicht. Dann weiß ich auch nicht. Aber *du* sollst dir darum keine Sorgen machen. Diana. Hörst du? Du doch nicht... Du bist noch so jung..."

Sie wischte sich wieder die Augen. Sie konnte es nicht verhindern, zu weinen, wenn jemand so sprach. Besonders nicht eine so liebe, alte Frau.

*

Wieder ein Abschied, der ihr fast nicht möglich war. Aber sie war so froh, dass sie dieser alten Frau zumindest ein *bisschen* Liebe schenken konnte.

Im Supermarkt kaufte sie wieder der Reihe nach die Liste ein, die ihre Mutter ihr gemacht hatte. Dann stellte sie sich in die Schlange an der Kasse.

Meistens waren drei oder sogar vier Kassen besetzt. Sie konnte es immer wieder nicht verstehen, wie viele Leute in der Schlange genervt waren. Die meisten waren dann schon davon genervt, dass es überhaupt eine Schlange gab – und wenn sie auch nur etwas länger war, waren sie erst recht genervt. Dabei dauerte es auch dann meist nicht einmal drei Minuten, bis man dran war. Hatten die Menschen nicht einmal drei Minuten? Merkten sie nicht, wie *unfreundlich* sie dann wurden und welche Stimmung sie verbreiteten – allein schon durch ihren Gesichtsausdruck? Jeder hatte doch drei Minuten! Und die meisten vergeudeten doch an jedem einzelnen Tag Stunden, wirklich Stunden, mit sinnlosem Handy-Starren und Fernsehen. Und drei Minuten sollten schon zu viel sein, weil andere Menschen vor einem dran waren? Wenn man sah, dass das *auch* Menschen waren, dann konnte man doch *gern* warten!

Als sie dran war, grüßte sie die Kassiererin freundlich, und als sie ihr Wechselgeld erhalten hatte, verabschiedete sie sich ebenso freundlich und wünschte ihr noch einen schönen Abend. Die Kassiererin lächelte.

Sie musste dann die eingekauften Dinge noch in ihren Rollwagen umpacken. Die Kassiererin machte derweil weiter, und ihre Sachen mischten sich ein wenig mit den hinzukommenden Sachen des Nächsten. Sie sah, dass es ein Junge etwa in ihrem Alter war, ein wenig älter vielleicht. Sie lächelte ihm kurz zu.

„Entschuldigung ... ich bin gleich fertig!"

Der Junge sagte nichts. Er war groß und schlaksig und etwas blass im Gesicht. Entfernt konnte er einen an Harry Potter erinnern.

Als sie am Ende noch die Abdeckung des Rollwagens verschloss, war der Junge mit seinem Beutel von Einkäufen auch
bereits fertig, und als sie gleichsam nebeneinander dem Aus-
gang zustrebten, sagte er:

„Weit überdurchschnittliche emotionale Intelligenz."

„Was?", fragte sie völlig überrascht und ein bisschen erschrocken über die plötzliche Ansprache.

„Weit überdurchschnittliche emotionale Intelligenz", wiederholte der Junge, ohne eine Miene zu verziehen.

„Was meinst du?", fragte sie unsicher und sah sich sogar kurz
um. „Meinst du – mich?"

„'türlich. Spreche ich nicht mit dir?"

„Ich, äh – ich hab's nicht genau gewusst..."

„Klar. Gewisse Unsicherheiten in der interpersonalen Kom-
munikation gehören bei deinem Typ dazu."

„Wie bitte? Wie redest du denn?"

„Wissenschaftlich."

„Hä? Und was soll das?"

„Nichts. Wollt' dich nicht aufhalten. Tschüss dann."

Fassungslos schaute sie dem Jungen hinterher.

„He!", rief sie dann aus einem Impuls heraus und lief ihm
hinterher. „Warte mal!"

Der Junge wartete nicht. Sie musste mit ihrem Rollwagen
mühsam um mehrere Leute herumkurven, bis sie ihn einge-
holt hatte.

„Warte doch mal!", rief sie noch einmal, und erst jetzt rea-
gierte er und sah sich nach ihr um.

„Was ist?"

„Was wolltest du denn eben?", fragte sie etwas außer Atem.

„Nichts, wieso?"

„Warum hast du das zu mir gesagt?"

„Es fiel mir einfach auf."

„Was? Das mit der Intelligenz?"

„Ja."

„Was ist das?"

„Emotionale Intelligenz?"

„Ja."

„Die deutsche Wikipedia-Definition: die Fähigkeit, eigene und fremde Gefühle korrekt wahrzunehmen, zu verstehen und zu beeinflussen."

„Zu beeinflussen?"

„Wahrnehmen, verstehen, beeinflussen."

„Ich beeinflusse doch niemanden!"

„Schattenseite der emotionalen Intelligenz: sie ist manchmal furchtbar naiv."

„Was?! Was willst du mir damit denn *sagen*?"

„Dass du absolut keine Ahnung hast, was du tust."

Verwirrt wusste sie fast nicht mehr, was sie sagen sollte.

„Wieso – was tue ich denn?"

„Du beeinflusst die Gefühle anderer Leute."

„Nein!", widersprach sie energisch. „Das tue ich nicht! Ich beeinflusse niemanden!"

„Okay, dann träum weiter. Du musst ja auch nicht wissen, was du tust."

Der Junge hatte sie noch kein einziges Mal angesehen, seit sie die Kasse verlassen hatten. Sie fand ihn extrem unhöflich – von allem anderen abgesehen.

„Und was *tue* ich?", fragte sie herausfordernd.

„Du läufst gerade neben mir, und vorher hast du die Gefühle anderer Leute beeinflusst."

„Nein!"

Sie rief es fast.

Abrupt blieb der Junge stehen.

„Ich hab nicht den ganzen Tag Zeit für diesen unlogischen Quatsch. *Natürlich* tust du das. Aber du würdest in jedem Test darüber durchfallen. Also hier die Seite mit den Auflösungen: Gefühle, Emotionen, Gemütsbewegungen, wie du es auch nennen magst, sind zum Beispiel Freude, Trauer, Wut, Angst, Neid –"

„Ich weiß, was Gefühle sind!", unterbrach sie den Jungen.

„Und du hast gerade", fuhr dieser fort, als hätte sie es nicht getan, „die Gefühle der Kassiererin und vermutlich auch noch weniger anderer Leute in der Schlange hinter mir beeinflusst. Der allgemeine Positivitätsgrad ihrer Emotionen ist durch dein Verhalten gestiegen."

„Was?", fragte sie, noch immer sehr verwirrt über die Sprache.

Erst allmählich verstand sie ansatzweise, was er meinte.

„Du meinst – weil ich freundlich war?"

„Exakt."

„Dann sag das doch einfach!"

„Ich habe es gesagt. Mit ein wenig Selbstreflexion hätte man es verstanden."

„Selbstreflexion?"

„Ja. Reflektieren der eigenen Handlungen im weitesten Sinne. Nachdenken über sich selbst, in einfachen Worten gesagt."

„Ich *weiß*, was Selbstreflexion ist – und ich denke sehr viel über mich nach!"

„Aber offenbar nicht genug. Sonst wüsstest du, dass du die Gefühle anderer Menschen beeinflusst."

„Das weiß ich auch!"

„Und warum tust du dann so unintelligent?"

„Weil du dich so über-intelligent ausdrückst!"

„Gute Antwort."

Sie war die ganze Zeit mit ihm in die falsche Richtung gegangen – aber das war es ihr wert gewesen.

„Also – ich muss in die andere Richtung. Es war trotzdem nett, mit dir gesprochen zu haben."

Der Junge blieb wie sie stehen.

„Und wieviele Menschen, glaubst du, hast du heute zuvor schon emotional beeinflusst?"

„Keine Ahnung", sagte sie verwundert. „Mir gefällt der Begriff nicht. Ich will niemanden beeinflussen."

„Du denkst ihn negativ. Man kann ihn aber auch neutral denken. Beeinflussung ist jede Veränderung, die ohne den Verändernden nicht eingetreten wäre."

„Nein, Beeinflussung ist, wenn ich absichtlich etwas mache, was der andere vielleicht gar nicht will."

„Das ist der intentionale, ja sogar manipulative Teil des Begriffs. Es gibt aber auch den ganz neutralen Aspekt. Er gehört zum Begriff mit dazu. Du verengst den Begriff einfach nur unzulässig."

Sie fing an, den Jungen anstrengend zu finden. Dennoch faszinierte er sie.

„Also", wiederholte der Junge. „Wieviele Menschen, glaubst du, hast du heute zuvor schon emotional beeinflusst?"

Sie musste an die alte Frau denken.

„Ich habe eine alte Frau in der Fußgängerzone etwas fröhlicher gemacht."

„Siehst du?"

„Was sehe ich?"

„Fröhlicher *gemacht*. Eindeutig beeinflusst."

„Ich verwende das Wort aber trotzdem nicht!"

„Das ändert nichts an der Wirkung, die du gehabt hast."

„Ja, aber das ist doch schön!"

„Ich sage gar nicht, was es ist. Ich sage nur: du hast ihre Gefühle beeinflusst. In diesem Fall in positiver Richtung, wobei positiv auch nur meint, dass sie in der Regel als positiv *empfunden* werden."

„Was heißt das nun wieder?"

„Das heißt, dass mit dem Begriff selbst keine Wertung verbunden ist. Positiv empfundene Gefühle sind nicht positiv *an sich* – und umgekehrt genauso. Es geht nur um die gewöhnliche Empfindung durch das Subjekt."

„Das ist mir zu hoch."

„Dein IQ dürfte eigentlich auch deutlich über dem Durchschnitt liegen. Du könntest wesentlich mehr verstehen, als du vorgibst."

„Als ich vorgebe?"

„Ja – den Anschein erweckst."

„Ich weiß, was ‚vorgeben' heißt! Aber ich gebe nicht vor, weniger zu verstehen, als ich verstehe."

„Dann dürfte es auch dir deutlich sein, dass mit dem Begriff ‚positive Gefühle' keine Wertung durch den Benenner verbunden ist, sondern nur die Bezeichnung derjenigen Gefühle, die durch das Subjekt gemeinhin als positiv empfunden werden."

„Was meinst du denn mit ‚Wertung durch den Benenner'?"

„In dem Fall bin ich der Benenner des Begriffs. ‚Positiv' heißt nicht, dass ich die ‚positiven Gefühle' moralisch oder sonstwie höher werte als die ‚negativen', sondern nur benenne, was eben allgemein als ‚positive' und ‚negative' Gefühle gilt. Die Wertung geschieht durch das Subjekt, das die Gefühle hat – nicht durch den, der von diesen Gefühlen spricht."

„Na gut – allmählich verstehe ich wieder, was du meinst. Aber was soll das Ganze? Warum drückst du dich so komisch aus? Ich finde das furchtbar anstrengend..."

„Es ist nicht komisch, sondern exakt. Wenn du Definitionen auf Wikipedia oder überhaupt in wissenschaftlicher Literatur liest, wirst du sehen, dass die Sprache dort überall so ist."

„Bist du etwa ein wandelndes Lexikon, oder was?"

„Nein – ich habe einfach irgendwann beschlossen, dass dies die mir gemäße Sprache ist, weil sie zu meiner Intelligenz passt."

„Welche Intelligenz?"

„Kognitive Intelligenz. Intelligenzquotient circa hundertund-
siebzig."

„Willst du damit angeben?"

„Nein – das ist auch wieder nur deine Deutung."

„Okay – ich muss dann gehen..."

„Ich will noch wissen, wie viele Menschen du deiner Mei-
nung nach heute schon emotional beeinflusst hast?"

„Das habe ich doch gesagt – eine liebe alte Frau."

„Sonst niemanden?"

„Doch, wahrscheinlich noch ein paar andere. Einen Jungen
aus meiner Klasse. Und ein paar andere – die vielleicht sogar
eher negativ."

„Und warum?"

„Weil sie sich über uns lustig machen."

„Über euch?"

„Ja, mich und den Jungen."

„'Den Jungen und mich', würde man normalerweise sagen."

„Nein – *mich* und den Jungen, weil ich der Grund bin, dass
sie sich auch über *ihn* lustig machen."

„Ah, ich verstehe – sehr aufmerksam, sehr exakt, in gewisser
Weise."

„Ich muss jetzt wirklich gehen..."

„Musst du oder willst du?"

„Ich will gehen, aber ich muss auch, weil ich noch ein bisschen was lesen möchte..."

„Dann ist es ein reines Wollen. Es zwingt dich niemand, auch
keine Pflicht."

„Ja, aber ich habe es mir vorgenommen."

„Gut – dann ‚musst' du, wenn du dein Vorhaben wahrmachen
willst. Insofern hast du wieder Recht."

„Gut – also dann ... tschüss..."

„Ich schätze, du hast heute mindestens fünfzig Menschen
emotional beeinflusst."

„Was?"

„Ich schätze, du hast heute mindestens fünfzig Menschen emotional beeinflusst."

„Wieso fünfzig?"

„Weil du sicher mindestens so vielen Menschen begegnet bist."

„Aber die habe ich doch nicht alle beeinflusst."

„Natürlich. Es gibt immer emotionale Beeinflussungen. Sicher haben auch ebenso viele Menschen *dich* emotional beeinflusst."

„Und wie will man das wissen?"

„Durch Selbstreflexion."

„Schon wieder!"

„Ja, schon wieder."

„Wie sollen mich denn fünfzig Menschen beeinflusst haben?"

„Der Einfluss muss ja nicht groß gewesen sein. Er kann kleiner gewesen sein als dein Einfluss auf die Gefühle der Kassiererin."

„Na gut, meinetwegen."

„Hattest du jetzt einen Erkenntnisgewinn?"

„Was?"

„Hattest du jetzt einen Erkenntnisgewinn?"

„Du meinst, ob ich jetzt was weiß, was ich vorher nicht wusste?"

„Erkenntnis hat auch mit *bewusstem* Wissen zu tun. Ich zweifle nicht daran, dass du sehr vieles aus unserem Gespräch auch schon zuvor wusstest. Aber du hast es dir nicht bewusst gemacht."

„Aha."

„Und?"

„Wenn du meinst, dass ich jetzt weiß, dass ich heute schon fünfzig Leute beeinflusst haben soll oder auch habe – ja, dann habe ich einen ‚Erkenntnisgewinn'. Das ließ sich ja nicht vermeiden..."

„Gut."

„Und ... warum bist du so komisch?"

„Das ist wieder eine Wertung. Du *findest* mich komisch. Es ist dein Begriffs- und Urteilssystem. Ich habe schon etwas dazu gesagt."

„Okay, alles klar..."

Sie machte sich bereit, nun endgültig zu gehen.

„Darf ich noch eine Frage stellen?", fragte der Junge.

„Ja?"

„Warum wolltest du diese Frau in der Fußgängerzone fröhlicher machen? Denn ich vermute, du hattest die entsprechende Intention, bevor es passiert ist?"

„Ja, natürlich. Sie bittet um Hilfe. Sie hat niemanden – und niemand kümmert sich um sie. Deshalb."

„Du meinst, sie ist eine Bettlerin? Eine Obdachlose?"

„Das ist *dein* Begriffssystem. Ich sage zu keinem dieser Menschen ‚Bettler'!"

„Das ist deine persönliche Entscheidung. Ich halte mich nur an die intersubjektiv gängigen Begriffe. Auch damit verbinde ich keine Wertung."

„In dem Begriff ‚Bettler' soll keine Wertung stecken?"

„Ich sagte: *Ich* verbinde mit den jeweils gängigen Begriffen keine Wertung."

„Ach *du!* Dann ist es ja gut", sagte sie mit einem Anflug von Sarkasmus, den sie gar nicht an sich kannte.

„Und warum wolltest du die Bettlerin aufheitern? Wolltest du damit auch deine eigenen Emotionen aufheitern, die sonst von einem schlechten Gewissen getrübt wären?"

„Was?", fragte sie fast böse. „Nein – ich wollte gewiss nicht meine ‚eigenen Emotionen aufheitern'!"

„Ein wenig Selbstreflexion könnte auch hier nicht schaden. Es könnte eine interessante Fragestellung werden."

„Für dich vielleicht!"

„Nein, ernsthaft für jeden Menschen. Zwischen sogenanntem Mitleid und Selbstliebe ist ein schmaler Grat. Man sollte ihn kennen, um sich selbst richtig beurteilen zu können."

„Willst du damit sagen, ich will nur kein schlechtes Gewissen haben?"

„Es wäre eine Möglichkeit. Es wäre auch eine Möglichkeit, dass dieser Aspekt einfach nur mitspielt."

„Was soll das Ganze? Warum sagst du so etwas?"

„Weil es mir einfällt. Weil es berechtigte Fragen sind – und für eine Selbstreflexion wesentliche Fragen sind."

„Mir tut diese Frau einfach leid! Und mir tun auch alle anderen Menschen leid, um die sich niemand kümmert. Kümmerst du dich um solche Menschen? Nein! Und es tut auch niemand sonst etwas! Ich würde gerne etwas für sie tun. Aber meine Eltern verbieten mir zum Beispiel, die Frau für eine Weile zu uns zu nehmen. Denkst du wirklich, ich will nur mein Gewissen beruhigen? Nein – ich will wirklich etwas tun! Und wenn es nur ein paar Minuten sind, die ich der Frau schenke. Selbst das tut niemand! Sie gehen alle an ihr vorbei, als wenn sie gar nicht da wäre!"

„Du brauchst dich gar nicht aufzuregen. Meistens ist Aufregung auch wieder nur ein Hinweis auf einen blinden Fleck in der Selbstreflexion. Bei dir offenbar zumindest in diesem Fall nicht, das liegt dann wieder an deiner hohen emotionalen Intelligenz. Aber – wenn dir die Frau so wichtig ist, warum sammelst du dann nicht andere Lösungsmöglichkeiten? Eine Obdachlose könnte in jeder Garage schlafen – wenn du also einen Garagenbesitzer finden könntest, der sein Auto für eine alte Frau eine Weile auf der Straße stehen lassen möchte... Oder du könntest deine Eltern emotional entscheidender beeinflussen, als du es offenbar bis jetzt versucht hast. Etwa durch einen Hungerstreik, wenn dir die Frau so wichtig ist..."

Sie war völlig erschüttert. Dieser Junge ließ aus seiner unbeteiligten Intelligenz emotionslos Vorschläge purzeln, an die sie im Traum nicht gedacht hätte!

„Aber ... aber ich kann doch meine Eltern nicht erpressen...!"

„Das ist eine Frage der Prioritätensetzung."

„Aber so *denke* ich nicht!", erwiderte sie leidenschaftlich.

„Das ist deine Entscheidung."

„Nein, ist es nicht! Man erpresst niemanden!"

„Warum nicht?"

„Weil das schlecht ist. ‚Böse'. Man macht es einfach nicht."

„Warum ist es schlecht?"

Sie hatte in diesem Moment das Gefühl, als würde sie mit einem kleinen Kind sprechen.

„Weil man", sagte sie langsam und betont, „andere Menschen zu etwas *zwingt*."

„Wird die alte Frau im Moment nicht zu etwas gezwungen?"

Verwirrt sah sie den Jungen an.

„Was meinst du?"

„Die alte Frau, sie befindet sich im Moment in einer Zwangslage, oder nicht?"

„Ja...", erwiderte sie zögernd.

„Also würde es sich rein theoretisch nur um eine Verschiebung der Skalen handeln."

„Der Skalen? Welcher Skalen?"

„Der Gesamtsumme des auf der Welt existierenden Zwanges."

„Du meinst ... wenn ich meine Eltern zwingen würde, wäre die alte Frau nicht mehr gezwungen, auf der Straße zu sitzen?"

„Korrekt."

Sie konnte sich noch immer nicht an die Gedanken dieses Jungen gewöhnen – und doch faszinierten sie seine Erkenntnisse.

„Aber...", sagte sie nach einigem Grübeln, „meine Eltern würden böse auf mich sein! Sie würden sich doch nicht einfach so erpressen lassen? Weißt du, was das heißt – erpressen? Es wäre nichts mehr wie vorher!"

„Natürlich weiß ich das. Ich sage doch: Es ist eine Frage der Prioritätensetzung. Natürlich muss man alle Variablen mit einbeziehen."

„Alle Variablen?"

„Alle sich variabel ändernden Aspekte. Rahmenbedingungen. Umstände – nenne es, wie du willst."

Sie hatte plötzlich ein inneres Bild.

„Aber ... das ist doch ... kein *Schachspiel* oder so etwas!"

„Was meinst du?"

Sie starrte den Jungen entgeistert an.

„Ich kann doch", brachte sie hervor, „mit meinen Eltern oder mit wem auch immer ... nicht umgehen ... wie mit Schachfiguren! Ich kann doch nicht sagen: ‚So jetzt mache ich diesen Zug. Und wenn ich dann diesen machen will, muss ich vorher diesen machen. Und dann schlage ich noch die Figur da –'"

„Und warum nicht?", unterbrach sie der Junge.

In diesem Moment realisierte sie, dass sie noch immer in der Fußgängerzone standen. Es war eine fast surreale Situation. Aber sofort war sie wieder bei dem Jungen.

„Weil", sagte sie fassungslos, „Menschen keine Figuren sind! Ich kann doch nicht so tun, als *wären* es einfach Figuren!"

„Das ist deine Entscheidung."

Nun war sie völlig fassungslos. Jetzt glaubte sie wirklich, ihren Ohren nicht zu trauen.

„Wie bitte? Was hast du gerade gesagt? Heißt das etwa, *du* behandelst die Menschen als Figuren?"

„Ich habe nur gesagt, es ist deine Entscheidung."

„Dafür *brauche* ich mich nicht zu entscheiden!", sagte sie mit einer Art heiliger Empörung. „Die Entscheidung habe ich schon getroffen! Man muss sie gar nicht treffen – sie ist von vornherein klar!"

„Auch eine automatisch getroffene Entscheidung ist eine Entscheidung."

Sie sah den Jungen an. Er war ihr jetzt unheimlich.

„Du lenkst ja nur ab!", sagte sie empört. „Ich glaube, *du würdest* so handeln können! Das ist aber *schlimm*!"

„Du findest es schlimm. Aber du findest auch schlimm, dass die alte Frau auf der Straße sitzt."

„Ja, das stimmt", gab sie unmittelbar zu. „Das finde ich auch schlimm. Trotzdem ... würde ich nie Menschen wie Figuren behandeln!"

„Hast du noch nie versucht, von deinen Eltern etwas zu erreichen, mit einem extra freundlichen Blick oder so etwas?"

Erstaunt musste sie über die Worte nachdenken.

„Doch. Bestimmt. Doch, ja, habe ich schon manchmal."

„Wo siehst du da einen Unterschied? Zielbestimmung, Festlegung der Mittel, Einsetzen der Mittel. Kurz: Manipulation."

Sie war völlig erschlagen von dieser Deutung oder auch Analyse. Sie musste sich eine Situation vorstellen. Wann hatte sie dies schon einmal getan?

Sie erinnerte sich, wie sie als Kind einmal in einem Urlaub an der Ostsee unbedingt ein Kuscheltier in Form einer Scholle haben wollte, als sie einen Andenkenladen betreten hatten. Ihr Vater fand das unnötig, und sie wusste, dass er es ,idiotisch' fand, aber sie fand die kleine Scholle süß und besonders. Und dann hatte sie so lange gebettelt, bis ihr Vater sich hatte breitschlagen lassen.

Und das sollte Manipulation gewesen sein?

Der Junge verabschiedete sich.

„Okay, ich geh dann..."

„Halt, warte!", rief sie wieder.

„Ich wohne zwei Minuten von hier. Wenn dir die Unterhaltung wichtig ist, kannst du mitkommen."

Sie spürte erstaunt, wie sie genau dies tat – sie kam mit...

Währenddessen dachte sie laut nach.

„Ja, ich wollte mal ein Kuscheltier als Kind, und dann hab ich meinen Vater so lange angebettelt, bis ich es bekommen hab. Das war mit Sicherheit ‚Manipulation', weil er es mir zuerst ja nicht kaufen wollte. Aber es war auch *keine* Manipulation, denn das andere, was du gesagt hast, hatte ich nicht. ‚Zielbestimmung', ‚Festlegung der Mittel'. Das hört sich bei dir ... so *schlimm* an!"

„Es hört sich für dich schlimm an, weil du es schlimm findest. In Wirklichkeit findet es immer und überall statt. Du sagst, du hattest es nicht. Natürlich hattest du es – nur war es bei dir unbewusst. Natürlich hast du ein Ziel bestimmt – es war genau das Kuscheltier beziehungsweise sein Besitz. Und natürlich hast du die Mittel festgelegt – die einzigen, die du als Kind kanntest oder die du sogar gewohnt warst: Betteln. Ziel – Mittel – Umsetzung. Es ist nichts anderes als sonst auch immer. Menschen wollen etwas erreichen – sie tun das, was ihnen dafür nötig erscheint..."

Bestürzt musste sie von neuem nachdenken. Hatte sie ihren Vater nur manipuliert? Manipulierte man einander ständig? Gab es überhaupt nur das?

Sie schwieg so lange, den Rollwagen vor sich her schiebend, bis der Junge vor einem Mietshaus stehenblieb.

„Hier wohne ich. Willst du weiterreden oder nicht?"

Verwirrt wurde ihr erst jetzt ihre momentane Lage noch einmal neu klar. Sie schaute kurz zurück, ob sie den Weg hierher noch wusste. Dann schaute sie auf den Einkaufswagen.

„Ich hab hier meine Einkäufe..."

Sie kam sich mit dieser Bemerkung furchtbar naiv vor.

„Die kannst du im Erdgeschoss stehen lassen. Ich wohne nur eine halbe Treppe höher. Hier klaut niemand. Auch wirst du sicher nicht mehr stundenlang reden wollen...“

„Okay...“

Es kam ihr fast wie ein Traum vor – wie man manchmal das Gefühl hatte, eine Situation beträfe einen völlig anderen –, wie sie dem Jungen in den dunklen Hausflur folgte.

Hier wies er auf einen freien Platz neben den Briefkästen.

„Hier. Machen andere Leute auch ab und zu.“

Zögernd lenkte sie den Wagen in die Ecke.

„Und ... wenn er nachher weg ist?“

„Er ist nicht weg.“

„Deine Verantwortung ist es ja nicht.“

„Du brauchst es ja nicht zu tun.“

„Kann ich ihn nicht mit hochnehmen in deine Wohnung?“

„Kannst du machen.“

Sie hatte ein wenig gehofft, er würde ihr seine Hilfe anbieten. Weil er es aber nicht tat, schämte sie sich viel zu sehr bei der Vorstellung, den Wagen vor seinen Augen rückwärts die Treppen hochzuwuchten. Und so sagte sie noch einmal zögernd:

„Also gut...“

Wenn der Wagen nachher weg wäre, würde sie innerlich trotzdem die ganze Schuld dem Jungen geben, weil er gesagt hatte, er würde nicht weg sein...

Sie folgte dem Jungen mit einem seltsamen Gefühl im Bauch in den ersten Stock. Sie war noch nie mit jemandem mitgegangen...

Der Junge schloss die Tür auf. Sie betraten einen kleinen Flur. Er zog seine Schuhe aus und ging weiter den Flur entlang. Als sie ihm folgte, sagte er:

„Kannst du bitte auch die Schuhe ausziehen?“

„Äh, ja...“, sagte sie erschrocken und beschämt.

Sie folgte dem Jungen, der bereits verschwunden war, in ein helles, aber winziges Wohnzimmer. Sie sah einen kleinen Tisch mit zwei Stühlen und einen Arbeitstisch mit einem Stuhl, einem Laptop und einem Bücherstapel daneben. In der Ecke stand ein Bett. Alles sah sehr ordentlich aus.

„Eigentlich geht man ja nicht irgendwo mit...", sagte sie unsicher, um ihre eigene Verlegenheit und Scheu zu überbrücken.
„Auch diese Regel ist sicherlich sinnvoll."
„Was willst du damit sagen?", fragte sie fast erschrocken.
„Dass Eltern, die ihren Kindern diese Regel einprägen, eine vernünftige Kosten-Nutzen-Abwägung getroffen haben."
„Wieso Kosten-Nutzen?"
„Nutzen: Es passiert nichts. Kosten: Dem Kind könnte zum Beispiel ein ehrlich gemeinter Lutscher entgehen..."
„Ha, ha, sehr witzig."
„Das war ernst gemeint. Die Kosten liegen aber meist viel höher. Das Kind könnte sein Leben lang die ängstliche Grundhaltung behalten, die es durch diese Regel entwickelt."
Leise spürte sie, wie er damit sie meinen könnte.
„Meinst du mich?"
„Nein. Trifft es auf dich zu?"
„Ich habe darüber nie nachgedacht...", gestand sie aufrichtig.
„Du hast gesagt, du denkst viel über dich nach."
„Aber nicht über so was!"

Ein kleines Schweigen breitete sich aus. Der helle kleine Raum gefiel ihr irgendwie – trotz des Jungen.
„Wohnst du ganz allein hier?", fragte sie aus einem plötzlichen Erkennen heraus.
„Ja."
„Wie – wie alt bist du denn? Und wo sind deine Eltern?"
„Ich bin sechzehn, und meine Eltern wohnen in Nürnberg."
„In Nürnberg? Aber das ist ja ganz *woanders*!"

„Wo ist dein Problem?"

„Nein, ich dachte nur –", stotterte sie, „ich dachte nur – – Und jetzt gehst du hier ganz allein zur Schule?"

„Nein, ich studiere."

„Du *studierst*?"

„Was ist an meinen Aussagen eigentlich so schwer zu verstehen?"

„Sie –", antwortete sie fassungslos, „sie sind nicht schwer zu *verstehen*. Aber – aber ich verstehe nur nicht, wie man mit sechzehn schon studieren kann!"

„Ich habe drei Jahre übersprungen, weil ich meine Geburtsurkunde gefälscht habe und mich schon mit drei einschulen ließ..."

„Wie bitte? Ist das wahr!?"

Ohne eine Miene zu verziehen, erwiderte der Junge:

„Hast du mir das wirklich gerade geglaubt? Ich wollte nur meine Humorfähigkeit nicht ganz einrosten lassen. Aber meine Einschätzung deiner Intelligenz hat durch deine Antwort doch ganz erheblich gelitten..."

Sie kam sich wie ein begossener Pudel vor.

„Du bist gemein!", sagte sie wütend, als sie die tiefste Scham überwunden hatte. „Ich weiß gar nicht, warum ich hergekommen bin!"

„Das weiß ich auch nicht genau."

Eine Nuance sagte ihr, dass er auch das Wort ‚genau' wiederum nicht ohne Bedeutung ausgesprochen hatte.

„Und was *vermutest* du?", fragte sie noch immer ärgerlich.

„Das dich immer noch die Frage der Manipulation beschäftigt."

Sie hatte diese Frage durch die Wendung des Gesprächs schon wieder vergessen. Jetzt erinnerte sie sich.

„Ja – deswegen bin ich wenigstens mitgekommen."

Ein kaum merklicher Zug um den Mund des Jungen deutete seine Befriedigung über die korrekte Hypothese an.

„Aber jetzt habe ich keine Lust mehr!", fuhr sie fort. „Du machst einfach deine Witze mit mir – und das mag ich nicht! Ich geh also wieder. Ich wünsche dir ein Einser-Abi!"

Sie hatte sich in ihren Ärger hineingesteigert, der ihr bereits wieder leidtat, als sie sich umwandte, um zu gehen, und doch war auch sie verletzt...

„Das mit dem Studium *war* nicht gelogen."

Sie wirbelte wieder herum.

„Was?"

Sie sah den Jungen an, dieses Gesicht mit seinen leicht hervortretenden Augen, die auch sie anschauten, seinen besonders um den Mund schmalen Wangen...

„Nur der Satz mit der Geburtsurkunde war als Witz gemeint." Der neue Satz stand im Zimmer, schien sich leise auszubreiten.

„Du studierst wirklich?", fragte sie leise.

„Ja, Computertechnik, zweites Semester."

Sie fühlte, wie die Scham von neuem heiß in ihr hochstieg.

„Entschuldige bitte...", sagte sie so leise wie ehrlich.

„Kein Problem."

„Du – du findest es nicht schlimm? Dass ich dich beleidigt habe...?"

„Womit?"

„Na, mit dem Einser-Abi und so..."

„Das war doch nicht beleidigend. Du dachtest nun einmal, ich hätte das Abitur noch vor mir."

„Na ja...", gestand sie zögernd. „Ich war schon sehr ärgerlich..."

„Ja, das hat man natürlich gemerkt. Aber warum sollte der Wunsch zu einem Einser-Abi eine Beleidigung sein? Und selbst wenn es so gemeint gewesen sein sollte, warum sollte ich es schlimm finden? Auch das ist alles eine Frage der Entscheidung."

„Der Entscheidung?"

„Warum sollte ich etwas schlimm finden, wenn ich es auch *nicht* schlimm finden kann?"

Sie starrte den Jungen wie ein völlig unbekanntes Wesen an.

„Das kann man doch nicht *entscheiden*!", erwiderte sie fassungslos.

„Du sagst immer ,man', wenn du ,ich' oder ,die meisten' meinst. Wieso verallgemeinerst du immer?"

„Was?", fragte sie verwirrt.

„,Man' ist immer das Subjekt einer Aussage mit allgemeinem Gültigkeitsanspruch. Es braucht aber nur *ein* Gegenbeispiel, um eine Regel in ihrem ausnahmslosen Allgemeinheitsanspruch zu widerlegen."

„Kannst du nicht mal *einfacher* sprechen?", sagte sie leidenschaftlich, aber auch in beschämtem Leid, weil es ihr wirklich schwerfiel, ihn zu verstehen.

„Ich kann entscheiden, ob ich mich von etwas beleidigt fühle oder etwas in anderer Weise schlimm finde. Und weil ich das kann, stimmt der Satz ,Das kann man doch nicht entscheiden' nicht. Für mich stimmt er nicht. Also stimmt er in seiner Allgemeinheit so nicht. ,Man' bedeutet in diesem Satz allenfalls ,ich' oder eben ,die meisten' oder im Extremfall ,alle bis auf mindestens eine Ausnahme'."

Während er ihr antwortete, wurde sie durch sein Bemühen um Einfachheit, aber auch Gründlichkeit plötzlich berührt – bis das Ende sie wieder leise nervte, weil es nun wiederum *zu* gründlich wurde...

„Du bist irgendwie komisch...", sagte sie, und es sollte nett, ja liebevoll klingen.

„Da waren wir schon mal", erwiderte er nur.

Sie fühlte einen leisen Stich in ihrem Inneren. Sie fühlte, wie wenn an diesem Jungen alles abprallte.

„Okay, dann ...", sagte sie zögernd, indem sie sich ihre Verletzung kaum eingestand, „ich ... ich muss dann jetzt glaube ich langsam wirklich..."

„Ja, deine –"

„Ja, ich weiß", sagte sie schnell, „meine ‚Entscheidung', nicht wahr?"

„Ja."

„Ich muss aber wirklich jetzt..."

Der Junge schwieg. Was sollte er auch sagen. Etwas beschämt fragte sie nun noch zögernd:

„Wie ... wie heißt du eigentlich?"

„Marcus."

„Okay..."

„Und du?"

„Diana..."

„Dann mach es gut, Diana."

Sie empfand die emotionslose Antwort fast wie einen Rauswurf. Mit einem zweiten Stich im Herzen drehte sie sich um und sagte:

„Du auch..."

Verwirrt ging sie wieder in den Flur und zog sich die Schuhe wieder an. Der Junge erschien nun doch in der Wohnzimmertür, blieb aber dort stehen. Sie sah ihn noch einmal an, wurde ihrer Empfindungen noch immer nicht Herr und stolperte dann ratlos aus der Tür, zog diese hinter sich zu...

Mit demselben Wirbel der Empfindungen ging sie die Treppe hinunter. Der Rollwagen stand noch da. Sie nahm ihn fast wie etwas Fremdes wieder an sich, bugsierte ihn aus der Tür und trat den Rückweg an. Wirbelnde Empfindungen. Ratlosigkeit. Völlige Ratlosigkeit...

*

An diesem Abend hatte sie viel nachzudenken...

Hatte sie ihre Eltern manipuliert? Manipulierte in dieser Welt jeder jeden? Sie hatte nicht das *Gefühl*, dass das so war. Aber der Junge hatte es ihr scheinbar bewiesen. Also musste sie den Fehler in seinem Gedankengang finden – oder die Stelle, an dem sie es *anders* sah. Die Stelle, an der man es mit Recht anders sehen konnte...

Wie hatte er es genannt? Zielbestimmung. Zielbestimmung. Festlegen der Mittel. Umsetzung. Man erschauerte schon von der Sprache. Es war fast noch schlimmer als ein Schachspiel. Jetzt erinnerte sie es an die Nazis. Diese hatten ohne jedes Mitgefühl Millionen von Menschen ermordet, bloß weil sie Juden waren. Zielbestimmung: Ausrottung der Juden. Festlegen der Mittel... Sie erschauerte bis ins Innerste...

Und sie? Was hatte sie getan, als Kind? Sie hatte sich die kleine Kuschelrobbe gewünscht. Sie hatte sie immer noch. Sie lag auf ihrem Bücherregal auf einem freien Platz und konnte dort alles beobachten, was im Zimmer passierte. Sie schaute zu ihr hinüber und lächelte. Sie konnte sich noch genau an den Tag erinnern. Es war ein regnerischer Tag gewesen. Trotzdem waren sie spazieren gegangen und hatten schließlich den Andenkenladen betreten. Wahrscheinlich waren sie wegen des Regens noch länger geblieben als sonst. Aber sie hatte die Scholle schon ganz am Anfang entdeckt. Und dann war sie schon ganz am Anfang zu ihrem Vater gelaufen und hatte ihn gefragt. Er hatte ‚Nein' gesagt, aber sie hatte sie heimlich die ganze Zeit im Arm behalten, und als sie dann endlich wieder gehen wollten, hatte sie angefangen, ihren Papa zu beknien... Noch einmal lächelte sie. Ach, sie hatte eine schöne Kindheit gehabt!

Und auf einmal war ihr der Unterschied völlig klar. Sie hatte gebeten. Sie hatte gebettelt. Sie hatte ihren Vater bekniet, mit allen Mitteln, die ein kleines Kind hatte. Nicht mit Gewalt. Sie hatte nie geschrien, sich auf den Boden geworfen oder so etwas. Sie hatte wirklich immer nur gebeten – so lange sie konnte. Aber hier lag der Unterschied zu dem, wovon der Junge sprach. Sie *bat*. Als Mensch konnte man bitten – und andere Menschen konnten auf das Bitten eines Menschen eingehen. Und sie taten es, weil sie einander liebhatten.

Das war der entscheidende Punkt. Es war keine Manipulation, weil es *Bitten* waren. Vielleicht war eine Bitte bis zum Letzten die größte ‚Erpressung', die man sich antun konnte – aber dann verlor das Wort ‚Erpressung' allen Sinn, denn zu einer wirklichen Erpressung gehörte gerade die Kaltblütigkeit. Das war es, wovon der Junge sprach – und was die Nazis wirklich getan hatten. Aber ... wenn man sich mit Bitten beeinflusste – und alles war Einfluss, das hatte sie heute von ihm auch gelernt –, dann war das nicht *schlimm*. Nein, dann war es sogar schön...

Sie stellte sich eine Welt vor, in der es keinerlei Einfluss gab, keine Bitten, kein Überredet-Werden durch das Bitten eines anderen. Was für eine traurige Welt wäre dies... Ging es nicht gerade darum, dass ein Herz durch ein anderes gerührt *werden* konnte? Es war keine Manipulation. Es war gegenseitiges Berührtwerden... Und das war das Schönste, was überhaupt existierte. Das war gerade dasjenige, worauf alle Freundschaft beruhte. Alle wahre Freundschaft und alle wahre Liebe. Auf dem, was man sich gegenseitig bedeutete. Auf dem Füreinander-da-Sein. Und auf dem Voneinander-berührt-Werden. Darauf, dass das Herz gerührt wurde, wenn der Andere sagte: ‚Ich bitte dich...' Ihr Herz wurde schon gerührt, wenn sie diese Worte nur *dachte*.

Manipulation war, wenn gerade *dies* nicht da war. Wenn man den anderen Menschen beeinflussen wollte, ohne zu *bitten*. Wenn man ihn einfach nur beeinflussen wollte ... ohne dass es einem ... um die *Harmonie* ging. Sie hatte ihren Vater nicht manipulieren wollen – sie hatte ihm nur zeigen wollen, dass sie die kleine Scholle so, so, so unbedingt haben wollte – und weil er sie liebhatte, musste er das doch *verstehen*?

Eine Bitte versuchte vielleicht das Letzte. Aber sie war noch immer ... Machtlosigkeit. Wenn ihr Vater endgültig ‚nein' gesagt hätte, hätte sie schmollen können, trotzen, ihn mit Schweigen und Verachtung strafen, aber das hätte sie nie getan – das würde sie auch jetzt noch immer nie tun. Sie würde traurig sein, sie würde unter der Ablehnung leiden und sie nicht verstehen. Wenn das Herz des anderen Menschen hart blieb, konnte man nichts tun. Das bittende Herz hatte nie *Macht*... Und gerade hier lag der Unterschied zur Manipulation. Die Manipulation versuchte gerade, Macht auszuüben. Sie wollte genau dies.

Sie dachte an die ‚Emotionale Intelligenz', von der er gesprochen hatte. Wie hatte er sie definiert, mit Wikipedia? Sie konnte sich nicht mehr daran erinnern. Irgendeine Fähigkeit, Gefühle ... zu erkennen und zu verändern?
Eine Bitte war auch ein starker Versuch, etwas zu erreichen. Aber das war ja gerade das Wesen der Bitte! Und trotzdem war eine Bitte kein Befehl oder ein heimlicher Versuch oder ein hinterhältiger Angriff – es war das Menschlichste überhaupt. Völlig machtlos bat ein Herz das andere – eine Bitte *wandte* sich zum Herzen. Und wenn das nichts half ... konnte man nur verzichten. Man konnte nichts weiter tun...

Sie musste an den Jungen denken... An die zwei Stiche, die sie gespürt hatte – auch im Herzen... Der erste Moment war, wo sie lieb zu ihm sein wollte. Irgendetwas in ihr hatte auf einmal, ganz plötzlich, eine große Wärme ihm gegenüber gespürt, und dann hatte sie nett sein wollen, mehr als nur nett... Sie erschauerte wieder, als sie an seine Reaktion dachte. Er hatte nur gesagt: ‚Da waren wir schon mal'. Er hatte ganz sachlich festgestellt, dass sie an dem Punkt schon einmal gewesen waren, weil sie doch gesagt hatte, ‚du bist irgendwie komisch...' Aber sie hatte es gar nicht böse gemeint! Bei diesem zweiten Mal hatte sie es sogar – –
Und dann hatte er sich von ihr ohne alles verabschiedet. Er hatte sie eigentlich hinausgeworfen. ‚Dann mach's gut, Dia-

na', hatte er gesagt. ‚Schön, dass du endlich gehst.' Oder nicht einmal das, sondern nur: ‚Ah, du gehst, ich stelle fest: Du warst sechs Minuten und dreiundvierzig Sekunden hier. Machs gut. Das restliche Leben läuft sehr gut ohne dich weiter.'

Sie wusste nicht, warum sie eine solche Verletzung gespürt hatte, noch immer spürte. Doch, sie wusste es sehr gut. Sie würde nur noch eine Weile brauchen, es sich einzugestehen. Sie konnte nur staunen. Sie sah sich noch einmal selbst, die kleine, naive Diana, wie sie völlig überrascht war, von ihm angesprochen zu werden. Wie sie ihn immer wieder nur so mühsam verstand, aber doch immer weiter fragte, und ihm sogar hinterherlief. Noch jetzt hörte sie innerlich ihr ‚He, warte!', spürte, wie sie hinterherlief, mit dem Rollwagen mit den ganzen Einkäufen. Und wie dann, spätestens in dem Hausflur auf einmal diese Aufregung da war, im Bauch, dieses Kribbeln...
Die erste Verletzung war schon sein Witz gewesen, den sie nicht verstanden hatte, aber das war ja auch ihre Schuld gewesen. Und sie hatte dann gedacht, er hätte ihr *alles* vorgelogen, auch das mit dem Studium! Aber dann hatte sie sich furchtbar geschämt, und dann hatte sie sein Versuch, irgendetwas in *ihre* Sprache zu übersetzen, sehr gerührt, und dann hatte sie diese Worte gesagt, die sie gar nicht so meinte, wie sie sie vielleicht gesagt hatte. Sie hatte eigentlich – –

Sie litt jetzt eigentlich noch immer. Noch immer spürte sie es wie gegenwärtig, wie sie dann am Ende aus der Wohnung stolperte, völlig unbeholfen, im Grunde verletzt wie ein kleiner Vogel, nicht mehr flugfähig, stolpert die Treppe hinunter, zu seinem albernen Rollwagen – und fährt damit wieder nach Hause, so verletzt, so wund an Herz und Seele...

Diana, Spiegelbild – hast du dich verliebt? Hast du dich in diesen Jungen verliebt? Du siehst ihn doch vor dir. Du bedeutest ihm nichts. Deine ganzen blauen Augen, dein Mund, dein schöner Leberfleck, dein Wesen, dein Herz, dein Blut, deine Seele – es bedeutet ihm nichts, und ausgerechnet in ihn hast du dich verliebt? Ist das wahr? Zitterte dein Herz deswegen, als er nur sagte ‚Machs gut'? Während du auf etwas ganz anderes hofftest, als du ihm deinen Namen offenbartest...?

Dein Name, den du selbst nur so zufällig findest – als du ihn vor ihm aussprachst, da hattest du doch gehofft, dass er von seinem Klang oder dem Klang deiner Stimme berührt werden würde, oder nicht...? Das hatte dein Herz doch gehofft, oder? Du weißt es doch – es *war* doch dein Herz...

Aber er wurde nicht berührt. Kannst du es ihm verübeln? Du hättest es doch wissen müssen, er war doch nicht unehrlich zu dir, im Gegenteil. Aber du – was war mit dir, was ist mit dir geschehen? Auf einmal hast du von *ihm* etwas erhofft, was du von niemand anderem bisher erhofft hattest, außer vielleicht in deinen geheimsten Träumen von einem Traumprinzen – von dem er das genaue Gegenteil ist?

Was für ein Eigenleben führt dein Herz? Mit deinem Namen, mit deiner Stimme wolltest du ihn berühren – ihn, den Unberührbaren? Also auch wieder eine Manipulation? Oder eine Bitte? Hat dein Herz, dein Mund, deine Seele ihn gebeten, berührt zu werden? Ja, das hat es... Und er wurde es nicht... Und so stolpertest du verwundet und verwirrt von ihm fort, wie ein naiver, verzweifelter Vogel, der vor einem Gewitter flieht, oder vor einem fallenden Ast, der einfach nur fällt, ohne Notiz von dem Vogel zu nehmen...

Aber dann hatte sie *noch* eine Erkenntnis. Als sie noch einmal an ihren Traumprinzen dachte – von dem sie kein äußeres Bild hatte, aber ein tief innerliches Herzensbild all dessen, was auch er innerlich war –, da erkannte sie auf einmal, dass sie sich nicht im eigentlichen Sinne in diesen Jungen verliebt hatte, sondern dass ihr Herz die tiefe Sehnsucht hatte, er möge *fühlen* können... Diese Erkenntnis beruhigte sie ein winziges bisschen, es war noch immer verwirrend genug. Denn diese Sehnsucht war ungeheuer stark. Sie grenzte an das, was sich wie ein Sich-Verlieben anfühlte. Sie liebte ihn vielleicht nicht – aber sie wünschte sich im Grunde, dass er sich in *sie* verlieben würde. Denn dann würde er endlich fühlen können...

*

Mit diesen Gedanken schlief sie ein. Und in der Nacht hatte sie dann einen aufwühlenden Traum.

Es war dunkel. Sie irrte auf den Straßen umher. Sie wusste nicht, wo sie war – und bekam es mit der Angst zu tun. Sie begann zu laufen. Sie lief immer schneller, immer gehetzter, und schließlich stand sie in einer völlig unbekannten Gegend vor seinem Haus. Sie wusste, dass es sein Haus war, sie erkannte es wieder. Sie lief voller Angst nach oben, zu seiner Tür im ersten Stock. Sie klopfte – und hörte unten bereits Schritte ihrer Verfolger. Da öffnete sich die Tür, und blind vor Angst stürzte sie herein, in seine Arme.
Er entließ sie sogleich wieder aus seinen Armen, aber nun war sie sicher. Die Tür war sicher. Sie war nicht mehr in der Reichweite ihrer Verfolger. Und nun bestand der weitere Traum nur noch aus der Welt seines Wohnzimmers. Sie sprach mit ihm – und er war wieder unnahbar. Sie war ganz verzweifelt, sie sagte ihm liebe Dinge, aber diese hatten keine Wirkung. Sie wollte ihn nicht manipulieren, sie bat ihn innig, etwas zu fühlen. Aber er sagte ihr, er könne es nicht. Es wäre angeboren. Sie rief verzweifelt, dass sie das nicht glauben würde. Er bestätigte es aber und bat sie schließlich, wieder zu gehen. Inzwischen brach auch der Morgen wieder an. Es gab

keine Verfolger mehr. Die ganz frühe Morgensonne schien in das Fenster herein. Da machte sie noch einen letzten Versuch. Sie fragte, ob sie kurz das Bad benutzen dürfe, und er erlaubte es. Da ging sie ins Bad, zog sich dort aus und kam wieder zu ihm, nackt, ohne allen Schutz, in all ihrer Unschuld...

Und da, als sie *so* vor ihm stand, erwachten seine Empfindungen, und er zog sie an sich und zog sie auf sein Bett, und sie gab sich ihm hin... Und sie ertrank in seiner Zärtlichkeit...

Mit heftigem Herzklopfen wachte sie auf. Die Morgensonne schien in ihr Zimmer. Noch immer schlug ihr Herz bis zum Halse – und sie glaubte, seine Lippen fast noch auf den ihren zu spüren. Sie hatte so etwas Schönes noch nie erlebt. Mit einer heiligen Scham ging sie ins Bad, um zu duschen...

*

In der Schule war ihr alles zu viel. Sie konnte sich nicht konzentrieren, und am liebsten wäre sie fortwährend weggelaufen. Das betraf vor allem Boris. Aber gerade er kam in der Pause wieder auf sie zu und freute sich über ihre Gegenwart. Sie konnte das nicht ablehnen – sie war so nicht... Und so war sie zu ihm freundlich und meinte es auch so, aber gleichzeitig war sie das *auch* nicht... Am liebsten hätte sie ihn darum gebeten, allein sein zu dürfen, aber das konnte sie nicht. Sie wusste, dass er das nicht verstehen würde. Es war alles viel zu plötzlich – und er konnte ja nichts dafür. Er hatte es nicht verdient. Er interessierte sich für sie – und er war der Einzige, der Einzige, der es tat... Am liebsten wäre sie weggelaufen, nur einen Tag lang...

*

Am Nachmittag fand sie sich dann vor der Haustür des anderen Jungen wieder. Ihrer Mutter hatte sie gesagt, sie gehe noch einmal spazieren. Manchmal tat sie das, und so hatte ihre Mutter nicht nachgefragt. Nun fragte sie sich selbst, ob sie verrückt war – verrückt, zu lügen, nicht die Wahrheit zu sagen, und vollkommen heimlich einen älteren Jungen zu besuchen, den sie nicht kannte. Einen Jungen, von dem sie geträumt hatte... Ihr Herz schlug bis zum Halse, seit sie vor dem Klingelschild stand, und das war etwa seit zwei Minuten.

Wenn die Namen nach den Stockwerken angeordnet waren, dann hatte sie zwei Möglichkeiten. Wenn der rechte Name auch die rechte Tür bedeutete, wenn man hoch kam, hatte sie nur eine Möglichkeit. So musste es sein. Sie hoffte inständig, dass der Hausbesitzer ordentlich genug war, es genau so zu machen. Sie klingelte bei ‚Reimann'.

‚Hallo?'
Sie hatte das Gefühl, vor Aufregung kaum sprechen zu können.
„Ja, hallo, hier ist, ähm, Diana... Von gestern..."
Der Türsummer ertönte.
Sie betrat den Flur und spürte, wie sie rot wurde. Wie durch eine leichte Nebelwand nahm sie die Ecke wahr, in der sie gestern den Rollwagen stehengelassen hatte. Dann stieg sie die Treppe hinauf.
Nun wartete der Junge an der Tür, an die er gestern nicht mehr gekommen war. Sie schämte sich furchtbar, wegen ihrer Röte, wegen ihrer Scham, wegen ihres Herzklopfens...
Weil der Junge nichts sagte, begann sie selbst.
„Ich, äh ... ich wollte noch mal kommen, weil ... also ... darf ich ... darf ich reinkommen?"
„Ja."
Sie hörte eine winzige Verwunderung in seiner Stimme. Sonst hatte sie keinerlei Hinweis, was er gerade dachte...
Sie zog sich die Schuhe aus, und er wartete diesmal im Flur, bis sie ihm folgen konnte.

Im Wohnzimmer bot er ihr mit einer kurzen Geste einen Platz an dem kleinen Tisch an.
„Danke...", sie setzte sich, und er setzte sich auf den anderen Stuhl gegenüber.
Durch den Nebel der Aufregung hindurch wurde ihr bewusst, dass sie gestern nicht einmal gesessen hatte...
„Was führt dich her?", fragte der Junge nun.

Die Stimme klang unbeteiligt, aber nicht unfreundlich. Sie wusste kaum, ob sie noch vernünftige Worte formen könnte... „Ich, also, ehrlich gesagt weiß ich es nicht ganz –", schemenhaft erinnerte sie sich an einen ähnlichen Satz von ihm, wo das ‚ganz' eine relativ exakte Bedeutung hatte, „das heißt, ich weiß es schon, aber ... aber irgendwie auch nicht..."
„Das klingt ja ganz schön verwirrt", bemerkte der Junge.
Sie sah ihn an.
„Ja...", bestätigte sie. „Ist es auch..."
„Jetzt sag nicht, *ich* hätte dich verwirrt".
Schwankend wie ein Blatt im Wind hielt sie den eingetretenen Blickkontakt.
„Doch ... hast du... Wer denn sonst?"
Der Junge stand auf, und sie erschrak deswegen.
„Meine Aussagen? Meine Wortwahl? Mein Aussehen? Die Begegnung als solche? Dass ich dich angesprochen hatte?"

Er ging zuerst langsam ein paar Schritte in das Zimmer hinein und blieb dann stehen. Offenbar wollte er einfach nicht mehr sitzen. Sie wandte sich auf ihrem Stuhl ihm zu. Sein Satz kam ihr nach seinem Verklingen noch einmal aus der Erinnerung entgegen, und erst, als sie ihn da hörte, konnte sie reagieren.
„Ja ... alles ... ich meine ... ja ... schon alles..."
„Alles? Meistens ist es nicht alles. Die meisten Verwirrungen haben *eine* Ursache."
„Verwirrungen? Ich bin nicht verwirrt!"
„Du bist sehr verwirrt. Wir haben eben über nichts anderes gesprochen."
Sie rief sich kurz mühsam die letzten Sätze zurück. Dann erwiderte sie:
„Ja, gut ... so gesehen... Aber ich bin nicht verwirrt."
„Und welche Ursache hat jetzt die Verwirrung der nicht Verwirrten?"
„Machst du dich wieder über mich lustig?"

„Nein, ich setze nur die zwei Selbstaussagen derselben Person nebeneinander."

Sie stutzte und brauchte einen Moment, um auch diesen Satz zu begreifen, dann sagte sie:

„Du musst dich *doch* lustig!"

„Nein – das ist wieder nur deine Entscheidung. Dasselbe Thema wie gestern."

Sie musste schlucken – und es hinnehmen. Sie wollte mit ihm nicht streiten.

„Also, die Sache ist", sagte sie mit dieser bleibenden Aufregung, „wieso ... wieso *denkst* du alles so?"

„Was? Was meinst du mit ‚alles' – und was meinst du mit ‚so'?"

„Alles – einfach alles! Du denkst alles so ... so ... seltsam! Das meine ich mit ‚so'... Wieso machst du das?"

„Seltsam denken? Ich finde eher, du denkst seltsam. Ich denke nicht seltsam, sondern ich *denke* einfach, das ist alles."

„Das stimmt nicht!", protestierte sie leidenschaftlich. „Du denkst *nicht* einfach! Du denkst anders als alle anderen. Du sprichst sogar anders als alle anderen. Aber warum?"

„Das musst du ‚die anderen' fragen. Ich denke einfach logisch, korrekt, genau, gründlich – nenne es, wie du willst."

„Ja, genau! Aber warum? Ich meine, was soll das?"

„Was das soll?", sie nahm eine gesteigerte Verwunderung wahr. „Genauso gut, nein, mit unendlich viel mehr Recht könnte ich dich fragen, was *deine* Art zu denken soll! Durcheinander, unlogisch, inkorrekt, nicht genau, absolut nicht gründlich. Was soll *das*?"

Sie war sprachlos. Die Antwort verschlug ihr den Atem und provozierte ihren Kampfgeist nun erst recht.

„Durcheinander und unlogisch? Was heißt denn das nun wieder? *Alle* denken so! Willst du sagen, dass *alle* durcheinander und unlogisch denken? Alle außer dir? Und selbst wenn – es

ist einfach normal! Es ist normal, wie wir denken – und wie du denkst, das ist nicht normal! Also warum machst du das?"
„Normal ist das, was die Mehrheit für ‚normal' erklärt."
„Was?", fragte sie verblüfft. Und dann: „Ja – genau!"
Triumphierend sah sie ihn an.
Der Junge setzte sich wieder. Auch dies verfolgte sie fast erschrocken mit. Nun waren sie sich wieder näher, als ihr lieb war...
„Normal ist", sagte der Junge langsam, „was die Mehrheit für normal erklärt. In der Nazi-Zeit waren die Juden unnormal. So unnormal, dass man sie leider umbringen musste..."
Sie erwiderte seinen Blick auch diesmal, nun allerdings zutiefst betroffen.

Tief beschämt sagte sie schließlich fast unhörbar:
„Aber du denkst anders... Du... Warum fühlst du nicht...?"
„Ich brauche keine Gefühle."
„Was?", fragte sie bestürzt. „Warum nicht?"
„Wozu sollte ich sie brauchen?"
„Wozu?", es kam ihr vor, als ob jemand fragte, wozu er die Luft brauchte. „Zum Leben! Zum Fühlen. Man muss doch was fühlen...!"
„Nein, ganz offenbar muss man das nicht."
Sprachlos sah sie den Jungen an.
Schließlich fragte sie leise:
„Hast du ... hast du noch nie gefühlt?"
„Ich denke, ich habe es mir irgendwann abgewöhnt."
„Das kann man doch nicht!"
„Bitte vermeide die ‚man'-Sätze..."
„Das...", stotterte sie, „das sollte man aber doch nicht..."
„Willst du jetzt normative Vorgaben erlassen, wie Menschen zu leben hätten und wie nicht?"
Sie sah den Jungen bestürzt an.

„*Fehlt* dir denn nichts?", fragte sie leise.

„Nein. Was sollte mir fehlen?"

„Na ... genau das! Fehlt es dir nicht, zu fühlen...?"

„Nein, offenbar nicht. Sehe ich so aus, als würde es mir fehlen?"

Wieder sah sie ihn lange an.

„Ja...", sagte sie leise.

„Das ist deine Entscheidung", erwiderte der Junge. „Du findest, es würde mir fehlen."

„Es fehlt *immer*!", rief sie leidenschaftlich. „Immer wenn es fehlt, dann fehlt es! Es fehlt sogar bei anderen Menschen. Die fühlen auch zu wenig! Alle fühlen immer zu wenig! Aber bei dir ... bei dir fehlt es ganz! Ich habe so etwas noch nie gesehen..."

„Und das scheint dich ziemlich aufzuregen..."

„Ja... Ja ... das tut es. Tut mir leid..."

„Du brauchst dich nicht immer zu entschuldigen. Du weißt doch. Ich finde es nur interessant."

„Du findest alles immer nur interessant!", entgegnete sie von neuem leidenschaftlich. „Aber ich *will* mich aufregen! Und ich *will* mich entschuldigen! Und ich will auch alles andere. Und wenn *du* das nicht willst – dann tut es mir leid!"

Sie hatte ihm die Sätze entgegengeworfen wie wütende, nein, verzweifelte Schneebälle, die aber nicht aus Schnee waren, sondern aus etwas anderem...

„‚Leid' im Sinne von ich tue dir leid – oder im Sinne von: dann muss ich dich leider ab jetzt verachten?"

„Was?"

Bestürzt sah sie den Jungen an.

„Ich – ich würde dich doch nicht verachten..."

„Nicht?"

„Nein..."

„Freundlich ignorieren?"

„Was? Nein... Wieso denn?"

„Weil du es nicht verstehen kannst ... und weil du dem dann einfach aus dem Wege gehst."

„Aber ich bin doch gerade hergekommen."

„Ja, offenbar, um mich zu ändern. Und da ich das nicht will, klang es eben schon ganz anders."

„Ich hab doch gesagt, dass es mir leid tut..."

„Nein, entschuldigt hast du dich davor, für die Aufregung davor."

„Ist ja auch egal – ich wollte dich jedenfalls nicht beleidigen..."

„Hast du nicht."

„Ja, klar...", sagte sie nachdenklich, „habe ich nicht..."

Der Junge sah sie wartend an. Ihr fiel auf, dass er sie gerade in seiner Wohnung *duldete*. Sie war hier hereingeplatzt, und gerade kam sie sich selbst sehr beschämt vor. Sie hatte sich selbst eingeladen, wenn auch mit dieser unendlichen Aufregung, aber es lief nicht so, wie sie es sich gedacht hatte, vorgestellt, ausgemalt. Was hatte sie gedacht? Dass dieser Junge sie in den Arm nahm, fast gegen ihren Willen, und sie zärtlich küsste – und auf einmal fühlen konnte...?

„Was geht in deinen Gehirnwindungen gerade vor?"

„Wie bitte?", fragte sie tief erschrocken.

„Was denkst du gerade? Kann ich noch was für dich tun? Oder ist jetzt alles in Ordnung?"

Sie fasste sich wieder.

„Nein, nichts ist in Ordnung! *Du* bist nicht in Ordnung – ich meine – ich meine – das *musst* du doch vermissen! Wann hat das denn aufgehört?"

„Das Fühlen?"

„Ja."

„Ich sagte doch, ich habe es mir als Kind irgendwann abgewöhnt. Das ist ja ein Prozess. Ich habe mich irgendwann sozusagen entschieden, dass das ein unnötiger Bestandteil ist."

„Ein ... unnötiger ... Bestandteil?"

„Ja."
„Aber wieso? Wieso unnötig?"
„Ich brauchte ihn nicht."

Sie wusste nicht, woher sie noch die Worte nehmen sollte, um etwas zu erwidern – etwas, was ihn überzeugen könnte. Als sie so fast geschlagen vor ihm saß, versuchte sie, Situationen zu finden, in denen man etwas fühlen musste.
„Hast du nie ein ... ein Kuscheltier geliebt?"
„Nein."
„Hast du ... dich nie über ein Essen gefreut, das deine Mama für dich gekocht hat?"
„Doch, ein bisschen. Irgendwann aber nicht mehr."
„Und ein Sonnenuntergang? Magst du einen Sonnenuntergang?"
„Lichtbrechung. Ja, er ist schöner als eine verdreckte Autoscheibe. So wie auch manche Gesichter schöner sind als andere. Man stellt das dann fest, und das war's. Es sind Tatsachen."
„Gesichter? Findest du mein Gesicht schön?"
„Ja."
Die seltsame Aufregung durchzog wieder ihren Körper.
„Und was heißt das dann genau...?"
„Das habe ich doch eben gesagt. Man stellt fest, dass es schön ist."

„Und wieso ist es schön...?"
Befangen wagte sie es kaum, dem Blick des Jungen standzuhalten...
Er aber betrachtete ihr Gesicht sachlich.
„Ihm fehlt offenbar alles, was man als hässlich empfinden würde. Es ist gepflegt. Es ist jung. Es entspricht offenbar einem angeborenen oder auch von der Umwelt vermittelten Schönheitsideal. Der Leberfleck dort macht es weniger per-

fekt, dafür aber individueller... Ja ... ich denke, das sind die beteiligten Variablen..."

Es fühlte sich unendlich seltsam an, so angeschaut zu werden.

„Weniger perfekt?", fragte sie leise.

„Willst du perfekt sein?", erwiderte der Junge.

„Nein! Es klingt nur so komisch..."

„Stell dir vor, die Gesichter kämen vom Fließband, eines wie das andere, Barbiepuppen... Das wäre perfekt – im Sinne von: wie geplant. Ohne Mängel. Designed, hergestellt, Mängelprüfung überstanden. Abgepackt. Millionenfach. Das ist perfekt."

„Aber ... das ist nicht dein Ideal, nicht wahr?"

„Nein. Ich habe kein Ideal. Ich stelle einfach fest, wie es ist."

„Und", fragte sie zögernd, „findest du es nun ... mit oder ohne Leberfleck ... schöner?"

Der Junge musterte sie abermals. Wieder dieses seltsame Gefühl...

„Mit."

„Aber du freust dich nicht, dass er da ist?"

„Nein, warum sollte ich?"

Beschämt verstummte sie. Dann sagte sie leise, mit großem Mut:

„Und mein Mund?"

„Was ist mit deinem Mund?"

„Findest du ihn ... sinnlich?"

„Willst du, dass er sinnlich wirkt?"

„Nein!", sagte sie entsetzt. „Das will ich gerade *nicht*! Aber meine Schwester sagt es immer – um mich zu ärgern. Sie hat es jetzt zwar schon eine Weile nicht mehr gesagt. Aber früher immer."

Befangen fühlte sie seinen Blick auf ihren Lippen...

„Ja – offenbar hat deine Schwester nicht ganz Unrecht ... wieder bezüglich dessen, was sich als Begriffsbildung von ‚sinnlich' durchsetzt..."

Sie spürte, wie sie wieder rot wurde.

„Und meine Augen...", fragte sie zögernd. „Findest du meine Augen ... *sehr* blau...?"

Als er sie anschaute, musste sie sie niederschlagen, aber sie musste sie ja wieder zu ihm aufheben, damit er sie sah...

„Ja, eindeutig, sie sind sehr blau..."

„Zu sehr...?"

„Wie meinst du dieses ‚zu'?"

„Ich meine *zu* sehr... Also ... dass es auffällt... Ist es sehr extrem...?"

„Warum stört dich das? Oder warum macht es dir Sorgen?"

„Weil ich ... weil ich damit nicht auffallen will."

„Du fällst aber auf. Das ist eine Tatsache."

„O nein..."

Sein objektiver Blick hatte es also auch bestätigt...

„Viele Menschen freuen sich, wenn sie auffallen..."

„Ich aber nicht!"

„Ja, das habe ich verstanden."

„Warum sagst du es dann?"

„Ich wollte damit andeuten, dass du ein Aussehen hast, über das sich viele andere freuen würden – und dass es also die Möglichkeit gäbe, die Tatsache anders anzuschauen."

„Ja, das tue ich aber nicht!"

„Deine Entscheidung."

Sie war ziemlich verzweifelt. Dann hatte sie wieder eine Eingebung.

„Und du...?", fragte sie zögernd.

„Was ist mit mir?"

„Könntest du ... könntest du es *auch* anders ... anschauen?"

„Was?"

Fast scheu sah sie den Jungen an.

„Mein Gesicht..."

Der Junge sah sie eine ganze Zeit lang an. Sie spürte, wie ihr Herz aufgeregt klopfte.

„Ich habe doch gesagt", sagte er schließlich, „dass ich mir das Fühlen abgewöhnt habe. Ich will es gar nicht anders anschauen. Ich glaube, ich könnte es auch gar nicht mehr."

„Du könntest es gar nicht mehr?"

„Es ist unwichtig."

Dieser Junge tat ihr leid. Sie konnte nichts dagegen tun. Ihr Herz konnte ihn nicht lassen...

„Marcus...?"

Wieder diese Aufregung, als sie nun den Namen aussprach, den er gestern genannt hatte.

„Ja?"

„Hattest du", fragte sie mit scheu pochender Brust, „auch nie eine *Freundin* gehabt...?"

„Nein."

„Also ... wolltest du nicht?"

„Nein."

„Du wolltest nie eine Freundin haben...?"

„Nein. Warum fragst du das alles? Willst du etwa meine Freundin sein?"

„Ich ... ich finde ... dich so arm, Marcus! Fühlst du es nicht auch schade? Dir muss doch etwas fehlen! Eine Freundin... Irgendein Gefühl... Hier im Herzen..."

Sie deutete scheu den Ort ihres Herzens an.

„Du brauchst dir um mich keine Sorgen zu machen. Warum tust du das?"

Quälend blieben ihr die Worte im Hals stecken.

„Ich muss mal kurz aufs Klo", sagte er. „Aber wirklich – du brauchst dir keine Sorgen zu machen. Es ist unnötig."

Sie sah ihn an sich vorbei aus dem Zimmer gehen. Ihr Herz war verzweifelt. Es konnte ihn nicht lassen, es konnte nicht... Sie musste etwas tun. Es musste etwas geschehen. Und sie folgte ihrem Gefühl. Sie dachte nicht darüber nach. Heftig pochte ihr Herz. Heftiger als ganz zu Beginn, unten an der Klingel... Sie öffnete den Reißverschluss ihres Kleides. Dann streifte sie es sich ab. Vorsichtig legte sie es auf das Bett. Dann kletterte sie bis aufs Äußerste befangen hinterher, drehte sich wieder zur Tür um und blieb dort knien, nur in Strümpfen und Unterwäsche... Ihr Herz hoffte, dass ihr verletzlicher Anblick ihn rühren könnte...

„Was machst du da?", fragte er entgeistert, als er wiederkam.
„Ich –", sagte sie tief beschämt und doch noch immer mit einer Hoffnung. Aber sie konnte kein Wort weitersprechen. Stattdessen versuchten ihre Augen, den Satz zu vollenden...
„Willst du mich verführen?"
„Nein!", entfuhr es ihr gequält, und noch immer baten ihre Augen.
„Würdest du dein Oberteil auch noch ausziehen?"
Zitternd vor Scham hielt sie den Blickkontakt aufrecht, während sie fragte:
„Würdest ... du es wollen?"
„Würdest du es tun?"
„Ja", erwidert sie leise. „Ich würde es tun..."
„Okay...", sagte er langsam und erstaunt.
„Aber du musst dich umdrehen!", bat sie.
Er drehte sich um.
Innerlich zitternd streifte sie sich das Hemdchen über den Kopf... Sie wagte nicht ein einziges Wort.
Nach einigen Augenblicken fragte der Junge:
„Darf ich mich wieder umdrehen?"
„Ja..."
Ihr ganzer Leib war wie erfüllt von Scham, aber für ihn tat sie es, nur für ihn, damit *er* etwas fühlen könnte...

Er drehte sich um, und sie fühlte seinen Blick auf ihrem Körper, ihrer nackten, entblößten Haut, ihrer Brust... Mutig hielt sie dem Impuls stand, mit ihren Armen die Blöße zu schützen...

„Das hätte ich nicht gedacht", sagte der Junge nun. „Warum tust du das?"

„Was?"

Bestürzt sah sie den Jungen an.

„Aber – – du *wolltest* es doch..."

„Das habe ich nicht gesagt. Aber selbst wenn...! Ich meine – du ziehst dich vor mir aus, nur weil du gedacht hast, ich will es? Und fängst damit sogar an, ohne zu fragen?"

Die riesenhohe Woge der Scham und Enttäuschung schlug über ihr zusammen... Mit einem Arm versuchte sie nun verzweifelt, ihren Leib zu bedecken, mit der anderen Hand nahm sie wieder ihr Hemdchen und zog es so schnell wie möglich wieder über die unbedeckte Haut. Währenddessen folgte die nächste Woge – und diese brachte den Schmerz... Schmerz und Scham brachen mit unermesslicher Gischt in ihre Seele ein.

Hilflos musste sie aufschluchzen. Sie schaute den Jungen nicht mehr an. Sie krabbelte tief beschämt vom Bett, nahm ihr Kleid, und schluchzend vor Scham stieg sie mit dem Rücken zu ihm wieder hinein, schloss mit zitternden Fingern und äußerster Anstrengung selbst wieder den Reißverschluss und lief blind vor Tränen an ihm vorbei in den Flur.

„Diana!"

Sie zog rasch ihre Schuhe an.

Der Junge kam ihr hinterher in den Flur.

„Diana..."

„Nein!", rief sie schluchzend durch den Tränenschleier.

Sie riss die Tür auf und lief einfach weg – die Treppe hinunter, hinaus ins Freie, weiter, immer weiter...

*

An diesem Abend kreisten ihre Gedanken Stunde um Stunde um das immer Gleiche. Die Scham blieb unermesslich, das Leid auch. Beides schlug nun wie eine einzige unaufhörliche Brandung an die Felsküste ihrer Seele, die doch gar nicht aus Fels bestand, die vielmehr eine einzige große Wunde zu sein schien...

Immer wieder sah sie die Szene vor sich, sah den Jungen, sah sich selbst auf dem Bett sitzen, fühlte sich *in* ihrem Körper, fühlte sich außerhalb dessen, wie eine Beobachterin, und fühlte immer wieder das gnadenlose Scheitern, den Moment, in dem die Scham einbrach, die Niederlage – und immer wieder musste sie leise aufschluchzen, leise, damit es niemand hörte, obwohl sie ihr Leid kaum aushalten konnte.

Als sie schließlich einschlief, wurde sie in einen traumlosen Schlaf erlöst...

„Diana, was ist heute mit dir?", fragte Boris fürsorglich in der ersten großen Pause.

„Nichts", sagte sie leidvoll. „Bitte frag nicht. Ich möchte heute allein sein... Du kannst nichts dafür. Bitte mach dir keine Sorgen..."

„Gut, wenn du meinst...", sagte er zögernd. „Wenn ... wenn ich etwas tun kann, sag es mir bitte, Diana... Möchtest du ... morgen dann lieber auch nicht spazieren gehen?"

Sie sah ihn schnell an, berührt.

„Doch! Doch, Boris, ich ... freu mich noch immer auf morgen. Nein – keine Sorge wegen morgen."

„Wir haben noch gar keinen Treffpunkt ausgemacht..."

„Oh, ja, du hast Recht. Möchtest du morgen um neun Uhr zu mir kommen?"

„So früh?", staunte Boris.

„Ja – es ist wunderschön, früh spazieren zu gehen. Ich habe mich nur nicht getraut, acht oder sieben zu sagen..."

„Sieben Uhr?", fragte Boris fast ungläubig. „Okay, Diana, wenn du das liebst, dann gebe ich mein Wochenende, ich meine, mein Ausschlafen am Wochenende gerne auf. Ich bin um sieben bei dir. Kannst du mir ... bitte noch deine Adresse sagen?"

„Die steht doch auf der Klassenliste."

„Ah ja... Das ist für mich so 'ne Eltern-Sache, ich hab die gar nicht..."

„Na gut – Meisenweg acht."

„Danke. Und – bitte Diana, wenn ich für dich etwas tun kann, bitte sag es mir!"

„Ja... Danke, Boris..."

„Ich lass dich dann jetzt allein, ja?"

„Ja – danke... Und – es tut mir leid. Bitte glaub mir..."

„Ja. Du bist so unglaublich lieb, Diana..."

Sie hätte am liebsten fast wieder losgeschluchzt. Auch er war so lieb zu ihr... Ihre Scham über sich selbst wuchs wieder in Himmelshöhen. Was hatte sie nur getan? Wer war dieses Mädchen – das sich einfach vor einem fremden Jungen auszog, der nichts von ihr wissen wollte? Sie wollte diesen Tag aus ihrem Leben auslöschen, aber das konnte sie nicht. Er würde für immer da stehen. Dieser Tag... Ein Junge freute sich so bewundernswert auf ihre Gegenwart, auf das, was *ihr* etwas bedeutete, und obwohl dies mit seinem eigenen Leben bisher nicht das Geringste zu tun hatte, gab er sich dem hin, weil er sie liebte... Und sie? Sie zog sich vor einem anderen Jungen aus... Wenn die Scham die Erde erweichen könnte, dann würde diese Erde sie längst gnädig in sich aufnehmen, und sie wäre fort, einfach fort...

Aber die Erde nahm sie nicht auf. Sie musste volle acht Schulstunden durchstehen, und in weiteren Pausen, die sie allein verbrachte, auch noch allerhand Spott über ihr neues Verhältnis zu einem Jungen. Sie ertrug das alles mit einem nahezu vollkommenem Gleichmut, es konnte ihrem eigentlichen Leid nicht einen Deut hinzufügen...

*

Am Nachmittag, als sie schließlich nach Hause kam, wurde sie von ihrer Mutter, der sie ihre Empfindungen sorgfältig verbarg, in der Küche begrüßt.
„Ach, Diana, warte mal. Da ist ein Brief für dich gekommen...“
„Ein Brief?“
„Ja...“
Sie folgte ihrer Mutter ins Wohnzimmer, wo sie ihn in Empfang nahm.
„Es steht nur dein Name drauf. Weißt du, von wem er kommen könnte?“

Sie nahm den Brief und las die Aufschrift: ‚für Diana'.

„Nein..."

„Okay...", sagte die Mutter verwundert.

„Ich", sagte sie befangen, „ich lese ihn in meinem Zimmer, ja?"

„Aber natürlich", erwiderte ihre Mutter lächelnd. „Du musst dich doch nicht rechtfertigen, Diana. Aber sag mir nachher, wer es war, ja?"

„Ja", murmelte sie.

Mit einem Herzklopfen, das einer tiefen Furcht glich, ging sie in ihr Zimmer.

Sie ging zu ihrem Schreibtisch, öffnete den Umschlag mit einem hölzernen Brieföffner, den sie einst von ihrer Oma geschenkt bekommen hatte, und setzte sich dann auf ihr Bett.

Erst hier nun zog sie den Brief aus dem Umschlag, entfaltete ihn und las...

Liebe Diana,
ich schreibe dir dies, um dich um Entschuldigung zu bitten. Ich weiß nicht, warum du das getan hast. Vermutlich wolltest du mich zum Fühlen bringen. Es tut mir leid, dass dir das nicht gelungen ist. Vor allem aber tut es mir leid, dass ich dich verletzt habe. Als du gegangen warst, wurde mir ganz deutlich, wie tief verletzt du warst. Aber ich habe es ja auch gesehen. Ich will nur sagen: Deine Verletzung hat mich wirklich berührt – zum ersten Mal in meinem bewussten Leben. Und diese Verletzung war nicht Entscheidungssache, es war meine Schuld. Dafür bitte ich dich um Verzeihung, Diana, und ich hoffe, du kannst sie mir geben, unsichtbar. Ich erwarte nicht, dich wiederzusehen, das kann niemand mehr verlangen. Dich wiederzusehen, wäre sehr schön. Und das ist mehr als eine Tatsache. Aber ich wäre auch froh, nur zu wissen, dass du mir verzeihen könntest.
Mit einem unbeholfenen Gruß,
Ein berührter Mensch.

Als sie den Brief zu Ende gelesen hatte, musste sie unmittelbar aufschluchzen. Hilflos ließ sie den Brief zur Seite sinken und barg ihr Gesicht in beide Hände, die sogleich von Tränen benetzt waren...

Als ihre Mutter hineinkam, blickte sie erschrocken auf.
Nicht weniger bestürzt fragte diese:
„Diana – was ist denn?"
„Nichts, Mama", schluchzte sie, „es ist alles gut..."
„Das hört sich aber nicht so an! Wer hat dir denn geschrieben, Diana? Willst du es mir nicht sagen?"
Hilflos schüttelte sie den Kopf.
„Später einmal vielleicht, Mama. Jetzt kann ich es dir noch nicht sagen..."
„Eine Liebesgeschichte, Kind? Bist du verliebt?"
Stumm nickte sie, um nichts mehr sagen zu müssen.
„So etwas ähnliches, Mama... Ich sag's dir irgendwann schon..."
„Gut, Diana... Wenn du mal Hilfe brauchst, wenn du mal sprechen willst – ich bin immer für dich da..."
Noch einmal nickte sie inmitten eines kaum durchdringlichen Tränenschleiers.
Als die Tür sich leise schloss, musste sie erneut heiß aufschluchzen. Alle waren immer so lieb zu ihr, so lieb...! Sie wusste nicht, wohin mit ihren Gefühlen...

*

„Mama, ich muss noch mal los...", murmelte sie zehn Minuten später.
„Bist du zum Abendessen wieder zuhause?"
„Ich weiß noch nicht. Vielleicht nicht... Bitte wartet dann nicht auf mich. Ich komme dann spätestens um acht. Allerspätestens!"
„Okay..."

Sie hätte mit dem Fahrrad fahren können. Aber sie liebte das Gehen. Beim Gehen konnte man immer noch über so vieles nachdenken. Es passte mehr zu einem, als schnell irgendwohin zu fahren. Ein Fahrrad war schon schnell. Ein Auto ... würde sie später nie haben wollen.

Aber nun klopfte ihr Herz wieder. Es war noch immer die Scham. Aber es war auch das Unbekannte – die Situation war völlig verändert. Und sie konnte etwas nicht so lassen, was noch nicht geheilt war. Ihr Herz sehnte sich so sehr nach Harmonie – einer Harmonie *aller* Menschen –, dass es unfähig war, nein zu sagen, wenn es eine Bitte, ein Leid spürte. Und dieser Junge *hatte* gebeten... So groß ihre Scham auch war – ihr Herz trug alles, was ihr angetan worden war, mutig, und *verzieh*, sobald die Situation sich änderte... Es war schon immer so gewesen. Es war so ausgeprägt, dass sogar ihre Mutter einmal gesagt hatte – als sie etwa elf oder zwölf war –, sie dürfe nicht so gutmütig sein. Aber auch ihre Mutter hatte daran nichts ändern können. Sie hatte diese Haltung immer bewusster zu ihrer eigenen gemacht – sie *wollte* nichts anderes...

So kam sie schließlich vor seiner Haustür an. Sie klingelte, mit Herzklopfen, in einer Mischung aus leiser Furcht und leisem Glück, einer leisen Hoffnung, die auf das Ur-Gute selbst gerichtet war, auch wenn sie dies niemals hätte in Worte fassen können.
Aber sie erhielt keine Antwort. Der Junge war nicht da. Enttäuscht, traurig, hielt sie eine ganze Weile vor dem Klingelschild inne. Schließlich klingelte sie sogar noch einmal – das tat sie manchmal: glauben, dass einfach das treue, hoffnungsvolle Warten etwas änderte... Aber natürlich kam wieder keine Antwort, was die nächsten Momente sofort noch trostloser werden ließ, endgültiger.

Traurig ging sie die wenigen Schritte bis zur Straße zurück. Sie sah zu beiden Seiten des Weges hinunter und blieb noch immer ratlos stehen. Dann ging sie über die Straße – es war eine kaum befahrene Seitenstraße mit größeren Lücken zwischen den parkenden Autos – und setzte sich dort auf den Rand des Bürgersteiges. Sie hatte ein wenig freie Sicht auf den Weg auf der anderen Seite und vor allem auf die Tür. Sie hatte nicht einmal den klaren Entschluss gefasst, zu warten – sie tat es einfach...

Wenn er nun käme... Vielleicht war er ja an der Uni. Sie wusste nicht, wann die Uni zu Ende war. Aber gestern war er ja auch um diese Zeit dagewesen. Gab es verschiedene Zeiten, eine Art Stundenplan wie bei ihnen? Aber konnte es auch bis abends dauern? Und wenn er käme ... was würde sie dann sagen?

Sie stellte sich die Situation vor. Ihr ganzes Leben lang stellte sie sich Situationen vor. Meistens nicht exakt und genau, meistens viel mehr mit dem Herzen, ohne klares Bild, aber mit einer sehr deutlichen Stimmung, und diese entströmte gerade ihrem Herzen... Sie würde sich vom Straßenrand erheben, er würde sie sehen, sie würden auf wundersame Weise die richtigen Worte finden, sie würde mit ihm mitkommen, und die volle Harmonie würde um sie sein – und dann würden sie noch stundenlang miteinander sprechen ... bis sie zufällig auf die Uhr schauen würde, um zu entdecken, dass es bereits kurz vor acht war, und dann würde sie schnell nach Hause laufen, außer Atem, aber glücklich...

Er hatte geschrieben, dass er es schön fände, sie wiederzusehen. Es tat ihm sehr leid. Ihr Herz eilte ihm entgegen, um ihm zu verzeihen. Sein Herz war berührt worden. Er konnte fühlen! Und sie stellte sich vor, wie er sie zärtlich in die Arme nehmen würde, durch ihr Haar streichen, und sie noch einmal um Verzeihung bitten würde, und er würde dies mit einem ebenso zärtlichen Kuss tun...

Sie hatte sich so sehr in diese Tagträume verloren, dass sie fast nicht bemerkte, wie er die Haustür aufschloss. Erst im letzten Moment wachte sie für die äußere Wirklichkeit wieder ganz auf – und sprang auf.

Sie wollte nicht über die Straße rufen, aber als er in der Tür verschwinden wollte, musste sie es schließlich doch tun:

„Marcus! Marcus, warte!"

Er drehte sich im Halbdunkel der Tür um und trat wieder nach draußen.

„Diana?"

Sie rannte die letzten Meter bis zum Vorgarten, dort blieb sie stehen, etwa vier Meter von ihm entfernt.

„Ja..."

„Hast du ... hier auf mich gewartet?"

„Ja."

„Wie lange?"

Sie sah auf die Uhr.

„Oh...", sagte sie selbst überrascht. „Ich glaube, fast eine Stunde..."

„Eine Stunde?"

„Ja..."

Sie spürte, dass sie damit offenbar die Vorstellungen seiner Welt zu sprengen schien.

„Findest du", fragte sie leise, „das wieder dumm?"

„Diana...", erwiderte der Junge langsam. „Würdest du ... noch einmal mit mir hinaufkommen?"

„Ja..."

Er schien erleichtert.

„Dann komm, bitte..."

Sie folgte ihm die Treppe hinauf. Wieder wurde sie etwas befangen, als sie so schweigend hinaufgingen. Dann schloss er seine Tür auf, ging zuerst, sagte aber dann zu ihr zurückblickend:

„Bitte..."

Verlegen trat sie ein. Es war ein sehr seltsames Gefühl, sie erinnerte sich noch so unglaublich deutlich, wie sie von hier geflohen war, in heller Verzweiflung...

Sie zog sich die Schuhe aus – und folgte ihm in das Wohnzimmer.

Der Junge blieb vor der Mitte des Wohnzimmers stehen und drehte sich zu ihr um – sie blieb bereits kurz nach der Tür stehen, knapp zwei Meter voneinander entfernt standen sie sich nun gegenüber...

„Du hast meinen Brief also bekommen?"

„Ja."

„Es tut mir leid, Diana."

„Ja..."

„Wie konntest du so lange auf mich warten?"

„Ich wollte einfach auf dich warten."

„Und warum?"

„Weil du mir doch geschrieben hattest."

„Du hättest mir auch schreiben können."

„Warum sollte ich das tun?"

„Weil du nicht mehr herkommen willst – das wäre doch absolut zu verstehen, mehr als alles andere."

„Ja, aber du hast geschrieben, es wäre schön, mich wiederzusehen..."

„Und deswegen bist du wiedergekommen?"

„Ja."

„Aus diesem Grund?"

„Ja."

„Weil ich geschrieben habe, dass es schön wäre?"

„Ja."

„Obwohl ich dir das angetan hatte?"

„Ja. Warum hast du es im Brief nur umschrieben? Du hast auch nicht mal mit deinem Namen unterschrieben..."

„Ich wollte nicht, dass jemand anders etwas davon versteht. Der Brief war nur für dich bestimmt. Ich wusste ja nicht, ob nicht vielleicht deine Eltern ihn aufmachen."
„Ach so... Jetzt verstehe ich..."

„Diana?"
„Ja?"
„Ich habe geschrieben, es wäre *sehr* schön, dich wiederzusehen..."
„Bei dir hat jedes Wort wirklich eine Bedeutung, nicht wahr?"
„Dieses jedenfalls hatte genau diese Bedeutung..."
„Kannst du jetzt fühlen, Marcus?"
„Nein... Ich weiß es nicht... Ich habe dir gesagt, Diana, ich habe es verlernt. Aber ... aber als ich dich sah, so sah, so verletzt, nachdem ... nachdem du dich für mich ausgezogen hattest ... ich habe es dir geschrieben, Diana – da habe ich zum ersten Mal gefühlt... Ich habe deine Verletzung gefühlt – und ich habe gefühlt, wie es mir leid tat. *Das* ... dass es mir leid tat ... das begann, als du zu weinen begannst, und es wurde immer stärker. Als du weggelaufen warst, konnte ich die Stimme deines Weinens nicht vergessen. Und dies, dass es mir leid tat, das wurde immer stärker. Und so musste ich dir diesen Brief schreiben. Ich habe immer alles genommen, wie es kam. Aber hier – hier war mir auf einmal etwas wichtig. Und das war dein Verzeihen. *Kannst* du mir verzeihen?"
Sie blickte fast ungläubig in die Augen des Jungen. Sie spürte so sehr, dass sie gerade Zeugin eines Wunders geworden war, noch einmal, diesmal in direkter Begegnung – und in einem heiligen Ernst sagte sie unmittelbar aus ihrem Herzen heraus leise, aber mit fester Stimme und fast feierlich:
„Ja, Marcus..."
„Ich danke dir..."
Sie hörte wirklich die Dankbarkeit in seiner Stimme.

Nun trat eine kleine Stille ein, die sich mit ein wenig Befangenheit füllte.

Plötzlich fragte sie erstaunt:

„Woher wusstest du denn, wo ich wohne? Das habe ich dir doch gar nicht gesagt? Ich – ich habe dir doch nicht einmal meinen Nachnamen gesagt? Oder?"

„Nein. Aber zu irgendetwas muss doch ein Intelligenzquotient gut sein."

„Und – und wie hast du meine Adresse dann herausbekommen?"

„Willst du raten?"

„Das kann ich nicht raten, Marcus! Das geht doch gar nicht. Wie hast du sie rausbekommen? Und so schnell? Hast du mich irgendwie beobachtet?"

„Nein. Ich habe jemanden gefragt, der sie kannte."

„Wen denn? Du kennst jemanden, der mich kennt?"

„Nein. Kennen ist zuviel gesagt. Ich habe die alte Frau gefragt, von der du mir erzählt hast."

„Die alte Frau! Ja, natürlich...! Und sie hat sie dir einfach so gegeben?"

„Nein. Du kannst ihr vertrauen, Diana. Ich musste sehr viel erklären, bis sie sie mir gab."

„Was? Hast du etwa alles erzählt?"

„Nein, natürlich nicht. Aber ich habe ihr gesagt, dass ich dich unbedingt um Verzeihung bitten muss und dass du mir von ihr erzählt hast und dass sie deswegen jetzt meine einzige Hoffnung ist. Ich habe gesagt, dass du mir mit etwas – nun gut, ich sagte schließlich, weil es ihr ja auffiel und weil sie misstrauisch blieb: mit dem Fühlen – sehr geholfen hast, und dann hat sie mir schließlich deinen Namen gegeben. Sie wollte mir deine Adresse trotzdem nur ‚sehr, sehr ungern' geben – das waren ihre Worte –, aber dann habe ich am Handy im Telefonbuch vor ihren Augen deinen Nachnamen gesucht, und es gab dreiundvierzig ,Lehmanns', und da sah sie ein, dass sie noch immer meine einzige Hoffnung war."

„Ach, die liebe alte Frau!", sagte sie voller Wärme im Herzen.

„Ja."

Sie sann nach und versuchte, alles genau nachzuvollziehen.

„Das heißt ... du bist zu der alten Frau gegangen ... und dann bist du wieder zu dir gegangen ... und hast den Brief geschrieben ... und dann bist du zu mir gegangen ... und hast geklingelt und hast den Brief in den Briefkasten geworfen? Hat meine Mutter nichts gesagt?"

„Ich habe bei einem Nachbarn geklingelt, ganz oben. Und ich bin mit dem Fahrrad gefahren."

„Ah ja..."

„Warum willst du das so genau wissen? Und erschließt sich dir der Weg nicht in einem Moment?"

„Was?", erwiderte sie noch ein wenig gedankenverloren. „In einem Moment? Nein – ich bin nicht so schnell... Ist bei dir alles in einem Moment da? Und ... ich will es einfach nur wissen ... ich will es mir vorstellen, wie das war..."

„Warum?"

„Weil das schön ist. Weil ich das wichtig finde."

„Schön? Wichtig? Inwiefern?"

Sie sah den Jungen an.

„Wir stehen ja immer noch...", sagte sie auf einmal verlegen.

„Oh – entschuldige. Bitte setz dich doch."

„Danke..."

Sie setzten sich beide wieder an den Tisch, und auch das war wieder seltsam, aber dieses Gefühl verging auch schnell, als sie den Faden wieder aufnahm.

„Was ... was alles passiert ist, das ... hat mich sehr betroffen... Und ... und auch dein Brief hat mich sehr berührt. Ja, wirklich sehr... Und deshalb ... weil es mir so wichtig ist ... möchte ich genau wissen, wie alles war. Ich möchte es mir vorstellen, verstehst du? Ich weiß nicht, wie ich es erklären kann..."

„Eine exaktere Vorstellung davon, was sich ereignet hat?"

Sie sah den Jungen an, der hilflos versuchte, etwas zu verstehen, was für sie völlig normal war – und sie spürte einen neuen Strom von Mitleid, von Wärme, von Zuneigung von ihrem Herzen zu ihm gehen.

„Marcus...", sagte sie sanft, „du ... du denkst immer ... es ist, weil du immer so ohne Gefühl denkst, Marcus. Deswegen kannst du es nicht verstehen. Weil ... weil ... weil es eben *mit* Gefühl ist. Es ist mit Gefühl, und man kann es auch nur mit Gefühl verstehen..."

„Na ja, ich habe versucht, es nachzuvollziehen, um *dich* zu verstehen. Aber das gelingt mir dann wohl nicht, weil du das, was ich nicht habe, eben sehr viel hast."

„*Doch*, Marcus! Du könntest das auch! Wenn du nur wolltest!"

„Ich glaube es nicht, Diana. Vielleicht könnte ich es irgendwie intellektuell nachvollziehen. Aber ich werde nie verstehen können, was in dir *eigentlich* vorgeht. So etwas wie deine schlimme Verletzung konnte ich verstehen – ich habe sie ja auch selbst verursacht –, aber alles, was deine emotionale Intelligenz ausmacht, ist mir einfach unendlich fremd. Von außen kann ich manches verstehen, weil es in der Literatur nun einmal beschrieben wird und ja eigentlich auch Allgemeinwissen ist – ich meine, so verhalten sich die Menschen nun einmal –, aber ich kann es nicht *wirklich* verstehen, verstehst du? Ich habe mich schon vor zu langer Zeit von allem verabschiedet, was damit zu tun hat. Ich verstehe es einfach nicht mehr. Mir fehlen die Instrumente dafür."

„Das kann nicht sein, Marcus! Es gibt kein ‚vor zu langer Zeit'. Die Zeit ist nie zu lang, und es ist auch nie zu spät."

„Das stimmt nicht. Es gibt Prägeprozesse. Und ein alter Mann kann nicht plötzlich noch einen Marathon laufen. Und wenn jemand das Fühlen –"

„Aber du bist kein alter Mann, Marcus. Du bist nicht einmal überhaupt schon ein Mann! Du bist sechzehn! Auch wenn du schon studierst. Du kannst *alles* noch lernen! Gerade weil du so unendlich intelligent bist. Wie solltest du da nicht alles noch lernen können – auch das Fühlen!"

„Das glaube ich nicht. Und ich wollte es ja eigentlich auch gar nicht. Ich wollte es ja gerade die ganze Zeit loswerden, weil es sinnlos ist. Und das habe ich ja auch erfolgreich geschafft."

„Und jetzt, Marcus...?", fragte sie leise, fast furchtsam. „Wie ist es jetzt? Willst du es jetzt auch noch immer nicht..."

Der Junge sah sie an.

„Das weiß ich nicht, Diana. Zum ersten Mal in meinem Leben weiß ich etwas nicht. Ich meine – etwas, was ich wissen sollte, was ich wissen könnte. Ich meine: eine Entscheidungsfrage..."

„Wovon hängt das denn ab, Marcus?", fragte sie leidenschaftlich.

„Nicht einmal das weiß ich...", erwiderte er leise.

„Das musst du doch wissen!", beharrte sie feurig. „Was du willst... Warum willst du es nicht? Sag es doch, Marcus! Warum willst du es denn nicht?"

„Es macht mir Angst. Mein ganzes Leben lief gut bis jetzt. Gefühle machen nur Probleme. Das ist mein bisheriges Lebensmotto gewesen. Und ich hatte auch immer nur diese Erfahrung gemacht – bis ich mich von Gefühlen generell einfach verabschiedet habe. Du kannst dir *das* wahrscheinlich nicht vorstellen. Aber ich habe mein ganzes Leben lang ohne Gefühle gelebt, nur im Denken, und ich war damit hoch zufrieden, sicher, geschmeidig, wie ein Fisch im Wasser, und das ist nicht nur ein Vergleich. Es ist wirklich so. Mit Gefühlen ... würde ich mich jetzt fühlen wie ein Fisch an Land!"

Bestürzt sah sie den Jungen an – und sann tief, tief nach.

„Aber", sagte sie schließlich leise, „du bist ein *Mensch*, Marcus. Fische *müssen* an Land gehen, um ein Mensch zu werden. Vielleicht ... vielleicht schämst du dich, weil du dadurch ... langsamer wirst ... vielleicht sogar langsamer als alle anderen, ich meine, in bestimmter Hinsicht, zunächst – wirklich nur zunächst Marcus –, aber..."

Sie sah den Jungen innig an.

„Aber du musst dich trauen, Marcus! Ich meine ... ich ... ich *bitte* dich darum... Ich...", eine heilige Scham durchzog sie leise, „ich habe dich auch gestern darum gebeten... Es war ... nichts anderes als dieselbe Bitte..."

Er sah sie erstaunt an.

„Dass du ... dich ausgezogen hast, war ... eine Bitte?"

„Ja."

„Ich dachte, du wolltest mich zum Fühlen bringen."

„Ja. Aber ... was verstehst du denn nicht?"

„Ich nahm an, du wolltest einen Effekt erzeugen."

„Einen Effekt?"

„Ja – dass ich fühle."

„Und wodurch?"

„Ich habe es nicht genau verstanden... Du wolltest, dass ich fühle, und deswegen hast du dich ausgezogen. Ich vermute, du wolltest, dass ich staune, wie weit du gehst."

Sie dachte nach.

„Das stimmt alles, Marcus. Aber es ist nicht das *Ganze*. Es ist alles ... wie ... wie die Außenseite vom Ganzen. Das *Innere* fehlt... Und das Innere war ... es war ... es war meine *Hoffnung*... Ich hatte gehofft –"

Sie schwieg befangen.

„Was hattest du gehofft?"

„Ich...", sagte sie zögernd, „ich hatte gehofft ... dass du ... dass es dich berühren würde, mich so zu sehen..."

„Berühren? Weil man das normalerweise nicht macht? Weil du dich geschämt hast?"

„Ja. Weil ... weil ich mich vor dir ganz schutzlos gemacht habe..."

„Also es hätte mich berühren sollen, dass du dich schutzlos gemacht hast?"

„Ja..."

„Und für mich war es nur eine unlogische Handlung, die ich nicht verstand ... zumal du gesagt hast, du wollest mich nicht verführen."

„Marcus...", sagte sie innig.

„Ja?"

„Warum nur ist es so schwer für dich? Es tut mir so leid – und ich finde es so furchtbar, dass du das alles nicht *fühlen* kannst! Ich kann nicht verstehen, wie man ohne das alles überhaupt leben kann..."

„Man kann sehr gut leben."

„Aber man darf es nicht, Marcus! Du ... du musst es lernen!"

„Ich verstehe, dass es dir unendlich wichtig erscheint."

„Ja, das ist es mir auch!"

„Aber warum?"

„Weil ich es nicht aushalte, dass du es nicht kannst!"

„Was gehe ich denn dich an?"

Fast verzweifelt sah sie ihm in die Augen.

„Verstehst du das denn nicht, Marcus? Wir sind durch das, was wir ... was wir jetzt alles schon erlebt haben ... viel zu sehr miteinander *verbunden*, als dass es mir egal sein könnte. Mir ist es nicht mehr egal – wenn es das je war. Aber dein Brief hat mich so berührt, dass es mir nie wieder egal sein würde. Und du hast doch auch geschrieben, dass es schön wäre, mich wiederzusehen, sehr schön... Warum hast du das denn geschrieben?"

„Weil es so ist. Ja, du hast Recht. Was passiert ist, hat eine Art Verbindung geschaffen. Vielleicht habe ich deshalb das Bedürfnis danach."

Sie dachte nach, hilflos.

„Aber", sagte sie plötzlich, „Marcus – *fühlst* du das denn auch?"

„Was genau?"

„Alles! Fühlst du das denn? Kannst du es fühlen?"

„Was alles? Du musst mir helfen, Diana..."

„Was du eben gesagt hast! Die Verbindung – die Verbindung zwischen uns. Das, was passiert ist. Und dein Bedürfnis – fühlst du das alles?"

„Ich fühle das Bedürfnis, ja."

„Und die Verbindung?"

„Ich fühle deine Verletzung und meine Schuld – obwohl es schon vorbei ist."

Sie dachte nach. Schließlich sagte sie:

„Ich muss nachdenken, Marcus... Bitte hab nicht das Gefühl, dass ich unhöflich wäre, ich versuche nur, dir zu helfen..."

„Ich habe keine Gefühle, also habe ich auch nicht *das* Gefühl. Dass du nachdenkst, sehe ich ja – und der Rest erschließt sich von selbst..."

Erstaunt sah sie ihn an.

„Das ist echt bewundernswert", sagte sie. „Dass du auch ohne Gefühle so viel sehen kannst. Aber ... das Wichtigste fehlt eben. Und das *sind* die Gefühle! Weißt du, was ich eben gesagt habe, gehört doch auch dazu... Natürlich ... es kann sein, dass sich alles erschließt, von selbst, so dass man gar nichts sagen müsste. Aber man sagt es *trotzdem*. Um sicherzugehen – aber auch, um einfach freundlich zu sein. Um nicht jeder für sich allein zu sein, sondern um *zusammenzusein*. Manchmal *redet* man einfach miteinander – es muss nicht immer nötig sein. Es reicht, dass es *schön* ist. Verstehst du?"

„Ja, ich verstehe. Nur kann ich das nicht fühlen. Ich könnte es zwar lernen, ab und zu zu reden, weil ich auch gelernt habe, dass das als schön empfunden wird, aber ich selbst fühle es eben nicht."

„Aber du bist kein *Roboter*, Marcus!"

„Aber vermutlich habe ich mich zu so einer Art Roboter gemacht. Ich meine, nicht ganz. Aber – ja, das war so eine Art Ideal von mir."

„Dann kehrst du das jetzt einfach um!"

„Das müsste ich erst einmal wollen – und selbst wenn ich es wollte, würde ich es kaum können."

„Aber warum willst du mich wiedersehen, Marcus?"

„Weil es schön ist."

„Also da *findest* du etwas schön."

„Ja."

„Und was?"

„Dich."

„Mich?"

„Ja."

„Was von mir?"

„Alles."

Sie erinnerte sich wieder an die Momente, wo sie auf dem Bett kniete...

„Alles...?"

„Ja."

„Gestern hat dir ... manches ... nichts bedeutet..."

„Ja. Das ist anders geworden, als du zu weinen begonnen hast."

„Da ist auch *das* anders geworden?"

„Ja."

„Ich...", sagte sie betroffen, „ich ... frage nur, ja? Ich will nur fragen... Heißt das, dass ... wenn ich ... also wenn ich ... nur theoretisch ... noch ... noch einmal so dasitzen würde, würde ... würde es dir etwas bedeuten?"

In heiliger Scham hatte sie diese Frage gestellt und sah dem Jungen in herzklopfender Aufregung in die Augen.

„Ja."

Seine Antwort erschütterte sie innerlich. Sie spürte eine Scham, die sich aber gleichzeitig wunderschön anfühlte...

„Aber", stammelte sie, „dann ... dann *kannst* du doch fühlen?"

Der Junge dachte nach.

„Ja – offenbar fühle ich etwas, in Bezug auf dich. Aber – darüber hinaus geht es nicht."

„Du ... du fühlst nur in Bezug auf *mich* etwas?"

„Ja."

Sie musste an die Graugansküken von Konrad Lorenz denken. Sie hatten das einmal in Biologie gehabt.

„Also du findest *mich* schön?"

„Ja."

„Mein Äußeres?"

„Ja."

„Auf einmal? Alles? Mein Gesicht..."

„Ja."

„Und was noch – außer meinem Äußeren?"

„Das Andere."

„Das Andere?"

„Ja. Wie du dich verhältst, wie du sprichst. Deine Stimme. Alles."

„Und sonst fühlst du nichts? Bei Anderem...", wechselte sie verlegen das Gebiet.

„Nein."

Ihr Herz hatte keinen Zweifel. Dieser Junge *konnte* fühlen. Er musste es nur noch mehr lernen. Und wieder erwachte diese heftige, seltsame Aufregung, als sich ihr Herz von neuem zu einem Schritt ohne alle Sicherung entschloss...

„Mich –", sagte sie mit heftigem Herzklopfen, das ihr fast den Atem abschnürte, „findest du schön, Marcus?"

„Ja."

„Und...", sie hielt die völlig unbekannte Aufregung fast nicht mehr aus, „und ... würdest du mich ... würdest du mich einmal *küssen* wollen?"

„Willst *du* das, Diana?"

„Nein – du, Marcus!", erwiderte sie heftig, „*Du* – bitte denk an dich! Würdest *du* mich küssen wollen?"

Die Zeit schien fast stillzustehen, und doch war alles in fliegender Bewegung, vielleicht der Raum...

„Ja. Ja, das würde ich..."

„Sehr?", fragte sie innerlich vor Aufregung zitternd. „Würdest du es sehr wollen?"

„Ja. Ich würde es sehr wollen."

„Und...", fragte sie zitternd, mit der Angst, eine Frage zuviel könnte alles wieder zerstören, „würde ... Marcus ... würde es dir auch viel *bedeuten*...?"

„Bedeuten? Meinst du –"

„Nein!", rief sie flehend, „bitte nicht reden, Marcus! Bitte – bitte nicht denken! Bitte *fühl* es einfach! Würde es dir auch viel bedeuten, Marcus?"

Es trieb alles wie in einem Wirbel auf diesen einen Punkt zu, und nun blieb die Zeit wirklich fast stehen, und es wirbelte nur noch alles darumherum...

„Ja", erwiderte der Junge, „es würde mir viel bedeuten..."

Seine Antwort setzte die Zeit wieder in Bewegung, und auch die in ihr strömende Erregung, die vor seiner Antwort gestockt hatte, strömte weiter, wollte weiter...

Unbeholfen, fast wie ein tolpatschiges Kind, stand sie auf und fühlte sich doch gleichzeitig wie in Watte gehüllt.

„Dann komm...", hörte sie sich fast wie von außen sagen, und es war fast wie ein Hauch, wie wenn auch ihre Stimme in Watte gehüllt war, „komm ... auf deinem Bett, ja...?"

Sie sah, wie auch er aufstand. Sie selbst fühlte sich wie benommen. Als hätte sich die Luft in ein schweres Etwas verwandelt, aber sie wollte gar nicht die normale Luft, es war zugleich so wunderschön...

„Aber ich weiß nicht, ob –"

„Nein, Marcus", unterbrach sie ihn wieder bittend. „Nicht reden! Bitte nicht mehr reden! Tu mit mir einfach das, was dir viel bedeutet..."

Sie hatte sich auf das Bett gesetzt und wollte eigentlich so mit ihm sitzen, wenn es geschehen würde, aber etwas in ihr fasste noch mehr Mut, und sie fühlte sich rückwärts weiter auf das Bett kriechen, und dann legte sie sich hin ... auf den Rücken ... wehrlos ... und die Luft war noch immer etwas Schweres, Wunderschönes...

Und sie sah das Gesicht des Jungen, und auch er war unsicher, und seine Unsicherheit wurde zu *ihrer* Sicherheit, und inmitten allen innerlichen Zitterns flüsterte sie, die Arme sanft nach ihm ausstreckend:

„Komm..."

Und er drückte seine Lippen auf die ihren, und es war ihr erster Kuss ... und sie spürte, dass er es nicht konnte, und ihr Herz wusste, wie es sein musste, und sie hauchte:

„Sanfter, Marcus... Du musst es wollen... Es muss dir ... es muss dir etwas *bedeuten*..."

Und sie spürte, dass er es *lernte*. Und sie spürte, wie sich sein Körper langsam etwas entspannte. Und sie spürte auch, wie *sie* es lernte. Und auch sie gab sich immer noch mehr hin...

Und sie spürte, wie seine Lippen heftiger wurden. Da erschrak sie und bat von neuem:

„Sanfter, Marcus... Bitte sanfter...! Bitte bleib so – es war so schön!"

Und noch zwei, drei Mal bat sie etwas, und er folgte ihr, und inmitten seiner und ihrer Unsicherheit entfaltete sich eine unvorstellbare Harmonie, ein Meer von Zärtlichkeit.

Und irgendwann fühlte sie seine Hand, die nicht zu dem Arm gehörte, in dem sie jetzt lag, auf ihrem Körper. Und auch hier wehrte sie sich nicht, sondern wollte es selbst auch. Und wieder bat sie nur um mehr Zärtlichkeit, und seine Hand *fand* diese, und die selige Erregung wuchs...

„Diana...", hörte sie schließlich seine Stimme, und auch sie schien dasselbe schwere Etwas zu atmen, das sie gleichzeitig *zärtlich* zu machen schien, auch seine Stimme, „darf ich dein Kleid öffnen... Ich möchte *dich* streicheln..."

„Ja...", hauchte sie.

Sie spürte, wie er ihr Kleid auszog.

„Sanfter, Marcus!", bat sie mit vibrierender Sehnsucht in ihrem Körper. „Alles, alles *sanfter*. Aber du machst es so wunderschön..."

„Wirklich?"

„Ja...! Mach weiter ... hör nicht auf..."

Sie half ihm mit ihrem Kleid. Dann gab sie sich wieder hin.

Und er fragte nach ihrem Hemd. Und auch das bejahte sie.

Und sie fühlte seine Hände auf ihrer Haut. Und sie half ihm auch damit – und gab sich wieder hin, und die Seligkeit ihres Leibes schien aufzuschäumen wie eine zarte Gischt, die in allen Farben des Regenbogens in den Himmel versprühte...

„Woher kannst du das?", hauchte sie in heiligster Verwunderung zwischen zwei Atemzügen, die die süße Schwere goldflüssigen Honigs hatten.

„Du kannst es, Diana... *Du* bist so unglaublich schön..."

„Du...", bat sie innig, „du musst dich auch ausziehen..."

„Ja..."

„Und wir gehen unter deine Decke..."

„Ja..."

Er zog sein Hemd und Unterhemd aus, während sie sich aufrichtete und die Bettdecke zur Seite schlug und sich darunter verbarg. Er zog auch seine Hose aus, und sie erschrak davon. Aber als er es sah und unsicher fragte, beruhigte sich ihre Seele, und sie erwiderte zärtlich:

„Nein ... komm...“

Und ein Junge und ein Mädchen entdeckten das unendliche Reich der Zärtlichkeit, und ihre reine Sehnsucht wuchs in dieses Reich hinein, und wie eine ungeheure Woge überrollte sie, die Sehnsucht, alle Scham, wollte schließlich nichts Trennendes mehr zwischen sich und dem anderen haben, und in seligem Taumel entdeckten sie das Mysterium der liebenden Vereinigung...

*

Als sie schließlich in seinen Armen lag, rieselte die normale Welt allmählich wie feinste Schneeflocken auf sie nieder.

Noch einmal entfuhr ihrem Mund ein leiser, seliger Seufzer, wie wenn ihr Körper die letzte Beseligung, die zugleich auch selige Erschöpfung war, wieder entlassen musste – und doch blieb noch immer so unendlich viel davon übrig...

„Was hab ich gemacht...“, seufzte sie selig, in seinen Augen ertrinkend.

„Du wolltest“, erwiderte der Junge, „dass ich dich küsse...“

„Ja...“, hauchte sie. „Und *das* ist daraus geworden?“

„Ja.“

„Fandest du es schön, Marcus?“

„Ja. Es war unendlich schön.“

„Ja, das war es. Es war so unbeschreiblich schön! Unbeschreiblich. Ich wusste nicht, dass es *so* schön ist...“

„Es lag nur an dir, Diana. *Ich* kannte es *überhaupt* nicht.“

„Wir wollen nicht mehr sprechen, Marcus. Es soll so ... so heilig bleiben, wie es gerade ist...“

Der Junge schwieg.

Sie schwieg. Sah in seine Augen. Die Beseligung wurde leise eine Erinnerung, verglomm langsam wie ein heiliger Sonnenuntergang...

Plötzlich bekam sie einen unbeschreiblichen Schreck.

„Marcus! Was ist jetzt? Ich meine – – ich hätte doch ein Baby kriegen können! Ich könnte doch – was machen wir denn jetzt?"

Sie spürte, wie eine Art Panik in ihr aufstieg.

„Du kannst die ‚Pille danach' nehmen."

„Die ‚Pille danach'? Und – und dann passiert nichts? Wo gibt es das?"

„In der Apotheke."

„Aber – aber ich hab doch kein Rezept! Und wenn jetzt meine Eltern davon erfahren! O Gott, sie reißen mir den Kopf ab!"

„Sie ist rezeptfrei. Du kannst sie einfach bekommen."

„Einfach so...?"

Ihre furchtsame Sorge legte sich nur langsam.

„Woher weißt du das alles?", fragte sie dann verwundert.

„Das ist Allgemeinbildung."

„Ja? Warum weiß ich so was dann nicht?", fragte sie beschämt.

„Weil du etwas Besonderes bist."

Berührt sah sie ihn an.

„Etwas besonders Dummes vielleicht?"

„Nein."

Er streichelte zärtlich ihre Wange. Er tat es mit dem Rücken seiner Finger – und sie fand dies besonders zärtlich und war wieder unbeschreiblich berührt.

„Marcus ... wie kannst du das? Ich meine – du hast gesagt, du kannst nicht fühlen. Und auf einmal bist du *so* unglaublich zärtlich... Wie machst du das?"

„Du hast es gemacht. Ich weiß nicht, was du mit mir gemacht hast. Ich habe gar nichts gemacht. Wirklich gar nichts..."

„Das kann nicht sein!", widersprach sie innig. „Du *musst* etwas gemacht haben. Du bist doch jetzt anders. *Du* bist anders, nicht ich..."

„Durch dich, Diana. Und ... und nur für dich. Bei dir..."

„Bei mir? Nur bei mir?"

„Ja – ich denke schon. Ja, es ist so. Nur bei dir."

„Woher weißt du das?"

„Ich fühle es. Außer dir hat sich nichts verändert."

„Das ... kannst du einfach so feststellen?"

„Ja."

„Und wie konnte es sich dann bei mir verändern?"

Der Junge dachte nach.

„Ich vermute", sagte er schließlich, „meine Betroffenheit über deine Verletzung hat in mir wirklich etwas ausgelöst. Ich denke – ich denke ... seitdem hast du mir etwas bedeutet."

„Marcus..."

„Ja?"

„Wenn du ... wenn du so sachlich redest, macht mir das noch immer Angst... Ich meine ... jetzt auf einmal macht es mir Angst, weil auch *du* mir jetzt etwas bedeutest. Ich ... also ... ich fühle mich dann immer so einsam ... plötzlich wieder fast allein, obwohl du da bist. Aber ... aber *du*, Marcus ... du bist ... bist nur da, wenn du fühlst..."

„Du meinst, du hast nur das Gefühl, dass ich da bin, wenn ich fühle?"

„Ja – wirklich da."

„Und – wer ist sonst da?"

„Ich weiß es nicht", erwiderte sie leise verzweifelt. „Ich weiß nicht, wer sonst da ist. Der Junge von vorher – ein Junge, der nicht fühlen kann. Es ist furchtbar, Marcus! Es ist ... es ist ... wie wenn man ... friert!"

„Wie wenn man friert?", fragte er entgeistert.

„Ja!", erwiderte sie fast bittend. „Da *ist* dann nichts. Man sieht einen Menschen, aber man fragt sich, wo er ist. Er denkt, also ist da ein Kopf. Aber wo ist der Rest? Der Rest scheint auch da zu sein – aber er ist es nicht! Ich fühle *dich* nur, Marcus, wenn du *auch* fühlst..."

„Du fühlst mich nur", wiederholte er nachdenklich, „wenn ich auch fühle..."

Er sah sie an.

„Das heißt, das personale Erlebnis knüpft sich bei dir an die Wahrnehmung von Gefühlen der anderen Person."

„Marcus...", sagte sie flehend. „Bitte...! Ich halte es fast nicht aus, dich so sprechen zu hören. Ich fürchte mich wirklich. Ich ... ich friere innerlich. Ich weiß nicht, wie ich es sagen soll...! Aber ich kann es nicht aushalten..."

„Du kannst es nicht aushalten? Und – vorgestern? Da hast du es doch aushalten können. Was ist jetzt passiert?"

Sie sah den Jungen an, als wenn allein ihr Blick die Antwort geben könnte.

„Verstehst du es denn nicht? Wir haben uns geküsst! Wir haben ... wir haben uns geliebt! Das ist...", schloss sie hilflos, „das ist passiert."

„Heißt das ... dein Bedürfnis danach, Gefühle von mir wahrzunehmen, ist dadurch ... na ja ... fortwährend in voller Stärke anwesend?"

„Ja!", sagte sie verzweifelt. „Es ist fortwährend in voller Stärke anwesend." Am liebsten hätte sie geweint, aber ihr ganzer Körper war noch zu glücklich. „Warum kannst du nur alles immer so genau ausdrücken – aber du musst es auch fühlen, Marcus! Was das heißt!"

„Fühlen, was das heißt?"

„Ja – es – es ist doch nicht nur eine *Beschreibung*! Es ist doch nicht nur eine Tatsache, die man beschreiben kann, es ist die Wirklichkeit! Mein Bedürfnis ist da! Hier drin ist es!", sie legte ihre Hand auf ihre Herzgegend und schämte sich nicht ihrer noch immer nackten Brust, denn sie war eingehüllt von Liebe, Vertrauen und Hoffnung. „Da ist es drin! Mein Bedürfnis – dass ich auch *dein* Fühlen fühlen kann. Weil ich dann spüre, dass du wirklich *da* bist! Und weil ich das *möchte*! Ja ... weil ich das möchte...", wiederholte sie leise. „Dass du wirklich da bist. Und dass ich das spüren kann..."

„Man ist erst wirklich da, wenn man fühlt?"
„Ja!", antwortete sie innig. „Bitte glaub es mir doch, Marcus!"
„Ja, ich glaube es dir ja. Trotzdem ist es mir so fremd. Ich muss das erst verstehen..."
„Ja, verstehen – aber auch fühlen, Marcus! Du könntest es auch fühlen!"
„Fühlen...?"
„Ja!"
„Dass ich erst wirklich da bin, wenn ich fühle?"
„Ja!"
„Und wer ist dann dieses ‚ich'?"
„Das bist du!"
„Diana – bitte verzeih mir ... oder versteh mich. Ich – ich will nicht, dass du Angst hast. Oder dass du ‚frierst'. Ich – ich muss es nur trotzdem verstehen. Ich ... kann es sonst nicht."
„Ja, Marcus", sagte sie hilflos. „Ich ... ich bin schon froh, wenn ich spüre, dass du dir Mühe gibst. Dann ... bin ich schon unglaublich froh..."
„Weil du dann weniger Angst hast?"
„Weil ich dann *keine* Angst mehr habe. Und weil du mir jetzt etwas bedeutest..."

„Diana – es tut mir leid ... ich gebe mir Mühe. Aber – dieses ‚ich', ich muss es verstehen. Du sagst, man ist erst wirklich da, wenn man fühlt. Ist das so – oder nimmt man sich dann nur als daseiend wahr?"

Noch immer verzweifelt sah sie ihn an. Aber sie spürte, dass er sich Mühe gab, und das beruhigte sie. Auch sie wollte ihm ja helfen, wollte sich selbst auch Mühe geben, für ihn...

„Ist das nicht egal, Marcus?", fragte sie leise, auch etwas beschämt. „Ich verstehe diese ganzen kleinen, winzigen Unterschiede nicht. Ist es nicht egal, ob es so oder so ist?"

„Nun ja, wenn meine ganze bisherige Welt aus dem Denken bestand, und du behauptest, dann wäre man noch gar nicht da, macht es schon einen nicht winzigen Unterschied."

„Du bist auch vorher dagewesen, Marcus, aber noch nicht *ganz*! Das, was man – nein, *den*, den man lieben kann, der ist erst da, wenn er auch fühlen kann. Und wenn er es auch wirklich tut..."

„Aber kann die Liebe sich nicht auf alles richten?"

„Das kann sie vielleicht, aber man will doch einen *Menschen* lieben." Sie erschrak von ihren eigenen Worten. „Tut mir leid, Marcus...", stammelte sie, „aber ... ich finde es ja selbst schlimm... Ich will ja selbst nicht, dass ich das Gefühl habe, ich habe nur einen Kopf vor mir. Aber das habe ich leider, wenn – also wenn ... du immer nur denkst... Und nicht auch fühlst..."

„Und...", fragte Marcus zögernd, „es ist für dich keine Entscheidungsfrage, wann du einen ‚Menschen' vor dir hast?"

„Nein", antwortete sie leise. „Es ist eine Frage des Fühlens. Ich kann es nicht beeinflussen. Wenn ich fühle, dass du fühlst, fühle ich einen *Menschen*. Wenn ich fühle, dass du nicht fühlst, fühle ich nur einen halben Menschen – also viel zu wenig..."

„Und doch bist du diesem halben Menschen bis zu seiner Wohnung gefolgt und – –"

Bestürzt stand sie vor ihrem eigenen Rätsel.

„Ja, aber ich wollte ... es hat mich betroffen gemacht."

„Obwohl du mich nicht kanntest, konntest du es nicht aushalten?"

„Ja, du tatest mir irgendwie leid...“
„Ich tat dir leid?“
„Ja, ich weiß nicht, wie ich es sagen soll.“
„Du wolltest mich aus meiner eigenen Halbheit erlösen?“
„Ja. Ja, das wollte ich.“
„Und warum... Ich meine – warum war ich dir nicht egal, wie unzählige andere Menschen auch?“
Sie sah ihn aufrichtig an.
„In Wirklichkeit“, sagte sie leise, „sind mir ja auch die anderen Menschen nicht egal. Ich wünsche mir so sehr ... dass alle Menschen sich verstehen könnten. Aber bei dir spürte ich eben ... dass ... mir etwas leid zu tun begann. Es ist gar nicht das richtige Wort. Ich habe nicht einmal darüber nachgedacht. Ich habe nur gespürt, dass *du* nichts spürst. Und das ... tat irgendwie sehr weh...“
„Es tat weh?“
„Ja... Ich weiß nicht, wie ich sagen soll. Es war, wie wenn fast mir selbst etwas fehlte... Dass ... dass *du* nicht fühlen konntest, hat sich fast so angefühlt, wie wenn ... in mir auch eine Lücke wäre. Das hört sich verrückt an. Aber ... aber ich ... konnte es nicht so lassen...“

„Es gibt“, sagte der Junge nun, „in der Psychologie etwas, das nennt sich ‚Helfersyndrom‘. Du musst aufpassen, dass du dich nicht für *alles* verantwortlich fühlst.“
„‚Helfersyndrom‘?“, erwiderte sie unsicher und auch mit einem leisen Stich im Inneren, weil ihr das, was sie gerade gesagt hatte, sehr heilig gewesen war. „Das klingt nach einer Krankheit...“
„Ist es im Prinzip auch. Man fühlt sich für alles verantwortlich, alles Leid der Welt sozusagen, in Wirklichkeit sucht man aber unbewusst überall die Anerkennung, die man als Kind oder generell nie erfahren hat. Es ist eine Schwäche der Persönlichkeit.“
Sie war entsetzt und erschauerte innerlich.

„Denkst du", stammelte sie, „denkst du das jetzt...?"

„Nein –", erwiderte er zögernd, „aber ich musste daran denken. Es erinnerte mich daran. Ich weiß ja nicht, wie es bei dir ist..."

„Du denkst...", stammelte sie noch immer, „ich würde ... vielleicht ... nach Anerkennung suchen?"

„Nach Liebe, nach irgendetwas in dieser Art. Es bedeutet auch eine Art Harmoniesucht, wenn man es nicht geschafft hat, eine eigenständige Persönlichkeit zu entwickeln."

„Von mir ... glaubst du das?", fragte sie erstickt.

„Nein, Diana, hör doch, es hat Ähnlichkeiten."

Sie spürte, wie sie keine Worte mehr hervorbringen konnte. Wie ihre Augen sich mit Tränen füllten – sie konnte nichts dagegen tun.

„Diana...!"

Sie musste die Augen zusammenpressen, um den Schmerz auszuhalten. Die Tränen aus ihren Augen rollten ihre Wange hinunter...

„Diana..."

Heftig schüttelte sie den Kopf.

„Ich will mich anziehen...", brachte sie hervor.

„Diana..."

Umhüllt von Schmerz suchte sie ihr Hemd und fand es und streifte es sich über.

„Diana – warte doch bitte..."

Sie fühlte seine Hand an ihrem Arm und erstarrte, blieb reglos sitzen, mit dem Rücken zu ihm, konnte ihn nicht ansehen...

„Diana. Was habe ich denn gemacht? Siehst du... Deswegen waren mir die Gefühle mein Leben lang viel zu anstrengend. Man leidet doch nur... Man quält sich gegenseitig und leidet gegenseitig..."

Sie musste hell aufschluchzen. Heiße Tränen rannen hinter den ersten hinterher, und sie musste den Kopf in ihre Hände bergen...

„Diana..."

Sie konnte nur den Kopf schütteln. Sie konnte nicht aufhören zu schluchzen.

Sie hoffte so sehr auf seine Hand, seinen Arm – aber seine Berührung kam nicht. So dauerte ihr Leid eine halbe Ewigkeit, und zugleich wusste sie nicht, was *er* tat und fühlte...

Schließlich, als die Tränen versiegten, sagte sie leidvoll, noch immer, ohne sich umzudrehen:

„Tut mir leid..."

Darin lag alles – dass sie so weinen musste, dass sie ihm nicht helfen konnte, dass sie so verletzt war, dass sie ihre eigene Hoffnung verlor...

„Es...", hörte sie ihn hinter sich stammeln, „tut dir leid? Was tut dir leid? Bitte dreh dich doch wieder um, Diana. Ich – ich kann dich nicht weinen sehen..."

Noch einmal musste sie aufschluchzen und drehte sich zu ihm um.

„Wenn ich –", schluchzte sie, „mich umdrehe, dann *siehst* du mich doch gerade weinen!"

Sie schämte sich ihrer Tränen nicht und sah ihn an, hilflos...

Als ihr Tränenschleier sich für Momente ein wenig teilte, sah sie auch seine Augen glänzen. Auch *er* weinte!?

Einen Augenblick lang sah sie sein Gesicht wie erstarrt an. Dann fragte sie stammelnd:

„W-Weinst du etwa auch...?"

„Nicht richtig", hörte sie auch seine leidvolle Stimme. „Aber meine Augen sind plötzlich nass..."

„Und warum?"

„Weil mich das rührt... Dich so zu sehen... Ich würde dich dann am liebsten trösten. Aber wieder war ich gerade der Grund..."

„Manchmal...", sagte sie leise, „wünscht man sich auch, dass gerade der Grund einen wieder tröstet..."

„Aber man wagt es ja nicht, weil man sich schämt."

„Ja..."

„Und dann?"

„Und dann muss man wieder versuchen, sich neu zu verstehen...", sagte sie mit Schmerz und Sehnsucht.

„Und dann ist alles wieder gut?"

„Ja, weil ein Schmerz heilt..."

„Aber es bleiben Narben."

„Ja, manchmal."

„Manchmal?"

„Von gestern blieb keine Narbe..."

„Und wie ist das möglich?"

„Durch Liebe."

„Und jetzt?"

„Jetzt denkst du von mir, dass ... dass meine Liebe gerade eine Krankheit wäre..."

Der Junge verstummte.

„Du hast Recht. Irgendetwas stimmt da nicht. Oder ich wurde gerade von einer Kranken geheilt."

Sie musste gegen ihren Willen einmal hilflos auflachen.

Dann sagte sie sehr leise:

„Es tat vorhin sehr weh... Als du das sagtest, wo ich kurz vorher etwas gesagt hatte, was ... was mir sehr viel bedeutete..."

„Das mit der Lücke?"

Es berührte sie, dass er sich an alles immer so gut erinnerte.

„Ja..."

„Ich wollte dich nicht verletzen, Diana. Aber ich wollte ... dich auch nicht anlügen."

Wieder war sie gerührt. Allmählich verstand sie...

„Ja...", sagte sie leidvoll. „Danke, Marcus. Du kannst ja dein Denken auch nicht einfach ändern..."

„Du weißt ja, dass für mich selbst eine Krankheit nur eine Tatsache wäre. Und ich sagte nur, es hat Ähnlichkeiten. Aber selbst wenn es so wäre – dann hätte nur eine Krankheit die andere geheilt, oder würde es fortwährend auf zauberhafte Weise versuchen."

Sie lachte noch einmal hilflos. Es war nur ein schwacher Trost.

„Aber", fuhr er fort. „Das, was du über die Lücke gesagt hast, hat dir viel bedeutet?"

„Ja."

„Warum? Ich meine – kannst du es erklären? Ich möchte es einfach alles immer besser verstehen. Dich. Und auch das, was dir wichtig ist. Ich ... ich tue mein Bestes, Diana."

Seine lieben Worte waren wie Balsam für ihre wunde Seele – und nun spürte sie sein liebes Inneres auch wieder...

„Es...", sagte sie dankbar, „es hat mir viel bedeutet, weil ... weil ich ... weil ich da eigentlich so schutzlos war wie vorgestern... Konntest du ... das nicht fühlen, Marcus?"

„Diana... Ich bin so ein versagender Anfänger, der dir gesagt hat, er kann es sowieso nicht lernen. Ich weiß nicht, was ich tun soll. Ich versuche ja, zu lernen, aber – es ist wie eine fremde Sprache. Ich ... ich schaffe es nicht an einem Tag..."

„Aber du *hast* so viel an einem Tag geschafft...", widersprach sie zärtlich.

„Ja", erwiderte er. „So, wie man an einem Tag lernen kann zu sagen: ,ich liebe dich'. Aber das ist noch nicht die *Sprache*..."

Sie spürte, wie sie errötete...

„Es *war* die Sprache", sagte sie leise. „Es war die schönste Sprache der Welt. Und *du* konntest sie sprechen... Und der Rest ... kommt noch, ich ... ich kann es dir beibringen. Wenn ... du willst."

„Ja, ich will, Diana."

Erschüttert bemerkte sie, dass es dieselben Worte waren, die man bei einer Hochzeit sprach. In einer heiligen Verlegenheit verstummte sie.

Dann besann sie sich wieder auf die Sätze, die ihr so wichtig gewesen waren.

„Dass ich da so schutzlos war...", begann sie, den Faden wieder aufzunehmen, „lag daran, dass ich ... im Grunde damit auch wieder nur gesagt habe, wieviel mir das bedeutet hat. Diese Lücke. Dass *du* nicht fühlen konntest, als Lücke in mir *selbst* empfunden. Kannst du das nicht verstehen? Du warst mir so wichtig, dass ich sogar – – du weißt, was ich gemacht habe..."

„Ja, Diana... Jetzt kann ich es, glaube ich, verstehen. Du hast gesagt, du konntest es nicht so lassen. Ich konnte es auch nicht so lassen..."

Verwundert sah sie ihn an. Dann verstand sie.

„Ja – du konntest es auch nicht so lassen. Da hast du endlich gefühlt..."

„Das heißt", sagte der Junge nun, „ich habe deinen Schmerz auch als Lücke in *mir* gefühlt..."

„Als Schmerz auch in dir...", verbesserte sie.

„Aber es fühlte sich tatsächlich wie eine Lücke an."

Sie dachte darüber nach.

„Die Lücke war dann dein Gefühl, etwas tun zu müssen. Es wiedergutmachen zu müssen."

„Ja – das stimmt!"

Sie schwieg in stillem Frieden.

„Du bist", sagte der Junge nun, „eigentlich extrem intelligent."

Nun schwieg sie verlegen...

„Aber", ergänzte er, „wie ich schon sagte, *emotionale* Intelligenz. Und jetzt studiere ich bei dir..."

„Marcus!", rief sie auf einmal aufgeregt. „Die ‚Pille danach'
– wann muss man sie nehmen? O Gott, ist es schon zu spät?"
„Nein", beruhigte er sie. „Das kann gar nicht sein. Beruhige
dich, Diana. Wir gehen jetzt einfach zur Apotheke."
„Ja, gut. Es ist also noch nicht zu spät..."
„Nein – es ist auch nach ein paar Stunden nicht zu spät.
Wahrscheinlich kann man sie sogar innerhalb von vierund-
zwanzig Stunden nehmen, vielleicht sogar noch mehr."
„Und das ist alles Allgemeinbildung", murmelte sie.
Sie sah ihn an. Und auf einmal stieg erneut diese wunder-
schöne Sehnsucht nach seinen Lippen auf, nach seinen Hän-
den auf ihrer Haut...
„Marcus... Wenn wir noch Zeit haben... Bitte... Dann komm
bitte noch einmal..."

*

Als sie an diesem Abend in ihrem eigenen Bett lag, musste
sie eine ganze Welt von Eindrücken bewältigen.

Sie war mit Marcus bei der Apotheke gewesen, und er hatte
für sie nach der ‚Pille danach' gefragt, und sie hatten sie bekommen, und es war alles ganz einfach gewesen – und sie
war unendlich erleichtert gewesen.
Dann hatte sie sich von ihm verabschiedet und sich für Sonntag wieder mit ihm verabredet. Von dem Spaziergang am
nächsten Tag hatte sie ihm nichts gesagt, und damit begann
schon die erste Lüge. Eigentlich war es keine Lüge, aber eine
Unwahrheit, ein Verschweigen der Wahrheit. Aber sie wollte
dieses zarte Band, was zwischen ihnen entstanden war, nicht
wieder gefährden. Vielleicht hätte er gesagt, es sei nur eine
Tatsache, aber sie konnte sich nicht vorstellen, dass er nicht
eifersüchtig geworden wäre. Mochte er dieses Gefühl bisher
auch nicht kennen, so war doch alles verändert, seitdem er
bei *ihr* fühlen gelernt hatte. Er liebte sie offenbar auch, also

wäre er auch eifersüchtig. Er würde es nicht verstehen können, dass sie mit einem anderen Jungen spazieren ging. Und dass dieser andere Junge sie auch liebte. Deshalb hatte sie nichts gesagt.

Sie würde irgendwann etwas sagen müssen. Aber zuerst musste sie mit ihm, mit Boris, spazieren gehen. Erst dann würde sie wissen, *wie* sie alles sagen konnte.

Und Boris? Er liebte sie doch auch! Beschämt dachte sie daran, dass er noch am Dienstag der einzige Junge in ihrem Leben gewesen war, dass auch er sie berührt hatte – und dass sie sich auf den Spaziergang mit ihm wirklich gefreut hatte. Die Begegnung mit Marcus, dem Jungen im Supermarkt, dessen Namen sie zuerst nicht einmal kannte, hatte sie dann so aus der Bahn geworfen, dass sie an Boris kaum gedacht hatte, dass sie ihn vertröstet hatte, auf Samstag, und nun war sie schon *vor* dem Spaziergang mit ihm mit einem anderen Jungen quasi zusammen, hatte schon mit ihm geschlafen!

Jetzt erst wurde ihr die Ungerechtigkeit daran bewusst. Dieser Junge, Boris, hatte sich *zuerst* in sie verliebt, ja, sogar als einziger – und dabei wäre es geblieben, hätte sie nicht am Mittwoch jenen ‚Zusammenstoß' mit Marcus gehabt, der sie zuerst im Grunde nur verwirrt hatte. Sie war ihm nur nachgelaufen, weil sie ihn nicht verstanden hatte; weil sie noch etwas mehr über die ‚emotionale Intelligenz' wissen wollte. Und daraus war dann etwas geworden, was man überhaupt niemandem erzählen durfte, weil es sowieso keiner glauben würde. Und wenn man es glaubte, würde man sie für das naivste Mädchen der Welt halten. Und hatte nicht sogar Marcus sie für krank gehalten? Sie hatten dieses Problem nicht mehr zu Ende aufgelöst.

Zum ersten Mal seit mehreren Tagen betrachtete sie sich wieder von außen.

‚Na – wie ich sehe, hast du dich mit deinem Spiegelbild ja ganz schön angefreundet. Scheint dir ja auf einmal sehr zu gefallen. Und wen wundert's? Was du da mit dem Jungen alles gemacht hast, unter der Decke – was Schöneres hast du ja noch nie gehabt...'

Sie spürte, dass sie aus ihrem Leib überhaupt nicht mehr ganz herauskam. Es war nicht so wie früher. Sie klagte ihr Spiegelbild an, aber war es doch selbst. Sie war von ihm nicht mehr getrennt. Sie war ihm nicht mehr fremd genug. Seit sie mit Marcus geschlafen hatte, fühlte sie sich ... zu wohl in ihrem Körper. Wie ... beheimatet. Wieso sollte man auch heraus, wenn es *darin* so schön war?

Sie versuchte es dennoch ein zweites Mal.

Wer ist dieses Mädchen? Sie sieht sich in der ersten Szene, im Hemd auf dem Bett, dann ohne Hemd. Sie sieht sich weglaufen. Sie weiß jetzt, dass sie den Jungen schon damals liebte, auch wenn sie es da noch nicht wusste. Es war nicht die gleiche Liebe wie jetzt – aber es war auch da schon Liebe. Jetzt verstand sie auch, warum. Sie hätte dasselbe nicht für jeden Menschen getan, der wie er nur das Denken mit dem Kopf kannte. Sie hatte es für *ihn* getan. Sie hatte sich nicht unbedingt in sein Äußeres verliebt. Aber sie hatte sich verliebt. In was auch immer – denn das Fühlen war ja nicht dagewesen. Konnte man vielleicht sehen, was fehlte? Nicht nur, dass etwas fehlte, sondern auch was? Nicht bloß ein Fühlen, sondern ein ganz bestimmtes Fühlen? Hatte sie gespürt, was in ihm da sein *könnte*, wenn er es finden würde? Hatte etwas in ihr geahnt, wie unendlich zärtlich er sein könnte, wenn sie es ihm beibrachte? Aber sie hatte ja selbst kaum geahnt, wie zärtlich das Sich-Lieben überhaupt sein konnte – obwohl sie davon geträumt hatte. Aber das waren Träume gewesen...

Es war ihr ein Rätsel, ein tiefes Rätsel, wie sie sich verliebt hatte – und in was, und eigentlich auch noch immer, wann...

Es war ein Prozess gewesen, ein langsam wachsendes Sich-Verlieben. Hätte sie das irgendwann anhalten können? Aufhalten? Beenden? Stoppen? Oder wäre es weitergegangen, egal, was sie getan hätte? Nein. Es wäre sogar dann nicht weitergegangen, wenn er manchmal anders reagiert hätte. Er hatte sie einmal zutiefst verletzt. Aber vielleicht hatte gerade das ihre Liebe vertieft. Das und sein Brief. Oder sein Brief und dadurch auch das andere, die Verletzung vorher. Sie konnte es nicht sagen. Oder wurde man nur verletzt, weil man schon unendlich liebte? Und trotzdem hatte er so oft das Richtige getan. Immer wieder hatte er sich Mühe gegeben – und sie hatte es *gespürt*, wieviel Mühe er sich immer wieder gegeben hatte. Ohne das hätten sie sich niemals geliebt, niemals geküsst – oder doch?

Nein, jetzt spürte sie es ganz genau. Ihre allergrößte Hoffnung war es gewesen, dass er sie hatte küssen wollen – und genau das wollte er, und es hatte ihm sehr viel bedeutet. Und nur deshalb war dann auch alles andere so wunderschön geworden. Und weil er wirklich so unglaublich zärtlich sein konnte. Sie verstand es noch immer nicht...

Es war seltsam. Sie hatte ihn mit ihrem Kuss heilen wollen. Aber um ihn küssen zu können, musste er es bereits wollen. Im Grunde hatte sie verlangt, dass er sie liebte – oder dass er es zumindest liebte, sie zu küssen. Erst dann hatte sie es gekonnt. Aber dann konnte sie im Grunde kaum noch etwas tun, denn er konnte ja schon alles... Und doch hatte er auch *dann* noch so viel gelernt – sie wusste es doch...

Sie war schon wieder *in* ihrem Körper und nicht außerhalb. Sie schaffte es einfach nicht mehr.

Wer *war* dieses Mädchen, das behauptete, sein Spiegelbild sei ihm egal, das von niemandem wegen seiner blauen Augen und seinem Mund geliebt werden wollte – und sich dann aber vor einem Jungen, der nicht fühlen konnte, auszog und gerade von *ihm* geliebt werden wollte, mit allem, mit Augen, Mund und sogar allem anderen...? Mit Haut und Haaren. Seine Hand auf ihrer Haut. Nie hatte sie gewusst, dass es so wunderschön war... Von ihm. Nur von ihm. Von niemandem sonst...

Und dann war da der andere Junge, und der war ihr egal. Am Dienstag war sie von ihm noch gerührt – hatte entsetzt aufgeschrien, als er sich um ihretwillen geprügelt hatte, hatte sich auf den Spaziergang gefreut, eigentlich sehr gefreut, und nun? Nun war er dem undankbaren Spiegelbild plötzlich völlig egal. Wer war dieses Mädchen, das mit den Jungen umsprang wie mit Wegwerfartikeln?

Sie schämte sich auf einmal tief. Was sollte sie Boris morgen sagen? ‚Tut mir leid, es ging jetzt doch ein bisschen schnell, ich habe mich für einen anderen Jungen ausgezogen, und dann hat er mich verletzt, aber dann habe ich mich nur noch mehr in ihn verliebt, und dann haben wir uns beide ausgezogen und dann – –'

Sie schämte sich sogar für ihre eigenen *Gedanken*. Sie hatte diese Art von Sarkasmus, der lustig sein wollte, immer gehasst. Woher kam er nun auf einmal? Drängte er sich selbst auf, wenn man tief genug gesunken war? Dann willkommen, Abgrund!

Sie hasste sich noch mehr. Wie schäbig war sie eigentlich wirklich? Nicht genug, dass sie ihre Mutter belog, weil sie bereits mit einem Jungen ins Bett gegangen war, nur um danach schnell eine bequeme ‚Pille danach' zu kaufen – was sie nicht mal selbst hinbekommen hatte –, nein, sie würde den anderen Jungen, der sich *wirklich* in sie verliebt hatte, morgen sang- und klanglos sitzen lassen. Sie würde ihn über die Tatsachen aufklären und dann eine Entscheidung treffen, die sie längst getroffen hatte. Sie würde ihn stehenlassen und nichts fühlen. Und dann wieder mit Marcus ins Bett gehen?

O, wie sie sich hasste. Sich und ihre Gedanken, selbst diese erkannte sie nicht mehr als ihre eigenen wieder – aber das hatte sie auch verdient, denn was war überhaupt noch ihr Eigenes? Dass sie einen gefühllosen Jungen gerettet hatte? O ja – aber um welchen Preis? Um den Preis, dass sie gerade so nicht schwanger geworden war und jetzt ihre Eltern belog, die nach wie vor dachten, sie sei brave, liebe, unschuldige Jungfrau...

Auf einmal verstand etwas in ihr ihre Altersgenossen. Sie verstand, wie man so werden konnte – und sie hatte das Gefühl, selbst auch schon langsam so zu werden. Wie auf einer schiefen Ebene. Wenn man erst einmal rutschte, dann war es soweit, dann hörte man nicht mehr auf, bis man unten angekommen war, bei den anderen... Sie verurteilte sie gar nicht, und doch wollte etwas in ihr nicht so werden. Aber was konnte sie dann noch tun?
Sie musste sich daran erinnern, wer sie gewesen war!

Auf einmal sah sie vor sich wieder die Szene auf dem Bett, wie sie nur im Hemd und dann ohne Hemd auf dem Bett kniete. Und auf einmal *spürte* sie wieder alles, was sie da gespürt hatte...
Sie *war* kein schlechter Mensch. Alles, was sie getan hatte, hatte das *Gute* gewollt, und das fühlte sie jetzt wieder so stark, wie man es kaum beschreiben konnte. Sie wollte auch gegenüber Boris das Gute. Sie wusste noch nicht, was morgen geschehen würde, aber sie würde nicht gemein sein, sie würde nicht lügen, sie würde aufrichtig sein, und sie würde versuchen, eine Lösung zu finden. Sie würde sie selbst sein. Ihr Spiegelbild und auch jene Diana, die *hinter* dem Spiegelbild war.

Es war ein regnerischer Morgen, als sie nach dem Klingeln ihres Weckers kurz nach sechs Uhr aufstand.

Was nun? Sie hatte etwas wirr und schlecht geträumt, aber erinnerte sich an nichts. Mit leichten Kopfschmerzen ging sie ins Bad und putzte sich die Zähne. Danach zog sie sich an. Fortwährend überlegte sie, was nun geschehen sollte. Würde Boris auch schon mit schlechter Laune ankommen – weil sie ihn vertröstet hatte und jetzt schlechtes Wetter war? Das würde die Sache vereinfachen. Dann konnte sie ihm einen Teil der Schuld geben, und die ganze Geschichte wäre schon fast aus der Welt.

Dann aber schämte sie sich selbst ihrer schon wieder schäbigen Gedanken. Wie schlimm sie war! Aber was sollte sie tun? Sollten sie dann bei ihr im Zimmer bleiben? Oder trotzdem spazieren gehen, mit Schirm? Im Zimmer wäre es auch schön. Aber sie hatte sich auf den Spaziergang gefreut – und sie beschloss, sich vom Wetter nicht einschüchtern zu lassen. Zwei Schirme waren gerade so gut wie Sonnenschein...

Sie setzte sich an den einsamen Küchentisch, während ihre Eltern noch schliefen, und frühstückte ein Schoko-Müsli. Während sie gedankenverloren kaute, überlegte sie, ob sie die Wahrheit sofort sagen sollte oder dann, wenn es sich ergab. Das erstere hatte den Vorteil, dass man nicht das Gefühl hatte, die ganze Zeit die Wahrheit zu verheimlichen. Das zweite aber würde überhaupt erst einmal einen Spaziergang zulassen. Was wäre, wenn er ihn sonst sofort abbrechen wollte? Sie fühlte, wie er ein Recht auf diesen Spaziergang hatte, sogar gegen seinen ‚Willen'. Aber was wäre, wenn sie eine sehr schöne Zeit zusammen hätten und sie ihm *dann* eröffnen musste, dass sie bereits einen Freund hatte?

Sie kam zu keiner Lösung – auch nicht, als sie ihr Müsli aufgegessen hatte. Sie fragte sich, *ob* sie denn schon einen Freund hatte. Selbst das war nicht vollkommen klar – obwohl sie mit ihm geschlafen hatte, obwohl sie sich mit einem Jungen gestern geliebt hatte, zweimal fast...

Warum musste es so verdammt schwierig sein? Hatte sie gestern ihre Altersgenossen ein wenig verstanden, so verstand sie jetzt Marcus ein wenig – warum man vielleicht lieber nicht fühlen wollte... Diese komplizierte Situation war wie ein Blitz-Lehrgang für das Innenleben Anderer! Aber zugleich musste und wollte sie doch sie selbst bleiben. Wie machte man das? Wie blieb man man selbst, obwohl man gar nicht mehr diejenige war, die man noch vor wenigen Tagen gewesen war? Wer war sie und wer blieb sie?

Sie musste eine Entscheidung treffen. Die Wahrheit gleich – oder erst, wenn es besser möglich war? Aber was verstand man unter ‚besser'? Sie lächelte, als sie merkte, dass sie ein wenig auch die Art von Marcus übernommen hatte. Selbst dieser Lehrgang lief also... Dann war die Aussicht, man selbst zu bleiben, gleich Null. Aber ihr Fühlen wollte sie behalten. Sie musste. Ohne das war alles falsch.

Sie kehrte noch einmal zu der Szene auf seinem Bett zurück. Sie erstaunte innerlich, dass gerade in *diesem* Moment ihr tiefes Fühlen so deutlich war, dass sie es in dieser Erinnerung immer wieder lebendig finden konnte. Hieß das, dass sie hier so sehr sie selbst gewesen war wie sonst nie? Oder war es nur, weil dieses Selbst hier so stark auf die Probe gestellt worden war wie niemals sonst? Im Grunde war es ihr in diesem Moment egal, Hauptsache, sie verlor es nicht...

Sie entschied sich nach gründlicher Überlegung dazu, nicht gleich am Anfang alles zu erzählen. Sie würde es tun, wenn sie das Gefühl hätte, zu unwahrhaftig zu werden, wenn sie weiter schwieg. Aber zunächst war es ihr wichtiger, dass Boris einen schönen Spaziergang mit ihr bekam.

In der verbleibenden Viertelstunde machte sie sich ein paar Brote, und weil sie nicht wusste, wie vorausschauend Jungen, die zudem nie spazieren gingen, eigentlich waren, machte sie für Boris gleich ein paar mit. Dann verstaute sie alles in einem alten Lederrucksack, den sie vor vielen Jahren von ihrem Opa ‚geerbt' hatte, als dieser noch lebte, und an dem sie nach wie vor hing, weil er ihr ein treuer Begleiter auf ihren Wanderungen geworden war. Und als sie mit allen übrigen Kleinigkeiten fertig war, ging sie bereits fünf Minuten vor sieben vor die Tür, um auf Boris zu warten – damit ihre Eltern nicht durch das Klingeln geweckt wurden und noch weiterschlafen konnten.

*

„Hallo, Diana", begrüßte Boris sie, als er von der Bushaltestelle kam. „Wieso wartest du denn vor der Tür auf mich?"
„Damit meine Eltern noch schlafen können."
„Ach so...", erwiderte er. Dann fügte er hinzu: „Blöder Tag heute, oder?"
„Du meinst: blödes Wetter."
Sie musste an Marcus denken...
„O ja, natürlich – bitte entschuldige. Aber das Wetter ist wirklich blöd. Was machen wir jetzt?"
„Wir gehen natürlich trotzdem. Siehst du meinen Rucksack? Hast du auch was mit?"
Sie sah keinen Rucksack an ihm, er war nur mit einer Windjacke mit Kapuze gekommen.
„Nein."
„Typisch, Junge. Trägst du meinen Rucksack am Anfang?"
„Äh ... okay...", sagte Boris etwas gedehnt.
„Ich kann ihn natürlich auch selbst tragen. Nur wird man vielleicht Hunger haben, eventuell auch mal Durst. Insofern sollte man auf eine Wanderung schon einiges mitnehmen."
Ihr leiser Sarkasmus tat ihr selbst weh. Ein Teil von ihr erkannte sich auch jetzt nicht ganz wieder.
„Du sagtest ‚Spaziergang'...!"

„Ja?", fragte sie etwas beschämt. Dann fügte sie kleinlaut hinzu: „Aber meine Spaziergänge sind trotzdem immer etwas länger..."

„Gut, na klar trage ich deinen Rucksack."

Beschämt ging sie schweigend neben ihm zur Bushaltestelle.

„Tut mir leid, ich war etwas gemein...", murmelte sie schließlich leise.

„Ist schon gut", erwiderte Boris. „Du bist unglaublich lieb, Diana..."

Ihre Scham wuchs.

„Hast du eigentlich *keine* Regenjacke?", fragte Boris.

„Doch. Aber wenn es nicht zu stark regnet, gehe ich meistens lieber mit Schirm. In einer Regenjacke fühle ich mich immer so abgeschottet. Man spürt den Wind nicht mehr so. Und mit einer Kapuze hört man auch den Regen und alles andere nicht mehr so richtig..."

„Doch, der trommelt einem ganz schön auf den Kopf."

„Ja – auf den Schirm ja auch. Trotzdem ist es was anderes. Obwohl ich den Schirm in der Hand haben muss, fühle ich mich immer irgendwie frei... Alle anderen sind zuhause, oder hasten nach Hause – und ich bin draußen, allein mit dem Regen..."

„Und einem Jungen..."

„Ja", sagte sie befangen. „Und einem Jungen..."

Auf einer Busfahrt konnte sie eigentlich immer am wenigsten sagen. Sie hielt Boris mit ein paar Hinweisen über ihr Ziel, das Naherholungsgebiet, hin und erwähnte ein bisschen über ihre dortigen Wanderungen. Im übrigen aber verlief die Busfahrt selbst schweigsam, was das Regenwetter zum Glück auch unterstützte.

Als sie dann schließlich aussteigen konnten, atmete sie einmal tief ein, streckte die Arme aus und sagte glücklich:

„Wir sind da!"

Als Boris nichts sagte, fragte sie ihn:
„Du hast wohl noch nie so eine Wanderung gemacht, wie?"
„Nein, freiwillig nicht."
„Und sonst?"
„Na ja – Eltern, Klassenfahrten..."
„Aha."
Sie setzten sich in Bewegung.

„Was magst du am Wandern so?", fragte Boris.
„Es ist einfach herrlich."
Sie dachte an Marcus. Nun musste sie auch diesem Jungen hier etwas erklären, was im Grunde doch selbstverständlich war. Wie sollte man es überhaupt beschreiben?
„Ich verstehe nicht, was man daran *nicht* mögen kann. Genau, das ist doch mal eine gute Idee. Sag mir doch mal, was man daran nicht mögen kann..."
Ihr fiel noch immer auf, dass sich ihre Sprache veränderte. Es lag wahrscheinlich daran, dass sie jetzt mit diesem Jungen zusammen war. Etwas färbte immer unweigerlich auf einen ab... Vermutlich schämte man sich im voraus, wirklich in tiefem Sinne so zu sein, wie man im Innersten war, wenn der Andere so anders war. Aber bei Marcus hatte sie das nicht gehabt... Aber ihm hatte sie auch helfen müssen. Und diesem Jungen nicht? Sie nahm sich vor, noch mehr sie selbst zu sein... Sie nahm sich vor, auch einen inneren Schirm gegen das Abfärben aufzuspannen...
Boris hatte geantwortet, weil es langweilig sei.
„Langweilig?", erwiderte sie vorwurfsvoll. „Nein, langweilig ist es nur, wenn man es nicht kennt. Und wenn man verlernt hat, etwas *schön* zu finden, was schön ist."
Wieder musste sie an Marcus denken. Auch die anderen Menschen verlernten so viel... Und es war nicht Entscheidungssache, es war eine Tatsache, dass die Natur schön war. Und wenn sich die Menschen gegen sie entschieden, so war es eine *falsche* Entscheidung.

„Guck mal, Boris, die Natur... Wie kann man denn die Natur nicht schön finden? Ich meine, ihr verlernt es ja mit euren Handys, mit eurer Sprache, euren Gedanken – das habe ich dir doch schon gesagt. Aber das ist eben auch das ganze Problem! Und ihr gebt euch auch keine Mühe, es wieder zu lernen – das Verlorene wiederzufinden. Ihr sagt nur ‚langweilig', und damit ist es für euch langweilig. Aber ihr merkt gar nicht, dass ihr selbst eine Entscheidung getroffen habt...“
Immer wieder musste sie an Marcus denken, wie wenn sie gar nicht allein mit Boris hier war...

„Ja, Diana. Ich wollte ja auch wissen, was *du* am Wandern magst. Ich will dich doch kennenlernen – und ... vielleicht kann ich es von dir ja lernen...“
Wieder schwieg sie beschämt.
„Du ... willst es von mir lernen?“, fragte sie dann zögernd.
„Ja, wenn ich kann? Ich ... ich liebe dich wirklich, Diana. Und wenn ich kann ... will ich alles von dir lernen, was du auch liebst...“
Ihre Scham nahm zu. Sie hatte auf einmal ein trockenes Gefühl im Hals.
„Was ist, Diana...?“
„Nichts, ich –“, murmelte sie hilflos.
„Soll ich es lieber nicht sagen?“, fragte Boris mit einer Fürsorglichkeit, die als Scham so heiß in ihr weiterbrannte, dass sie am liebsten fortgelaufen wäre.
„Doch...“, sagte sie leise, bereit, sich lieber selbst zu quälen, als ihm einen Schmerz zu geben, indem sie seine lieben Worte zurückwies. Er liebte sie, und seine Liebes-Worte berührten sie auch. Mochte daraus werden, was wolle, er musste sie sagen dürfen...
„Also gut, ich“, sagte sie mit einem mutigen Sprung zu dem Thema davor, „versuche dir beizubringen, die Natur zu lieben, einverstanden?“
„Ja, bitte versuch es...“

Sie musste nachdenken, wie sie beginnen sollte. Sie musste ihre eigene Liebe zur Natur wiederfinden. Wieder sah sie vor sich die Szene, sie selbst auf dem Bett. Das war sie. Aber wo war da die Natur? Sie fühlte den Zusammenhang, aber es wirbelte alles umher, und fortwährend musste sie an Marcus denken – und an alles, was mit ihm zusammen geschehen war. Aber das wurde Boris nicht gerecht. Diesen Tag hatte sie *ihm* versprochen. Sie konzentrierte sich mit aller Kraft.

„Hab ich es dir nicht auch schon bei unserem ersten Gespräch versucht zu beschreiben, Boris? Egal, wo du hinschaust –"
Sie wollte die Arme ausbreiten, und weil der Schirm sie dabei störte, bemerkte sie, dass es fast nicht mehr regnete. Sie klappte den Schirm ein und steckte ihn in den Rucksack, wofür Boris kurz stehen blieb. Dann breitete sie mit einem tiefen Atemzug wirklich die Arme aus.
„Egal, wo du hinschaust, Boris, alles, was du hier siehst – und wenn du dich auf den Boden setzt und einen ganzen Tag lang beobachtest, auch all das, die winzigsten Tiere und Pflanzen, aber auch die größten, all das ist wunderschön und völlig unschuldig. Beides zugleich. Ich glaube, *deswegen* lieben die Menschen die Natur – wenn sie es noch fühlen –, und je mehr sie es fühlen, um so mehr lieben sie sie. Weil sie genau *das* spüren..."
„Na ja...", wandte Boris ein, „aber ich weiß nicht, ob so eine Spinne, die gerade eine Fliege gefangen hat und auffrisst, so schön oder so unschuldig ist."
Sie versuchte, sich über diesen Einwand nicht zu ärgern, sondern ihn zu verstehen. Und natürlich verstand sie ihn auch. Es war nur eine Entscheidungsfrage, darüber nicht das Eigentliche zu übersehen.

„Das gehört doch dazu, Boris. Genauso wie ... wie Klassenarbeiten zur Schule dazugehören. Warum seid ihr immer so schnell, etwas nicht schön zu finden? Merkt ihr gar nicht, wie euch der ganze Rest dann *auch* nicht interessiert? Oder von vornherein nicht? Die Spinne ist doch nur eine Ausrede..."

„Es war nicht als Ausrede gedacht. Ich wollte nur sagen, dass nicht *alles* schön ist."

„Ja, aber den Rest – findest du den Rest denn schön? Nein, das tust du doch auch nicht. Aber da fängt es doch an! Fang doch damit an, *irgendetwas* schön zu finden. Und dann das Nächste... Und das Nächste..."

„Und womit soll ich anfangen?"

Sie war halb enttäuscht über die Faulheit dieses Jungen und halb berührt über die Hingabe, mit der er sich ihr überließ. Sie wusste nicht, was von beidem es war – aber sie entschied sich, das Beste zu vermuten und eilte ihm mit ihrem eigenen Bemühen entgegen.

Sie machte eine sanfte Geste, anzuhalten, während sie sagte: „Bleib einmal stehen ... und höre nur hin..."

Sie sah, wie der Junge, der stehengeblieben war, lauschte, und auch sie lauschte intensiv.

„Was hörst du...?", fragte sie leise.

„Was *soll* man denn hören?", fragte Boris. „Ich hör ein paar Vögel. Von den Blättern tropft's..."

„Ja...", lächelte sie glücklich.

„Das soll man hören?", fragte nun auch er erfreut, als hätte er den Test bestanden, „Okay... Und jetzt?"

„Gar nichts ‚und jetzt'. Das ist *schön*... Boris, man soll es ja nicht nur hören. Man soll es auch schön finden..."

„Aber ... aber es ist doch normal, oder?"

„Ja, vielleicht. Für mich aber nicht. Das Leben ist doch auch normal. Ist es deshalb nicht schön? Nichts ist normal, und alles ist schön. Hast du schon mal einen Vogel von nahem gesehen? Je näher, desto mehr kannst du ihn *liebhaben*, wenn du es vorher noch nicht konntest! Und das Geräusch der tropfenden Blätter – auch das ist so wunderschön... Man hat den Regen miterlebt ... man hat miterlebt, wie er wieder aufgehört hat. Und man erlebt jetzt, wie es noch immer von den Blättern tropft. Es ist wie ... wie etwas ... unglaublich *Friedliches*. So wie ein Feierabend nach langem Tagwerk..."

„Das hört sich so an, als wärest du schon vierzig oder fünfzig Jahre alt."
„Vielleicht bin ich das auch."
„Nein, ich mein es ernst. So spricht sonst keiner."
„Ja, aber es macht sich eben auch keiner mehr solche Gedanken. Ich denke oft an früher – ich meine, viel früher. Wo wir noch nicht gelebt haben, sondern unsere Großeltern oder sogar deren Großeltern. Ja, wahrscheinlich deren Großeltern und deren... Wie da die Menschen noch auf dem Land gearbeitet haben. Alle. Da war man immer in der Natur. Und man lebte mit der Natur. Und man arbeitete mit ihr und in ihr. Und das Tagwerk war das. Und am Abend kehrte ein Frieden ein, den wir uns heute gar nicht mehr vorstellen können, weil wir beides nicht mehr kennen: weder die Natur, noch wissen wir heute noch, was Arbeit ist. Arbeit mit den Händen, in der Natur, mit der Natur. Feierabend, Frieden. Der Wind weht. Die Vögel singen noch. Die Sonne geht langsam unter. Frieden. Unendlicher Frieden, Boris... Und *das* spürt man, kann man ein Stück weit auch spüren – so ein ähnliches Gefühl –, wenn nach einem Regen die Blätter tropfen. Eine unendliche Ruhe der Natur. Ein absoluter Frieden..."

„Das kann echt keiner außer dir..."
Erst jetzt bemerkte sie, dass Boris sie ansah wie eine Art halbes Weltwunder, durchaus aufrichtig staunend, aber mit dem ebenso aufrichtigen Glauben, dass ihm diese Welt für immer verschlossen war.
Halb traurig, halb verärgert, kehrte sie nun gänzlich aus ihrem tiefen Eintauchen in diese Stimmung zurück. Dann sagte sie leidvoll und ungehalten zugleich:

„Das könnte jeder, wenn er sich nur Mühe gäbe! Aber man muss es halt wollen!"

„So einfach ist es eben nicht", antwortete Boris etwas traurig, „du hast ja selbst gesagt, dass ‚wir' alles verlernt haben."

Sein Bedauern rührte sie doch wieder ziemlich.

„Aber dann *versuch* es doch, Boris!", sagte sie leidenschaftlich.

„Ich weiß ja nicht mal, wo ich anfangen soll."

„Ich hab es doch eben beschrieben. Kannst du das nicht – ich meine: nicht mal versuchen?"

„Ich habe noch nie im neunzehnten Jahrhundert gelebt oder gearbeitet. Ich finde Filme über diese Zeit langweilig und blöd. Und ich verstehe zwar, dass es diese Stimmung gibt, irgendwie, aber ich kann sie mir nicht vorstellen."

„Und du hörst sie jetzt im Tropfen der Blätter natürlich auch nicht...", sagte sie leise.

„Nein", gab Boris zu. „Ehrlich gesagt nicht. Ich würde sie gerne hören, weil ich sehe, wieviel es dir bedeutet. Aber ich kann es nicht..."

Sie spürte, wie sie auf einmal traurig wurde, eine melancholische Stimmung überkam sie.

„Ja", sagte sie. „Siehst du? Das habe ich versucht, dir zu erklären, in unserem Gespräch damals – ich meine am Dienstag. Ich habe ja gesagt, ich weiß nicht, wie das möglich sein soll. Es *ist* nicht möglich, habe ich gesagt. Ich hatte gehofft, dass es doch möglich wäre. Ich hatte mich auf den Spaziergang heute gefreut. Und ich hatte gedacht, ich könnte es dir zeigen – wirklich zeigen. Aber ich weiß nicht, wie. Ich *zeige* es dir, aber du *siehst* es nicht..."

Boris schwieg so ratlos, dass es sie wieder tief im Inneren berührte.

Sie ging langsam weiter, und er ging schweigend neben ihr, und die Berührung setzte sich fort. Auch er tat ihr leid... Aber was konnte sie tun?

Sie musste an Marcus denken. Sie stellte sich vor, sie würde nun vor Boris auf dem Bett knien. Würde sie auch für ihn bis zum Letzten gehen – um ihm zu zeigen, was *Fühlen* war...? Vielleicht würde sie es tun. Aber würde er es überhaupt begreifen? Er dachte ja, er wüsste, was Fühlen war, und er hatte ja fortwährend gewöhnliche Gefühle, die alles prägten, das Verhalten, die Sprache, alles Tun ihrer Altersgenossen. Aber das war womöglich die viel schwerere Krankheit... Vielleicht konnte das völlige Fehlen des Fühlens wieder geheilt werden – aber die Verflachung aller Gefühle...?

„Es tut mir leid, Diana...", hörte sie nun den Jungen neben sich. „Es ist auch sehr schwer, sich neben dir auf etwas anderes zu konzentrieren. Das kommt ja noch dazu... Du liebst die Natur, du hast sie schon immer geliebt, und du kannst dich in voller Stärke auf sie konzentrieren, weil es für dich normal ist – normal, sie zu lieben. Ich kann es nicht, es ist für mich nicht normal, ich weiß nicht einmal, wie ich es machen soll – und dazu kommt, dass mich fortwährend etwas unglaublich ablenkt, und das bist du selbst... Als du vorhin sagtest, ‚Je näher, desto mehr kannst du ihn liebhaben', da musste ich immer an dich denken. Ich konnte es einfach nicht ändern..."

Diese lange Rede des Jungen beschämte sie sehr. Jetzt verstand sie erst, dass sie etwas Unmögliches verlangt hatte – und selbst das allergrößte Hindernis gewesen war. Dafür war dann keine Lösung mehr möglich. Sie wusste nicht, was sie noch machen konnte. Beschämt schwieg nun auch sie...

„Verstehst du?", erkundigte sich der Junge neben ihr scheu.

„Ja...", sagte sie leise.

„Du willst das bestimmt nicht hören, Diana. Aber ich hätte dich in dem Moment so gern geküsst. Und jetzt auch..."

Sie tat dem Jungen Unrecht. Das durfte sie nicht länger tun. Sie sah ihm in die Augen und sagte:

„Also gut...“
„Was?“, fragte er überrascht.
„Du darfst mich küssen.“
„Jetzt?“
„Ja, jetzt.“
„Und ... willst du es denn auch?“
„Ja.“
„Jetzt also? Jetzt hier...?“
„Ja. Komm...“

Und der Junge näherte sich ihr zögernd, dann fühlte sie seine Hand in ihrem Haar – und dann spürte sie seine Lippen auf den ihren.
Sie spürte eine Mischung aus Sanftheit und Coolness – und ihren Ekel vor dem Letzteren. Bevor dieser überwiegen konnte, überwand sie sich und flüsterte:
„Sanfter...“
Sie spürte, wie seine Lippen die Coolness verloren.
„Noch sanfter...“
Und dann war da nur noch Zärtlichkeit, auch in seinen Händen. Und sie erwiderte diese, und sie vergaß sich und gab sich ihr hin.
Irgendwann hörte sie die sanfte Stimme des Jungen:
„O, Diana – du bist so unglaublich schön... Ich liebe dich so sehr...“
Und obwohl sie versuchte, sich auch dem irgendwie hinzugeben, konnte sie es nicht und konnte auch nichts erwidern...
Und da wusste ihr Herz endgültig, welche Entscheidung es getroffen hatte, und es war keine Entscheidung, sondern eine Tatsache...

Der Rest war eine quälende Prüfung, die sie auch durchstehen musste, weil auch diese eine Tatsache war. Der betroffene Blick des Jungen begleitete sie von Anfang bis Ende. In großer Verlegenheit zu Beginn und bis zum Ende mit Scham und Mitleid erzählte sie mit tiefer Aufrichtigkeit alles, was passiert war zwischen dem Tag, an dem sie sich verabredet hatten, und dem heutigen Tag ihrer Verabredung.

„...und ich habe", schloss sie nach ihrer langen, langen Erzählung, „dich bei alledem nie verletzen wollen, Boris. Ich habe alles versucht. Auch das zum Schluss war ganz ernst gemeint. Ich wollte dir nicht weh tun... Es tut mir sehr, sehr leid..."

Nun ging *sie* schweigend und beschämt neben ihm. Auch er war beschämt und ratlos und verletzt, und all das fühlte sie...

„Hättest du", fragte er schließlich leise, „es mir nicht *gleich* sagen können?"

„Ich wusste nicht, was ich tun sollte", gestand sie aufrichtig. „Ich *hatte* mich auf diesen Tag gefreut, Boris. Das hatte ich wirklich... Und ich hatte gehofft, wir würden einen schönen Tag haben, nicht nur ,einen schönen Tag', ich meine, wirklich schön... Und so, dass es ... dass es nicht kaputtgeht zwischen uns, ich meine – –"

„Nicht kaputt? Was meinst du, Diana? Was meinst du denn dann noch?"

„Ich meine Freundschaft, Boris... Mehr habe ich dir doch auch am Dienstag nicht wirklich versprechen können, obwohl ich da noch versucht habe, mir Mühe zu geben, dir noch mehr schenken zu können."

„Ach, Diana...", seufzte Boris, „du bist *so* lieb... Man kann dir einfach nicht böse sein – ich habe ja auch kein Recht dazu. Und ich würde dir auch nie böse sein wollen. Aber ich liebe dich – und es tut so unglaublich weh... Und dass du so lieb bist, macht es noch schlimmer. Es tut so krass weh..."

„Verzeih mir, Boris...", hauchte sie.

Er schwieg – und sie wusste, dass er nichts sagen konnte. Er würde ihr verzeihen, wie sie Marcus verziehen hatte. Wo die Liebe war, gab es nichts zu verzeihen, da gab es höchstens Schmerz, sie kannte ihn ja...

„Willst du umkehren, Boris?", fragte sie scheu.

„Nein, Diana. Ich will diesen Tag mit dir verbringen. Du hast ihn mir geschenkt, und dieses Geschenk bleibt mir kostbar."

Sie spürte unmittelbar die Tränen in ihren Augen. Und einen Moment später musste sie aufschluchzen.

„Diana!"

„Es –", stieß sie mit mühsamer Beherrschung hervor, „tut mir – leid! Es tut – mir so leid, Boris! Ich –"

Ihr ganzer Körper zitterte.

„Ich weiß nicht – was ich – sagen soll! Es – bitte verzeih mir!"

Hilflos schluchzend blieb sie stehen, die Hände vor dem Gesicht.

Sie spürte seine Hände auf ihren Schultern, vorsichtig an ihren Wangen. Sie drückte ihr Gesicht an seine Schulter, und dann fühlte sie seine Hand in ihrem Haar...

Als sie eine längere Zeit so geweint hatte, löste sie sich mit scheuer Scham wieder von ihm, wagte nur kurz, ihn anzusehen, und ging in zarter, verletzlicher, dankbarer Vertrautheit langsam weiter.

„Du bist wie keine andere...", sagte der Junge neben ihr leise.

Beschämt ging sie ein paar Schritte. Dann erwiderte auch sie leise:

„Du bist auch nicht mehr wie die anderen, Boris..."

„Ja, durch dich."

„Wirst du das behalten?", fragte sie vorsichtig.

„Ja."

Wieder gingen sie fast eine Minute so weiter. Dann sagte sie:

„Wenn du mich als *Freundin* so haben willst, Boris, dann sehr gerne... Das weißt du, nicht wahr...?"

Es dauerte keine drei Schritte, bis sie seine gleichsam ebenso heilige Antwort hörte.

„Ja, Diana, das will ich. Weißt du, warum es so weh tut? Weil selbst deine Freundschaft noch mehr wert ist als alles andere..."

Wieder musste sie auf das Äußerste mit ihren Gefühlen kämpfen, um nicht von neuem loszuweinen und den Strom ihrer Tränen *vor* ihren Augen zurückzuhalten.

Sie spürte, wie er einmal sanft ihren Arm streichelte. Er hatte es bemerkt...

In hilfloser Rührung warf sie sich ihm nach kurzer Entscheidung in die Arme und küsste ihn zärtlich und gab sich seinen zärtlichen Küssen hin, die nun noch weicher waren – bis er selbst sich von ihr löste.

„Diana... Wie kannst du denn das? Ich denke, du liebst diesen Marcus?"

Einige Momente verstummte sie von der ‚Zurückweisung' und der Scham aufgrund seiner Worte. Dann antwortete sie leise:

„Vielleicht habe ich kein Recht mehr, das zu sagen, Boris... Aber ihr ... also ihr anderen ... so viele, die ich sehe ... sie alle wechseln ihre ‚Partner' von Jahr zu Jahr, manchmal sogar von Monat zu Monat. Und sie küssen, wen sie wollen. Wenn es Spaß macht, dann küsst man sich... Ist es nicht so? Und wenn man diese Drogen genommen hat – ich weiß nicht, wie viele es davon inzwischen gibt –, dann küsst man sicher sogar, ohne zu überlegen, wen man vor sich hat, Hauptsache einen Mund.

Aber ich habe erst gestern das Küssen gelernt. Und man lernt es ja nicht, Boris. Man versinkt... Das Küssen ertränkt einen... So fühlt es sich an. Das ist auch wieder so etwas wie die tropfenden Blätter. Ich weiß nicht, ob ihr das auch fühlt. Ich fühle es so... Und ich hoffe, ich verliere es nie! – Ich möchte nicht mal eben küssen, ich *kann* es gar nicht! Ich kann es nur, wenn ich es ganz ernst meine. Und dieser Ernst geht von Horizont zu Horizont, so fühlt es sich an...

Ich habe dir Unrecht getan, Boris, sehr viel Unrecht – auch das fühlt sich so an. Obwohl ich dir nie etwas versprochen habe. Aber *du* hast mir etwas versprochen. Und das war deine Liebe. Ich weiß, wie heilig das ist, Boris. Wenn es jemand weiß, dann ich – schließlich haben mich alle deswegen seit Jahren ausgelacht.

Wenn ich dich eben geküsst habe, dann, weil ich weiß, wie sehr du mich liebst. Und weil auch Küsse etwas Heiliges sind. Und weil man dieses Heilige schenken kann, Boris. Es ist nicht ‚Du bist mit dem-und-dem zusammen'. Du liebst mich, und ich habe dich geküsst. Ach... Ich weiß nicht, ob du das verstehen kannst, Boris. Aber so war es. Es war etwas Heiliges gegen etwas Heiliges. Genau so, wie abends die Sonne untergeht. Genauso heilig..."

„Danke, Diana..."

Betroffen sagte er nur diese beiden Worte. Sie hörte seine Ehrfurcht, auch wenn er es sicher kaum verstehen konnte. Aber das war egal. Es war gut...

*

Im Laufe ihrer Wanderung gab sie es auf, ihm die Natur näherzubringen – sie spürte, dass sie es diesmal nicht schaffen würde. Stattdessen wandte sich ihr Gespräch wieder ihnen zu – und ihren Altersgenossen.

„Die Drogen und so", sagte Boris, „die nehmen doch viele auch nur deshalb, weil alles so öde und von außen vorgegeben ist."

„Wie meinst du das?"

„Na, die ganze Schule und so. Später Beruf und das alles..."

„Und du? Denkst du auch so?"

„Na ja, ich kann der Schule jedenfalls auch wenig abgewinnen. Und an später denke ich lieber nicht."

„Darüber haben wir doch auch schon gesprochen, Boris. Was ist denn an der Schule so schlimm? Man lernt doch unglaublich viel – wieso interessiert euch alle das denn nicht?"

„Wozu soll das denn gut sein? Das meiste davon braucht man später doch sowieso nie – und auf den Rest würde man auch sehr gerne verzichten, *bis* man es leider irgendwann vielleicht braucht."

„Ich kann das nicht verstehen. Es ist wie mit der Natur. Ihr seid an allem uninteressiert. Dabei könnte man an allem interessiert sein – einfach, weil man die Möglichkeit hat, etwas zu lernen, etwas zu verstehen. Dafür braucht man nur *gerne* lernen und etwas entdecken. Aber dafür muss man sich interessieren – das ist eben das: gerne lernen... Dann würde man es öde finden, wenn es *nichts* zu entdecken gäbe – und nicht, wenn man was lernen muss, denn man will es ja! Aber ihr möchtet ja faul sein, das *wollt* ihr ja gerade. Ihr wollt ‚rumhängen'. Spür doch mal das Wort, Boris! Oder ‚abhängen'. Wie ein Schinken! Oder ‚chillen'. Was ist denn das für ein Wort! Es bedeutet einfach gar nichts mehr! Und deswegen tut ihr auch nichts mehr – ihr tut nur noch nichts!

Das Einzige ist ‚Chatten' und ‚Shoppen' oder sogenannte ‚Feten' mit Alkohol und Drogen. Aber ist das *Etwas*? Nein, das ist nichts! Es ist sinnlos – aber weil man trotzdem noch irgendetwas macht, merkt man das nicht. Früher hat man miteinander gesprochen, weil man sich etwas zu sagen hatte, Boris! Heute ‚chattet' man, weil man sich *nichts* mehr zu sagen hat! ‚To chat' heißt plaudern, schwätzen – ich hab das mal nachgeschaut. Das ist schlimmer als Smalltalk, Boris! Es ist nur noch Geschwätz. Nichtssagend. Früher hat man eingekauft, wenn man etwas brauchte. Heute geht man ‚Shoppen', weil einem langweilig ist! Spürst du, was da los ist? Es ist sinnlos! Man hat zuviel Geld und muss es ausgeben, um *irgendwas* zu machen! Und früher hat man Feste gefeiert, weil etwas Großes zu feiern war – die Ernte oder eine Hochzeit oder etwas Religiöses. Sogar die Hochzeit war religiös. Und eigentlich sogar die Ernte. Und heute? Heute gibt es Feten, auf denen nichts mehr schön ist, sondern nur noch alle wie die Wilden herumspringen oder wie die Halbtoten in der Ecke liegen, voll mit Alkohol und Gift.

Nein, Boris – ich kann das nicht verstehen. Du findest die Schule oder sogar die ganze Welt öde? Ich finde euer Leben öde. Es ist so öde, dass ich mir gar nichts Öderes vorstellen kann. Selbst im Gefängnis wäre es nicht so öde, denn da hätte man wenigstens Zeit zum Nachdenken...“

„Das war eine ziemliche Dusche, Diana...“

„Aber so ist es, Boris! Du brauchst ja nicht mit mir duschen, wenn du nicht willst.“

„Doch... Doch, ich will...“

Jetzt erst begriff sie den zweifachen Sinn ihrer Worte und errötete heftig.

„Ich finde es alles sehr, sehr schlimm, Boris...“, sagte sie abschließend.

„Ich nehm ja kaum Drogen...“, sagte der Junge nun.

„Aber du nimmst?“

„Ich hab schon manchmal gekifft.“

„Das ist schlimm genug. Und Alkohol?“

„Ja. Auf Feten geht es gar nicht ohne.“

„Siehst du? Das ist schlimm. Das heißt nämlich, man kann gar nicht mehr ohne feiern oder glücklich sein. Nur noch mit. Und dann liegt man am Boden. Oder redet blödsinniges Zeug miteinander. Du musst damit aufhören, Boris!“

„Man wird aber auch lockerer und kommt mit Leuten ins Gespräch. Es ist dann echt entspannt.“

„Das kann man auch ohne. Ich begreife nicht, wieso man erst Gifte zu sich nehmen muss, um mit anderen Menschen sprechen zu können. Erklär mir das einmal!“

„Es ist ja nicht so schlimm. Ich meine, die Erwachsenen –“

„Ja“, unterbrach sie ihn leidenschaftlich. „Da, wo sie dir nicht passen, schimpfst du auf die Erwachsenenwelt, und da, wo sie dir bei der Begründung helfen, schiebst du sie vor. Was die Erwachsenen machen, ändert nichts daran, dass Gift Gift bleibt. Um lockerer zu werden? Das zeigt nur, dass *niemand* mehr miteinander sprechen kann! Und *ihr* könnt es auch schon nicht mehr!"

„Meine Güte, Diana, du könntest Lehrerin werden. Oder Pfarrerin."
„Mach dich nicht lustig."
„Ich meine es ernst. Von dir würde ich mir das *gerne* anhören."
„Ja – trotzdem zu dem einen Ohr rein und zum anderen wieder raus."
„Nein – sicher nicht."
„Sicher nicht?"
„Nein."
„Dann hör doch auf!"
„Ja, ich versuch's."
„Du ‚versuchst's'!, wiederholte sie mit traurigem Spott.
„Ja, weißt du, man kann auf einer Fete nicht als Einziger nichts trinken."
„Erstens kann man das sehr wohl, und zweitens kannst du die anderen auch überzeugen, nichts zu trinken."
„Das wird mir aber nicht gelingen."
„Boris – die anderen werden doch auch begreifen können, was du begreifen kannst!"
„Ich ‚begreife' es ja nur, weil ich dich liebe. Ich mache es um deinetwillen."
„Um meinetwillen? Das heißt, du begreifst es gar nicht? Du würdest es weitermachen?"

„Diana – ich finde es einfach nicht so schlimm..."
„Ja, siehst du? Da ist es wieder! Dass euch alles egal ist. Nicht nur die Natur. Nicht nur die Sinnlosigkeit. Sogar eure eigene Gesundheit, euer eigener Körper! Aber dass man,

wenn man Alkohol trinkt, schon nach kurzer Zeit für das ganze Leben eine Tendenz, eine Gefährdung zum Alkoholismus hat, und dass er natürlich Gehirnzellen absterben lässt, und dass Drogen auch die Gesundheit zerrütten oder einen immer gleichgültiger machen – das interessiert euch nicht!"

„Kiffen schärft eigentlich sogar das Bewusstsein. Man kann besser nachdenken."

„Rede dir doch *das* nicht ein, Boris! Warum heißt es denn dann ,bekifft', wenn einer überhaupt nicht mehr klar denken kann? Warum sieht er denn dann aus wie weggetreten? Das ist doch alles Illusion, Boris! Und was ist denn mit einem Menschen los, wenn er nicht nachdenken kann, wenn er keine Drogen genommen hat? Das ist doch *auch* alles nur Faulheit! Man hat nie in seinem Leben nachgedacht – und jetzt braucht man auf einmal Drogen, um ,besser nachdenken' zu können? Alkohol, Drogen und ,Abhängen' – das macht den Menschen kaputt, Boris! Wirklich kaputt. Und wenn ihm dann alles egal ist, dann geht auch der ganze Rest kaputt. Denk mal drüber nach! Und ihr seid *alle* so. Eine ganze Generation. Und morgen seid ihr die Erwachsenen. Und ihr macht die Welt kaputt, weil alles so weiterläuft wie bisher. Das werdet *ihr* sein..."

„Aber, Diana – ,wir' sind doch nur so, weil *jetzt* die Welt und die Erwachsenen so sind. Deswegen nehmen wir doch Drogen, feiern Feten und finden den Rest öde – oder hassen ihn sogar, was im Grunde identisch ist."

„Nein!", widersprach sie leidenschaftlich. „Das ist nur eure faule Ausrede. Es mag so sein, aber das heißt nur, dass ihr *selbst* stinkendfaul seid. Denn man könnte sich *wirklich* für alles interessieren, auch für das, was man vielleicht erstmal sinnlos findet, was aber nicht sinnlos ist, denn sonst wäre es kein Schulfach geworden. Ihr *findet* es sinnlos, weil ihr viel lieber chattet und surft und youtubet, als Mathe oder Deutsch oder Englisch zu machen. Aber sinnlos ist nur das, was *ihr* macht, während man mit allem anderen später etwas anfangen kann. Dass man es später nicht *braucht*, für seinen eigenen Beruf, heißt nicht, dass man damit nichts anfangen kann. Man kann mit allem etwas anfangen – und sei es nur, dass man über etwas Bescheid weiß. Wenn dir das nichts bedeutet, dann liegt da schon der erste Fehler.

Und dass ihr die Welt der Erwachsenen öde findet oder hasst, ist auch nur eure eigene Schuld. Wenn man etwas nicht gut findet, muss man es verändern – oder es zumindest versuchen. Aber ihr schmeißt euch in die Ecke, schmeißt eine hellblaue oder was-weiß-ich-wie-gefärbte Pille ein – und dann ist die Welt nicht mehr öde ... bis die Wirkung nachlässt. Und dann ist sie öder als zuvor, weil ihr euch daran gewöhnt habt, euch lahmzulegen! Von wegen ‚high'! Mit Drogen seid ihr völlig ‚down' – von euch ist nichts mehr zu erwarten. Auf Droge schon gar nicht, und wenn ihr davon runterkommt auch nicht, denn dann wartet ihr nur auf das nächste Mal!"

„Wie soll man denn die Welt verändern, Diana – es ist doch alles längst festgelegt und unveränderbar."

„So ein Blödsinn! Aber dafür sollte man mal in Geschichte etwas aufpassen. Es war noch *nie* etwas festgelegt. Es schien immer nur so zu sein – bis jemand kam und es geändert hat. Denk mal nach, Boris! Es war auch mal festgelegt, dass man in der Schule was lernen sollte. Bis *ihr* kamt und euch entschieden habt, nichts mehr lernen zu wollen. So schnell geht das! Und es ist nur eure Faulheit, nicht auch die übrige Welt ändern zu wollen. Eure Faulheit und euer mangelnder Wille. Ihr wollt ja gar nicht! Aber das ist eigentlich dasselbe. Ihr habt euch entschieden, die Welt öde zu finden – aber nichts daran zu ändern, weil ihr auch noch faul seid. Das ist *eure* Ödness. Die Welt ist äußerlich öde, in euren Augen, ihr seid es innendrin! Die Welt kann man nicht so schnell ändern, aber man könnte es – aber dafür muss man zuerst einmal innendrin bei *sich* etwas ändern!"

„Wow, Diana", sagte Boris bewundernd. „Wenn ich dich sonst nicht immer als die Sanfte gekannt hätte, würde ich jetzt sagen, du bist die Feurige..."

„Ich bin beides. Feurig werde ich nur, wenn ich über die Faulheit wütend werde. Denn die ist das *ganze* Problem. Faulheit und Interesselosigkeit. Aber das ist eigentlich auch nur Faulheit."

„Okay...", sagte der Junge gedehnt.

„Ja", bekräftigte sie.

Schweigend gingen sie etwa eine Minute nebeneinander. Dann sagte er:

„Das heißt ... eigentlich verachtest du mich doch sehr..."

„Boris...", sagte sie nun ruhig und sanft wie ein Lamm.

„Nein. Das tue ich überhaupt nicht. Nicht ein bisschen. Ich verachte nur eure Faulheit. Aber doch nicht *dich*. Verstehst du den Unterschied nicht? Wie hätte ich denn mit jemandem spazieren gehen können, den ich verachte? Wie hätte ich denn jemanden *küssen* können, den ich verachte? Ich wünschte mir so sehr, dass ihr aufwachen würdet; dass *du* aufwachen würdest – für das, was du könntest. Du *könntest* lernen, die Natur zu lieben. Du könntest lernen, im Tropfen der Blätter diese unbeschreibliche Stimmung zu hören, die so schön ist, dass man keine Worte findet, außer einen Vergleich mit etwas, was schon Jahrhunderte vorbei ist. Du könntest lernen, das Lernen zu lieben. Alles, was dir begegnet. Alles, was für dich neu ist – ein Fenster zur Welt. Du meine Güte, ich höre mich an wie unsere Lehrer – aber selbst die sagen so was nicht mehr! Dabei stimmt es. Man könnte lernen, die Welt zu *lieben*. Das ist der Punkt. Und das alles beginnt *hier* drinnen..."

Sie zeigte auf die Mitte ihrer Brust.

„Ja...", sagte Boris leise. „Dass es *da* drinnen beginnt, das glaube ich gern. Da drin ist so viel, dass auch deine Augen leuchten, deine Stimme leuchtet, dass alles an dir leuchtet..."

„Boris...", sagte sie wieder. „Lass auch *dein* Inneres leuchten... Du würdest es können..."

„Aber wie, Diana."

„Wenn ... wenn dir etwas begegnet, Boris, dann interessiere dich dafür. Nicht nur so oberflächlich – sondern wirklich. Wenn man es verlernt hat, muss man es erstmal wieder lernen. Aber es geht! Und dann kommt alles andere. Weil das Interesse immer größer wird. Es gibt zwei Gegensätze – Interesse und Ödness. Wenn hier drin Interesse ist", sie zeigte noch einmal auf ihre Brust, „dann kann da draußen keine Ödness sein."

„Aber glaubst du nicht", versuchte er einen letzten Einwand, „dass die Welt auch wirklich öde sein kann, schlimm?"

„Doch. Aber dann muss man sich eben dafür interessieren, wie man sie besser machen kann. Schöner. Nicht mit Feten, die die Welt gerade ablehnen – sondern wirklich die *Welt* schöner machen!"

„Okay – du hast gewonnen..."

Schweigend ging sie neben ihm, bis sie schließlich fragte:

„Und was heißt das...?"

„Das heißt, dass du einfach Recht hast."

Sie wartete einige Schritte, dann fragte sie:

„Und mehr nicht?"

„Doch, Diana. Aber ich weiß nicht, ob ich es schaffe."

„Wirst du es probieren?"

„Ja."

„Wirst du es wollen?"

„Ja."

„Gut, Boris..."

Und nach einigen Schritten fügte sie hinzu:

„Dann schaffst du es auch..."

Die ganze übrige Wanderung verlief in seltsamer Vertrautheit, das Schweigen überwog, ohne dass es lastend wurde. Es war aufgelockert von einzelnen Gesprächen. Im Übrigen aber begleitete es sie, wie es war – als Schweigen, in dem sie gleichwohl seine Berührung über ihre Anwesenheit spürte und in dem sie sich auch berührt über seine Anwesenheit freute.

Ihr Abschied war ein langer, aufrichtiger Kuss...

Es war Sonntag – und sie war mit ihm auf der Wanderung, mit jenem Jungen, dem sie sich als Einzigem völlig hingegeben hatte und den sie liebte. Auch ihn versuchte sie nun, weiter das Fühlen zu lehren...

Die Sonne schien, die Vögel zwitscherten, und bald würde der Mai beginnen.
„Marcus – spürst du, wie schön es hier ist?"
„Ja, bei dir ist es schön."
„Nein – ich meine hier, hier überall."
„Ich sehe die Bäume, die Frühlingsblumen, ich höre die Vögel – und ich sehe, wieviel es dir bedeutet..."
„Und du?", fragte sie wieder, als wenn allein die Wiederholung ihm schon helfen könnte. „Du spürst nichts?"
„Nein... Ich spüre natürlich, dass es etwas anderes ist als in der Stadt. Die Luft ist sozusagen freier, es ist ruhiger – und ich spüre die Schönheit all dessen durch deine Augen. Man sieht es in ihnen. Aber mehr ... kann ich nicht spüren."

Sie versuchte, nachzudenken und einen Weg für ihn zu finden, das zu spüren, was sie spürte. Aber was spürte sie? Wie konnte man es erklären? Das Tropfen des Regens von den Blättern hatte sie erklären können. Und das andere, alles, was sie sah...?
Sie erinnerte sich an das erste Gespräch mit Boris, der nun ihr Freund war.
„Spürst du vielleicht die *Unschuld* in allem, Marcus?"
„Unschuld?"
„Ja..."
„Ich spüre *deine* Unschuld, Diana. Die Natur ist nicht unschuldig. Sie ist amoralisch."
„Was heißt das?"
„Dass bei ihr von Moral keine Rede sein kann. Weder im Positiven noch im Negativen."

„Hat ... hat Unschuld denn immer etwas mit Moral zu tun?"

„Schuld und Unschuld sind Moralbegriffe aus der Welt des Menschen."

„Nein...", sagte sie langsam widersprechend. „Ich meine es glaube ich anders... Die ... die Vögel, Marcus, die Bäume, die Pflanzen, die Käfer, die Blumen – überhaupt alles! Das alles kann doch gar nichts Böses tun. Es kann nichts falsch machen. Es kann auch nichts hässlich machen. Es ist alles unendlich schön, wie es ist. Denk doch mal an ein Häschen, Marcus. Kann ein Häschen etwas Böses tun! Das könnte es doch nie tun! Aber so ist es auch mit *aller* Natur. Eine Spinne tut auch nichts Böses, wenn sie die Fliege frisst – sie muss es ja! Deswegen sage ich: Die Natur ist unendlich *unschuldig*. Kannst du es jetzt spüren?"

Er dachte nach. Dann erwiderte er:

„Sie ist amoralisch, Diana. Du findest sie unschuldig, weil bei ihr von Schuld keine Rede sein kann. Aber Schuld und Unschuld sind polare Begriffe. Von Schuld kann *deshalb* bei ihr keine Rede sein, weil auch von Unschuld keine Rede sein kann. Die Natur ist einfach jenseits von Schuld und Unschuld."

Bestürzt dachte nun auch sie nach.

„Nein, Marcus", sagte sie langsam, noch immer nachdenkend. „Das glaube ich nicht. Sie ist gerade deshalb unschuldig, *weil* sie keine Schuld hat. Gerade deshalb ist sie unschuldig. Das sehe ich doch! Ich spüre es doch!"

„Nein, Diana. Du siehst keine Schuld, und deswegen siehst du Unschuld. Aber in der Natur ist gar nichts – keins von beiden. Und was du siehst, ist deine eigene Unschuld – mit deinem unschuldigen Sinn schaust du die Natur an und siehst: Unschuld. Es ist aber deine eigene..."

„Was?", sagte sie entsetzt.

Sie hatte aber nur die Hälfte verstanden.

„Wie kann ich meine eigene Unschuld sehen?"

„Weil du immer nur das Gute siehst. Weil du an das Gute glaubst. So, wie ein Küken, das von Schuld und Unschuld nichts weiß, auch eine Attrappe für seine Mutter hält, so siehst du in der Natur, die Schuld und Unschuld nicht kennt, weil sie einfach ist, wie sie ist, das Gute, weil du es *überall* sehen willst."

„Aber die Natur ist doch keine Attrappe!"

„Trotzdem ist sie nicht unschuldig."

„Doch!"

„Nein, Diana. Du bist unschuldig."

„Nein. Ich hab jemanden verletzt."

„Wen denn?"

Jetzt erzählte sie aufrichtig und ausführlich die ganze Geschichte mit dem Jungen aus ihrer Schule. Marcus hörte sie aufmerksam an und sagte am Ende:

„Das tut mir leid..."

„Er tut dir leid?"

„Ja."

„Du kannst es wirklich fühlen?"

„Ja – ich spüre, dass er unglücklich sein muss, so wie ich unglücklich wäre, wenn ich an seiner Stelle wäre."

„Und es tut dir leid?"

„Ja."

„Du hast Mitleid mit ihm?"

„Ja – ich hoffe, man kann es schon so nennen..."

„Warum?"

„Weil es noch sehr schwach ist..."

„Ich verstehe..."

„Ich denke, Mitleid kann man nur haben, wenn man auch selbst Leid kennt, Selbstmitleid sozusagen."

„Und ... und du kanntest das Leid bisher auch nicht..."

„Nein, erst durch dich."

„Aber das ist nicht wahr, Marcus! Du kanntest das Leid nicht – und doch hattest du Mitleid mit mir. Das Mitleid war zuerst da!"

Ihr Staunen kannte fast keine Grenzen.

„Vielleicht", wandte er ein, „waren es noch frühe Erinnerungen aus der Kindheit."

„Nein, das glaube ich auch nicht. Du sagtest, du hattest alles vergessen. Du hattest alles vergessen, Marcus! Und du hast bestimmt genug Leute weinen sehen. Aber erst als du *mich* weinen sahst – –"

„Ja, das stimmt."

In ihrem Kopf arbeitete es. Dann schwieg sie zufrieden.

„Worüber hast du nachgedacht?", erkundigte er sich.

„Ich habe versucht, nachzuspüren, wieviel du schon fühlen kannst. Ich verstehe, dass es schwer ist, mit dem Mitleid. Aber du *kennst* das Mitleid. Bei mir hattest du es ganz stark, und ganz direkt. Einfach so..."

„Ja, aber es war Mitleid, weil ich dich liebe. Was man liebt, kann man nicht leiden sehen."

„Bist du sicher? Oder hast du mich liebgewonnen, weil du Mitleid hattest?"

Marcus dachte nach.

„Ich bin nicht sicher. Das ist eine gute Frage. Ist nicht beides möglich – ich meine, gleichzeitig? Kann nicht beides gleichzeitig geschehen sein und sich gegenseitig verstärkt haben?"

„Vielleicht ja... Es ist schön, dass du das sagst. Das bedeutet, du brauchst nicht zu allem *eine* Ursache..."

„Nein – bei dir reicht mir die Folge..."

„Und Humor hast du auch schon!"

„Den hatte ich schon vorher. Erinnerst du dich nicht mehr an die Geburtsurkunde?"

„Dann ist er eben liebevoller geworden", sagte sie glücklich und umschlang seinen Hals, um ihm einen zärtlichen langen Kuss zu geben...

Als sie weitergegangen waren, sagte er:

„Das mit dem Mitleid hat mich noch nicht losgelassen. Das Mitleid mit dir war selbstverständlich, ich meine, in höchstmöglichem Grad, denn *ich* habe dich verletzt, und *du* hattest mir vorher deine ganze Schutzlosigkeit geschenkt."

„Und trotzdem hast du es zuerst nicht gefühlt – gar nichts."

„Aber als ich *dann* deinen Schmerz sah..."

Sie ging schweigend neben ihm.

Plötzlich sah er sie begeistert an.

„Bei mir war es *auch* so!", sagte er erstaunt.

„Was war bei dir auch so?"

„Wie du gesagt hast – dass man erst mit dem Fühlen merkt, dass es ein Mensch ist. Ich hatte das Fühlen völlig verlernt. Ich war auch beim Fühlen anderer Menschen völlig gleichgültig, habe es nur registriert. Aber als ich *deine* Gefühle in der Form der tiefsten Verletzung wahrnahm – da muss ich zum ersten Mal die wirkliche Wahrnehmung eines Menschen gehabt haben. Ich meine, das Gefühl eines Menschen. Also das eigene Gefühl: das ist ein Mensch. Nicht nur als Erkenntnis, sondern als Gefühl. Und da tat es mir leid. Denn da wurde deutlich, dass da ein wirklicher Mensch sich in eine wirkliche Schutzlosigkeit begeben hat und von mir durch Ignoranz verletzt wurde. Und da begann meine Liebe zu dir. Zu jenem wunderschönen Mädchen, das auch ein so wunderschönes Inneres hatte..."

„Inneres?", fragte sie sanft.

„Ja."

„Glaubst du an das Innere?"

„Ich habe es ja gesehen."

„Was ist für dich das ‚Innere'?"

„Gedanken, Gefühle, Intentionen, Wünsche, Hoffnungen – das, was man mit dem Begriff ‚Psyche' umfasst."

„Aber ... aber du denkst wahrscheinlich, dass das alles vom Gehirn kommt?"

„Ich habe befürchtet, dass diese Frage kommt. Und weil ich das schon befürchtet habe, habe ich, seitdem ich es befürchtet habe, beschlossen, über diese Frage nicht mehr nachzudenken, jedenfalls nicht bei dir."

Sie stutzte verblüfft.

„Heißt das...", fragte sie verwundert, „du hast *für mich* bei einer Sache aufgehört zu denken?"

„Ja."

„Weil du wusstest, dass es mir wehtun würde, wenn du darüber denkst, wie du sonst denken würdest?"

„Ja."

„Wie kann man", sagte sie gerührt, „*so* lieb sein, Marcus?"

„Es ist wahrscheinlich nur Eigennutz – ich will dich nicht verlieren, Diana. Also will ich dich auch nicht enttäuschen."

„Nein", protestierte sie unmittelbar. „Du musst dir ein völlig anderes Denken angewöhnen, Marcus. Weg vom Eigennutz. Am Anfang war die *Liebe*. Und man will jemanden aus Liebe nicht enttäuschen. Natürlich will man ihn auch nicht verlieren. Aber daran denkt man gar nicht – man tut, was man aus Liebe tut, schon *vorher*."

Sie dachte sein Beispiel noch einmal durch und sagte dann:

„Du liebst mich, und du hast *automatisch* gedacht: Dann denke ich das nicht mehr bei ihr..."

„So ist das leider bei mir nicht ganz, Diana. Dazu denke ich einfach zu viel und zu schnell. Bei mir war das eben alles gleichzeitig: die Erkenntnis, dass es dich verletzen würde. Die Erkenntnis, dass ich dich dadurch vielleicht verlieren könnte. Und der Entschluss, es dann einfach nicht zu tun. Das Ziel, dich nicht zu verlieren, hat definitiv mitgespielt."

Sie dachte darüber nach.

„Dann musst du eben lernen, dasselbe mehr und mehr aus reiner Liebe zu tun..."

„So einfach ist das für dich?"

„Ja."

„Und wie tue ich das?"

Wieder überlegte sie...

„Indem du einfach, *bevor* du dich entscheidest, ‚ich tue es, weil...', es schon tust, weil du etwas liebst. Das Tun aus Liebe ist einfach schneller als aus einem anderen Grund."

„Das heißt, selbstbezogene Motive ausschalten oder nach hinten drängen?"

Sie umschlag seinen Hals und küsste ihn.

„Es heißt vor allem: anders *reden* und *überhaupt* nicht so viel nachdenken."

„Diana... Wenn du wüsstest, wie sehr ich mich schon die ganze Zeit anstrenge! Du machst dir keine Vorstellung davon. Du wunderst dich über meine Fortschritte – aber ich fühle mich die ganze Zeit wie in einem Marathon, um bei einer Sprache zu bleiben, mit der du dich wohlfühlst..."

Bestürzt sah sie ihn an.

„Ist das wahr, Marcus?"

„Ja."

„Es tut mir so leid...", sagte sie leise.

„Das muss es nicht. Ich möchte nur, dass du es weißt..."

„Ja... Jetzt weiß ich es...", antwortete sie, noch immer betroffen. „Aber du musst mich für unendlich naiv halten, Marcus. Ich habe daran überhaupt nicht gedacht..."

„Das macht doch nichts."

„Doch! Das macht wohl etwas. Du hättest es mir sagen müssen! Ich hab nur gedacht: wie wunderbar, wie schön alles schon ist..."

„Tut mir leid."

„Nein, *du* musst dich nicht entschuldigen, Marcus. *Ich* war so dumm..."

„Jetzt ist ja alles gut."

„Und...", fragte sie sehr leise, „wie lange, denkst du, wird es für dich noch so ... so unglaublich anstrengend sein? Ist es sehr schlimm, Marcus?"

„Nein, ich tue es ja gerne. Ich hoffe, es entsteht daraus sehr bald eine neue Gewohnheit. Man lernt ja auch neue Sprachen sehr schnell. Das ist hier auch nicht anders. Und die Vokabeln kann ich ja im Prinzip fast alle schon. Ich denke, es dauert nicht mehr so lange, Diana. Im Moment fühle ich mich noch wie in einer Fremdsprache. Aber bald nicht mehr. Mach dir keine Sorgen... Hilf mir weiter mit dem *Fühlen*..."

„Ah ja, mit dem Fühlen. Waren wir nicht bei der Unschuld, Marcus? Ich muss darüber noch weiter nachdenken. – Ja, jetzt weiß ich es wieder. Du sagtest, ich bin unschuldig, aber ich habe gerade jemanden verletzt, nämlich diesen Jungen aus meiner Klasse, Boris. Die Natur aber ist unschuldig. Ich weiß es, Marcus. Ich sehe es. Ich fühle es. Und ich liebe sie."
„Vielleicht *möchtest* du deshalb, dass sie unschuldig ist."
„Warum sollte ich sie lieben, wenn sie es nicht wäre?"
„Vielleicht, weil du *alles* lieben möchtest."
„Das stimmt. Ich möchte alles lieben."
„Siehst du?"
Nachdenklich schwieg sie.
„Aber sie ist trotzdem unschuldig. Ich kann es dir nur noch nicht beweisen."
Er lächelte.
„Du hast gelächelt, Marcus!", rief sie. „Du hast gelächelt!"
In stillem Glück sah sie ihn an.
„Warum?", flüsterte sie dann, ihn innig umarmend. „Hast du über mich gelächelt? Es ist egal – es wäre nicht schlimm. Aber du hast gelächelt, Marcus, hast du es gemerkt? Du lächelst noch immer..."
„*Du* hast es zuerst gemerkt", erwiderte er zärtlich. „Ich habe gelächelt, weil du so einen trotzigen, eigensinnigen Kopf hast. Man muss dich auch deshalb einfach lieben, glaube ich."
„Warum?"
„Weil es so *unlogisch* ist."
„Was – ich? Weil ich unlogisch bin? Trotzig?"

„Ja."

„Warum muss man mich dann lieben?"

„Ich vermute, das ist ein ‚Kindchenschema'. Die Natur hat es so eingerichtet, dass man Tierjunge lieben muss: großer Kopf, große Augen und Ohren – es löst im Gehirn etwas aus, einen Pflegeinstinkt. Und du bist manchmal auch wie ein Kind, so trotzig, so eigensinnig."

„Das ist nicht schön...", sagte sie ‚beleidigt'.

„Es ist aber auch ... man hat auch das Gefühl von ... von etwas sehr Lebendigem. Du hältst dich an kein Schema und lässt dich auch selbst in kein Schema pressen."

„Aber ich bin doch nicht trotzig – oder gar unlogisch."

„Doch, du verweigerst dich der Logik – also trotzt du ihr, mit deiner eigenen Unlogik."

„Aber was ist denn so unlogisch?"

„Dass du keinerlei Argumente für die Unschuld der Natur hast und trotzdem darauf beharrst. Obwohl du schon zugegeben hast, dass du ohnehin alles lieben möchtest – die Natur würde dir also gar keine Schwierigkeiten entgegensetzen. Trotzdem behauptest du, du liebst die Natur, weil sie unschuldig ist. Dabei liebst du sie sowieso."

Gegenüber so vielen Argumenten musste sie verstummen. Lange Zeit ging sie schweigend neben ihm her. Dann sagte sie:

„Und sie ist *doch* unschuldig! Ich kann es nur im Moment nicht beweisen."

„Du bist ein kleiner Luther", lächelte er.

„Wieso Luther?"

„Weil er auch gesagt hat: ‚Hier stehe ich, ich kann nicht anders!'"

„Und – hatte er Recht?"

„Aus seiner Sicht schon."

„Na, siehst du."

„Aber das ist ein anderes Thema. Das ist Religion – da kann im Prinzip jeder Recht haben...“

„Jeder? Warum jeder?“

„Weil jeder finden kann, was er denkt.“

„Du meinst ... es ist Ansichtssache?“

„Ja.“

Sie versank in ein Nachsinnen.

Sie gingen eine lange Weile, ohne dass einer von ihnen etwas sagte.

„Marcus?“, fragte sie schließlich leise.

„Ja?“

„Glaubst du, dass das Blut von der Seele bewegt wird?“

Er schwieg einen Moment. Dann sagte er:

„Diana – ich habe dir doch vorhin gesagt, wie ich es damit handhabe... Die Seele ... ich lasse das einfach aus. Ich möchte dich nicht verletzen.“

„Aber wenn *das* gerade der Beweis für die Seele ist!“, erwiderte sie eifrig. „Dass sie das Blut bewegt! Weil es sonst gar nicht so wäre!“

„Was wäre sonst nicht so? Wie kommst du denn überhaupt darauf?“

„Alles! Alles wäre sonst nicht so. Das Herz ist auch keine Pumpe! Und man würde überhaupt nicht rot werden, wenn nicht die *Seele* das Blut bewegen würde. Überleg doch mal, Marcus! Man wird rot, wenn man sich schämt. Wer schämt sich denn da? Die Seele! Und wenn man Angst hat, wird man blass. Das ist auch die Seele! Die Seele bewegt das Blut...“

Sie wollte ihm Gelegenheit geben, das Gesagte zu verarbeiten, und schwieg, ging schweigend und erwartungsvoll neben ihm...

Er aber antwortete:

„Diana... Das ist etwas, was mit der Durchblutung zu tun hat – der Weitung und Verengung der Gefäße. Es sind Reaktionen im Gehirn, die wahrscheinlich zur Ausschüttung irgendwelcher Neurohormone führen, die wiederum auf das Kreislaufsystem zurückwirken."

Er dachte kurz nach und fuhr bereits nach zwei Schritten fort: „Bei Angst alarmiert das Gehirn den gesamten Körper. Das ist ein seit Jahrmillionen so eingerichteter Reflex – damit das Blut ganz und gar den lebenswichtigen Organen und Muskeln zur Verfügung steht. Verstehst du?"

Sie hatte wie aus weiter Ferne zugehört. Es war ein wenig, wie wenn wieder nur ihr Spiegelbild neben diesem Jungen ging, während sie ganz woanders war, auch ganz woanders sein wollte – nicht hier, in einer Welt, wo es um Gehirn, Muskeln, Reflexe und Gefäße ging...

„Und die Scham?", sagte sie leidvoll und zugleich mit einem verzweifelten Vorwurf.

„Die Scham...", erwiderte er. „Ich weiß nicht. Ich weiß nicht, was Scham ist. Und wie das dann im Körper zusammenhängt."

„Ja!", sagte sie bitter, voller Traurigkeit. „Weil das vielleicht gar kein Millionen-Jahre-alter Reflex ist! Vielleicht hat die Natur ihn Millionen Jahre lang vergessen – und trotzdem ist er da! Aber es ist kein Reflex! Weil er ja nutzlos ist – wozu soll er gut sein? *Trotzdem* ist er da! Er hat sich reingeschlichen. Aber er ist kein Reflex! Sondern die *Seele* hat sich reingeschlichen. Einfach an den Naturwissenschaftlern vorbei! Sie haben sie nicht gesehen – und sie haben sich Millionen Jahre lang nicht gefragt, was die Scham wohl ist! Und sie schämen sich noch nicht mal, dass sie sie vergessen haben!"

Sie wusste selbst nicht, was sie so aufgebracht hatte – und gegen wen sie kämpfte. Sie hatte nur den Impuls gefühlt; dass sie es tun musste – und es tat gut... Und trotzdem litt sie noch immer...

„Siehst du, Diana", erwiderte Marcus traurig, „das meine ich... Wie können wir es vermeiden, uns zu streiten? Ich will mich mit dir gar nicht streiten – niemals. Aber ich sehe, dass es dir nicht gut geht, wenn wir bestimmte Fragen ansprechen. Deswegen möchte ich das nicht... Ich möchte es einfach nicht...“

Betroffen begriff sie, was er meinte und wovon er sprach. Und betroffen erwiderte sie leise und beschämt:

„Ich ... ich möchte mit dir auch nicht streiten, Marcus. Es ... es tut mir leid! Das wollte ich nicht... Ich weiß nicht ... was mit mir los war...“

„Du brauchst dich nicht zu entschuldigen, Diana. Ich weiß ja, dass du es nicht absichtlich gemacht hast. Und ... ich meine ... natürlich kannst du das, was du denkst, auch vertreten. Ich würde dir das nie verbieten wollen. Ich ... will nur nicht, dass *du* leidest. Und ... ich will wie gesagt auch nicht deine Liebe verlieren. Und – bei diesem Thema habe ich eben Angst vor *beidem*. Deine Liebe möchte ich ... aus Eigennutz nicht verlieren. Und dass du selber leidest ... kann ich auch nicht mit ansehen...“

Mit zunehmender Betroffenheit hatte sie auch diesen Worten zugehört.

Das Erste, was sie nun erwiderte, war, leise:

„Liebe ist kein Eigennutz, Marcus...“

Dann ging sie weiter, versuchte, in der Fülle ihrer Empfindungen die Gedanken zu ordnen...

„Du verlierst meine Liebe ja nicht...“, war der nächste Gedanke, schuldbewusst, voller Wärme.

Und nach einer kleinen Weile des Schweigens sagte sie mit dieser ganzen Fülle ratloser Empfindungen:

„Aber ... aber da ... in diesem Thema ... was du ‚Thema‘ nennst und ... wofür ich auch kein Wort habe ... da liegt ... nun einmal *alles*! Wir müssen...“, sie stockte ratlos, suchte nach neuen Worten, „wir können ... wir können das nicht vermeiden, Marcus. Das Thema... Es ist gar kein Thema! Es ist viel zu groß dafür. Da liegt alles... Da ... da *liegt* gerade das Fühlen, Marcus...!"

„Wo liegt es?", fragte der Junge neben ihr.

„Na *da*!", wiederholte sie mit leiser Verzweiflung – auch über sich selbst, weil sie keine Worte finden konnte. „Da liegt es – in diesem ‚Thema'. Es *liegt* da. Da ist es... Da ... da musst du hin, Marcus..."

Sie war völlig ratlos mit sich selbst. Sie kam sich vor, wie ein gefangener Vogel, dessen Bein sich in einem Faden verheddert hatte. Er wollte in eine Richtung fliegen und weisen – und konnte es nicht...

„Du meinst, ich kann nur fühlen ... lernen, wenn wir über ein bestimmtes Thema sprechen – und ich darüber bestimmte Anschauungen habe? Haben muss?"

„Nein...", sagte sie gequält. „Nicht sprechen... Nicht einfach sprechen... Und auch nicht Anschauungen ... haben müssen. Es ist einfach ... das *Fühlen*, Marcus! Warum hast du es denn nur nicht...?"

„Diana ... warum bekümmert dich dies nur die ganze Zeit? Ich brauche es doch gar nicht... Und bei dir habe ich es doch sogar, inzwischen. Reicht das nicht? Bei dir ist es wunderschön... Ich brauche gar nicht mehr..."

„Aber ich!", erwiderte sie unmittelbar, leidvoll. „Ich brauche mehr, Marcus... Ich brauche mehr von dir! Mehr Fühlen... Ach!"

Beschämt und verzweifelt unterbrach sie sich selbst.

„Siehst du? *Ich* bin so egoistisch. Ich brauche dein Fühlen. Du brauchst es nicht – aber ich..."

In ratlosem Leid ging sie schweigend neben ihm.

„Du bist", sagte Marcus nun, „so etwas *Liebes*... So Besonderes..."

„Was ist daran besonders?", fragte sie leidvoll.

„Dass es dich so bekümmert..."

Sie konnte nur schweigen.

„Bei dir ist es auch nicht Eigennutz", sagte der Junge nach einer kurzen Weile. „Du brauchst es zwar ... offenbar ... aber auch du willst es ... offenbar aus Liebe."

„Aus Liebe?", fragte sie hilflos.

„Ja – ich merke es doch. Es ist dir unendlich wichtig, dass ich fühlen kann. Du sagst, man ist erst dann ein Mensch. Und du hältst es nicht aus, dass ich in diesem Sinne noch kein Mensch bin, nicht wahr? Du sagst, wir sind durch das, was wir schon erlebt haben, zu sehr miteinander verbunden. Aber – aber am Anfang waren wir doch noch gar nicht miteinander verbunden. Aber ... aber du hast es schon ganz am *Anfang* getan, Diana..."

„Getan? Was getan...?"

„Du hast dich ausgezogen..."

„Ach so..."

Beschämt senkte sie ihren Kopf.

„Warum, Diana?", fragte der Junge innig. „Warum bekümmert dich das so sehr, ob jemand fühlt oder nicht? Gut, meinetwegen: ob jemand ein Mensch ist, in deinen Augen, oder nicht? Warum ... gehst du deswegen *so weit*?"

„Ich weiß es nicht...", murmelte sie kaum hörbar. „Ich ... ich habe es bei *dir* getan..."

„Aber warum? Hat es dich bei mir ... *besonders* bekümmert?"

„Ich weiß es doch nicht!", wehrte sie in hilfloser Ratlosigkeit ab – deren Heftigkeit ihr dann sofort wieder leidtat. „Ich weiß es doch nicht", wiederholte sie darum nur noch hilflos. „Ich weiß nicht, warum ... ich mich in dich vielleicht auch verliebt habe..."

„In mich verliebt?"

„Ich weiß es wirklich nicht, Marcus... Ich *habe* das eigentlich gar nicht. Ich verstehe es selbst nicht. Ich verstehe *mich* nicht. Und trotzdem liebe ich dich. Selbst das verstehe ich nicht... Nein ... nein, ich verstehe mich nicht..."

„Aber das...“, sagte der Junge leise, „ist so wunderschön an dir. Dass ... du es trotzdem *tust*...“

„*Das*“, fragte sie noch immer leidvoll, „ist schön?“

„Ja.“

Beschämt und berührt zugleich konnte sie nur schweigen. Schließlich musste sie aber doch fragen, leise wie ein Hauch:

„Und warum...?“

„Das weiß ich nicht“, gestand der Junge. „Das verstehe *ich* nicht...“

Nach einigen Schritten des Schweigens, sie hatte gar keine Fortsetzung erwartet, sagte er nachdenklich:

„Vielleicht ist alles schön, was man nicht versteht...“

Sie bestaunte den Satz wie ein völlig unerwartetes Wunder. Wie wenn ein Stein in eine Wiese flog und auf einmal Hunderte und Aberhunderte von Schmetterlingen sich gleichzeitig erhoben...

Manche Sätze waren so schön, dass man nicht mehr von ihnen loskam. Solche Sätze wollte man an die Wand hängen, weil alles in einem vor Freude jubelte, wenn man sie sah, wenn man sie hörte. Man wusste nicht einmal, ob sie wahr waren – aber man wusste, dass sie unendlich *schön* waren...

„Was denkst du?“, fragte der Junge neben ihr und riss sie damit aus ihren Empfindungen.

„Weißt du, was du gerade gesagt hast?“, fragte sie berührt.

Der Junge wiederholte den Satz. Es war derselbe – aber es war nicht mehr *der* Satz.

„Weißt du“, fragte sie noch immer halb wie in einer anderen Welt, „dass man jeden Satz nur *einmal* sagen kann? Danach ist er nicht mehr derselbe...“

„Wie meinst du das?“

„Es war nur einmal *dieser* Satz...“

„Danach gewöhnt man sich...“

„Nein", widersprach sie innig. „Das ist es nicht. Es ist nur so, dass man nur *einmal* einen solchen Satz sagen kann. Danach geht es nicht mehr..."

„Das verstehe ich nicht."

„Es ... es geht nicht mehr. Der ... Satz selbst will sich nicht mehr sagen lassen."

„Er will sich nicht mehr sagen lassen?"

„Nein... Es ist wie – –"

Sie suchte nach einem Vergleich.

„Es ist, wie wenn es geschneit hat. Die Welt ist verzaubert. Es ist alles so wunderschön... Es ist wunderschön... Und du machst eine Wanderung... So unglaublich schön... Aber – du kannst sie nur *einmal* machen..."

„Danach siehst du deine Fußspuren."

„Ja..."

„Aber dann ist es doch Gewöhnung."

„Nein! Der Schnee ist nicht mehr derselbe!"

„Ja, aber bei einem Satz ist er nur deshalb nicht mehr derselbe, weil du dich dran gewöhnst..."

„Nein!", protestierte sie wieder innig. „Der *erste* Satz ist noch immer derselbe!"

„Was? Das verstehe ich nicht. Welcher erste Satz?"

„Der, den du zuerst gesagt hast."

„Ich habe doch zweimal denselben Satz gesagt."

„Ja – aber das *geht* nicht. Du hast diesen Satz nur einmal gesagt. Danach hast du ihn wiederholt – aber das *war* er nicht mehr!"

„Weil du dich daran gewöhnst."

„Nein – weil er sich nur einmal sagen lassen will."

„Aber das ist doch Unsinn, Diana – ein Satz will sich doch nicht sagen lassen."

„Doch...", widersprach sie leidvoll. „Du verstehst es nicht..."

Der Junge neben ihr schwieg ratlos.

Sie dachte lange nach, danach sagte sie:

„Ich habe nicht gesagt, dass sich ein Satz sagen lassen will. Ich habe nur gesagt, dass er sich nicht ein zweites Mal sagen lassen will. Er will sich *nicht* ein zweites Mal sagen lassen. Das ist es, was der Satz will – er will etwas *nicht*."

„Diana...", sagte der Junge nun. „Ich will nicht, dass wir wieder streiten."

„Aber ich doch auch nicht!"

„Aber ein Satz kann doch weder etwas wollen noch etwas nicht wollen – es ist einfach nur ein Satz!"

Leidvoll schwieg sie, suchte nach einem Weg, es erklären zu können. Sie suchte noch einmal Hilfe beim Schnee – und spürte, dass es vielleicht gehen könnte...

„Du denkst vielleicht auch, dass der Schnee sich weder betreten noch nicht betreten lassen will. Aber das stimmt nicht. Eigentlich will er sich nicht betreten lassen – aber er will es den Menschen auch nicht verbieten! Verstehst du? Aber – aber ... er will auch *Schnee* sein. Und das *ist* er nicht mehr... Dann... Dann hast du ihn betreten, und er ist nicht mehr das, wofür er gekommen war... Er wollte die Erde bedecken – und das hast du gesehen... Wunderschön... Unbeschreiblich... Dafür war er gekommen, Marcus! Nicht dafür, dass du ihn betrittst. Aber du darfst es natürlich. Nur ist er dann nicht mehr der Schnee, der er war... So ist es auch mit dem Satz..."

Leise erwiderte der Junge nach kurzer Zeit:
„Du vermenschlichst alles, Diana..."

Der Einwand erschütterte sie. Sie verstand ihn, aber sie wollte ihn nicht gelten lassen. Sie fühlte sich in die Enge getrieben, und doch wusste sie, dass sie Recht hatte – und doch musste sie auch den Zweifel einlassen...

„Ich vermenschliche nicht alles..."

„Doch, das tust du."

„Bloß, weil ich sage, was der Schnee will?"

„Ja – bloß deshalb. Nur Menschen können wollen."

„Tiere auch."

„Bei Tieren ist es Instinkt."

„Blumen wollen wachsen."

„Nein, sie tun es einfach. Es geschieht."

„Es geschieht *nichts* einfach so..."

„Nein. Die DNA wird abgerufen, Zellen wachsen..."

„Das ist Unsinn!", rief sie verzweifelt. „Das ist doch nicht die Blume! Die Blume wächst, weil sie *möchte*! Weil sie *gerne* lebt."

Der Junge neben ihr schwieg, und sie rannte wie eine Kämpferin gegen das Schweigen an.

„Warum *sagst* du jetzt nichts mehr?"

Traurig erwiderte er:

„Ich kann nicht, Diana. Merkst du es denn nicht? Wenn ich etwas sage, leidest du immer mehr. Ich will das nicht. Ich kann es auch selbst nicht ertragen. Aber – aber wenn ich etwas sage, mache ich es immer nur schlimmer. Wir müssen solche Themen vermeiden, Diana – wir müssen es einfach..."

Todunglücklich versank sie in eine leidvolle Grübelei.

Die Ausweglosigkeit trieb ihr schließlich die Tränen in die Augen. Sie versuchte, sie stumm wegzuwischen, aber Marcus bemerkte es.

„Was ist, Diana?", fragte er betroffen.

Nun musste sie unterdrückt aufschluchzen.

„Diana...", sagte er unsicher und wollte sie in die Arme nehmen.

Sie wehrte sich erst, worauf er seinen Versuch erschrocken aufgab, dann warf sie sich selbst in seine Arme...

Und jetzt schluchzte sie wirklich hilflos auf...

Sie spürte seine Hand in ihrem Haar.

„Diana..."

Es war alles so furchtbar. Seine liebe Stimme vergrößerte ihr Leid nur noch. Sie fühlte sich hilflos gefangen – gefangen in Hilflosigkeit. Sie sah keinen einzigen Weg, ihm etwas zu sagen, zu zeigen... Alles, alles Leid schickte sie in ihre Tränen... Sie liebte ihn doch! Und warum war alles so schwer...?

Als ihr Kummer sie sanft wieder entließ, löste auch sie sich sanft aus seinen Armen. Beschämt sandte sie ihm einen kurzen, dankbaren Blick. Dann ging sie schuldbewusst langsam weiter, noch immer hilflos...

„Hast du...", fragte Marcus schließlich leise, um eine neue Brücke zu bauen, „schon als Kind geglaubt, dass die Seele das Blut bewegt?"
Ihr Herz spürte, dass in dieser Frage nicht Entlarvung, sondern Zuneigung lebte.
„Nein", erwiderte sie traurig. „das sagt Rudolf Steiner."
Es war nicht ihre Kindheitsvorstellung...
„Rudolf Steiner, Rudolf Steiner", wiederholte Marcus nachdenklich. „Den Namen habe ich irgendwo schon mal gehört."
Und dann, nach wenigen Schritten: „Hat *er* nicht die Waldorfschulen gegründet?"
„Ja...", sagte sie.
„Und du ... gehst auf so eine Waldorfschule?"
„Ja."
„Und ... und das lernt ihr dort?"
„Nein!", sagte sie leidvoll. „*Ich* habe es dort nicht gelernt. Aber mein Bruder. Ich habe es nur zufällig von ihm erfahren!"
„Woran liegt das?"
„Weil *mein* Lehrer uns das nicht gesagt hat!"
Marcus schwieg.
„Was denkst du jetzt?", fragte sie mit einigen Befürchtungen.
„Diana..."
Sie spürte, wie er wieder nichts sagen wollte.

„Du denkst wieder, das ist Unsinn."

„Wie soll ich es anders denken...", bat er gleichsam um ihr Verständnis, „Rudolf Steiner gilt, soweit ich mich jetzt erinnere, im übrigen als ... na ja, als ... also ... es hat einfach mit Wissenschaft nichts zu tun. Verstehst du, Diana? Ich will dir ja nicht *wehtun*! Das weißt du doch... Aber es ist ... wie mit der Religion. Es kann eben jeder alles sagen – und dann ‚ist' es halt so... Aber dass man das den Kindern so beibringt, hätte ich nicht gedacht..."

„Es gibt Versuche!", verteidigte sie sich leidenschaftlich. „Man hat extra Hunde umgebracht, um zu beweisen, dass das Blut auch fließt, wenn das Herz nicht schlägt!"

„Was? Welche Versuche?"

„Es *gab* solche Versuche. Man hat herausgefunden, dass das Herz keine Pumpe ist. Sondern dass das Blut sich von selbst bewegt."

„Nichts passiert von selbst, Diana."

„Ja, aber die Organe brauchen den Sauerstoff. Und deswegen saugen sie das Blut an. Das Herz braucht gar nichts zu tun."

„Das klingt ein bisschen abenteuerlich."

„Aber man hat es bewiesen!", rief sie leidenschaftlich.

„Das will ich sehen."

„Ich kann es dir zeigen. Es war ein Arzt aus Warschau, der das schon vor sechzig Jahren bewiesen hat. Und sogar noch andere vor ihm."

„Dass sich das Blut von selbst bewegt?"

„Ja, und dass das Herz wieder anfängt, zu schlagen, wenn die Lunge Sauerstoff bekommt, weil dann die Organe das Blut wieder ansaugen..."

Der Junge dachte nach. Dann sagte er:

„Aber dann dürfte es ja *nie* aufhören zu schlagen. Es gibt doch Intensivpatienten, die werden dauerhaft beatmet. Wieso hört dann das Herz irgendwann trotzdem auf zu schlagen? Das dürfte es dann doch gar nicht."

Sie fühlte sich ratlos wie aus der Bahn geworfen. Es war ein Gedanke, der nicht hätte vorkommen dürfen. Sie dachte darüber nach und kam zu keiner Lösung. Waren die Versuche also falsch?

„Es kann ja sein", hörte sie den Jungen neben sich sagen, „dass es bestimmte Versuche gab. Aber es gibt bestimmt eine andere Erklärung. Das Herz ist für den Blutkreislauf verantwortlich, es treibt ihn voran – mit Klappen und Muskeln. Wofür sollte es sonst gut sein? Damit es vom Blut angetrieben wird? Dann könnte das Blut doch auf das Herz verzichten – wozu sollte es *dann* zusätzlich zum Blut noch ein Herz geben?"

Nun war sie völlig geschlagen. Sie gab auf. Sie ergab sich den Argumenten – und fühlte sich wie in eine Leere fallen.

„Diana...?"

„Ja...", sagte sie schwach, wie wenn sie neben sich selbst ginge, und so kam es ihr auch vor.

„Ist ... alles gut mit dir?"

„Ja...", antwortete sie wie mechanisch, aber es stimmte nicht.

„Diana", sagte der Junge wieder und hielt sie an der Schulter an.

Sie drehte sich zu ihm und erwiderte seinen Blick.

„Was ist denn, Diana?"

„Ich weiß nicht..."

Es war alles Leere. Sie fühlte sich, als würde sie noch immer fallen.

„Bist du ... bist du jetzt ärgerlich?"

„Nein..."

„Du ... du bist so merkwürdig, Diana. Ist dir nicht gut?"

„Ich weiß nicht..."

„Diana!"

Nun fasste der Junge sie mit beiden Armen und schüttelte sie sanft.

„Was ist mit dir? Ist dir nicht gut?"

Sie versuchte, sich zu konzentrieren, und erwiderte den Blick des Jungen angestrengt von neuem.

„Nein, ich ... ich weiß nicht...“

„Es muss doch irgendwas sein, Diana! Ist dir schwindlig? Ist dir schlecht?“

„Nein...“

„Diana, schau mich an. Sag mir, was los ist. Willst du nach Hause?“

„Nach Hause?“

Sie sah ihn an, als wäre ihr Zuhause unendlich weit weg. Sie wusste nicht, ob sie nach Hause wollte. Es war, als würde sie all diese Fragen nur halb verstehen...

„Komm, wir gehen zurück, Diana.“

Der Junge nahm ihre Hand und zog sie mit sich – und sie ließ es geschehen.

„Ich weiß nicht, was los ist“, sagte er nun. „Diana – was habe ich getan? Was ist mit dir?“

„Nichts...“, beteuerte sie. „Es geht bestimmt gleich wieder...“

„Atme einmal tief durch!“

Sie tat es. Es war, wie wenn der Kummer selbst die Luft einsog und wieder weggab... Sie spürte, wie sogar ihre Lungen zu zittern schienen.

„Und ... geht es besser?“

„Ich weiß nicht. Ein bisschen vielleicht...“

„Was hab ich nur gemacht... Verstehst du jetzt, Diana... Wir *können* über diese Dinge nicht reden! Wir dürfen es nicht mehr... Es ist ... es ist offenbar geradezu gefährlich für dich... Ich habe so etwas noch nie gesehen...“

„Ja...“

Sie ließ sich noch immer willenlos führen.

„Wenn du nachher noch immer so bist, müssen wir zum Arzt gehen, Diana.“

„Zum Arzt...?“

„Ja."

„Und dann?"

„Dann musst du untersucht werden..."

„Und dann..."

„Irgendetwas muss doch sein."

Sie fragte sich, wie man etwas finden konnte, was vielleicht nicht mehr da war...

„Diana?"

„Ja?"

„Ich wollte nur wissen, ob du noch da bist."

„Ja, ich gehe doch mit dir...", erwiderte sie schwach.

„Ich meine – nicht dass du plötzlich wegsackst..."

„Weg...?"

„Ja, ohnmächtig wirst. Du bist so blass..."

Sie dachte an seine Worte über die Angst.

„Ich hab keine Angst, Marcus..."

„Was?"

Sie lächelte. Es war alles so weit weg...

„Es war", hörte sie sich sagen, „trotzdem schön mit dir, Marcus..."

„Was? Was heißt ‚trotzdem', Diana?"

„Trotzdem... Auch wenn es jetzt zu Ende wäre..."

„Warum sollte es jetzt zu Ende sein, Diana? Willst du, dass es zu Ende ist? Oder – – oder geht es dir wirklich nicht *gut*, soll ich einen Krankenwagen rufen?"

„Nein...", lächelte sie. „Was soll ein Krankenwagen mir denn helfen..."

„Diana, du machst mir wirklich Angst. Bitte sag doch, was los ist!"

Wieder hielt der Junge sie an und sah ihr in die Augen – und sie sah dieses schöne Gesicht, diese besorgten Augen, und er war es, sie erkannte ihn. Aber *sie*, sie war noch immer weit weg...

„Es ist irgendwie alles so weit weg, Marcus..."

„Wie – wie ‚weit weg'? Wie meinst du das?"

„Du... Ich... Die Natur hier um uns... Es ist alles so weit weg..."

„Ist dir schwindlig, Diana?", fragte er wieder. „Willst du dich kurz hinlegen? Ich kann meine Jacke ausbreiten..."

„Nein... Mir ist nicht schwindlig. Mir ist nur so komisch... So weit weg..."

„Kannst du springen, Diana? Spring bitte kurz ein paar mal. Einfach nur, damit dein Blut wieder in Bewegung kommt..."

Sie versuchte, seiner Aufforderung zu folgen – und sie sprang dreimal. Es ging schwerfällig, und sie fühlte sich wie eine Marionette.

„Und?", fragte der Junge erwartungsvoll.

Sie atmete einmal tief ein. Sie erkannte, dass er keine Ruhe geben würde, bis sie wieder da war. Und sie zwang sich selbst mit aller Kraft wieder hinein... Hinein in eine Normalität, die sie aber nicht mehr fand. Trotzdem zwang sie sich zurück dorthin...

„Ich glaube, es geht jetzt wieder...", sagte sie tonlos.

„Wirklich?"

„Ja, wirklich..."

„Es hört sich aber nicht so an!", klagte der Junge.

Sie lächelte abwesend.

„Du bekümmerst dich ja *auch* so, Marcus..."

„Diana... Ich habe mich noch nie um etwas so bekümmert wie um dich..."

Wieder lächelte sie wie wehmütig.

„Dann weißt du es doch jetzt...", sagte sie schwach.

„Was? Was weiß ich jetzt?"

„Wie das ist..."

„Diana!", klagte der Junge wieder. „Was habe ich nur getan?"

„Nichts...", sie war doch noch immer weit weg. „Du hast nur gesagt, wie es ist... Mit dem Herzen..."

„Und das hat dann *das* mit dir gemacht?"
Sie schwieg beschämt. Dann sagte sie leise:
„Vielleicht ... ist mein Herz jetzt ... auch nur noch ... eine Pumpe – –"

„Diana...", sagte der Junge zögernd, wie wenn er große Angst hätte, noch etwas anzurichten. „Dein Herz schlägt doch gewiss noch genauso wie vorher..."
„Ja, vielleicht...", erwiderte sie ergeben.
„Komm doch bitte wieder zu dir, Diana..."
„Warum..."
„Weil es so schlimm ist, dich so zu sehen!"
„Tut mir leid..."
„Nein, *mir* tut es leid!"
„Aber ich bin doch auch nur ein Haufen Blut und ... und das andere alles."
„Nein, du bist mehr!"
„Ein schönes Gesicht, ein schöner Mund..."
„N-Nein...", sagte der Junge zögernd.
„Ein Körper, der sich für dich einmal halb ausgezogen hat..."
„Diana!"
„Ein Muskel, eine Pumpe, mit was drumrum..."
„Diana, bitte hör doch auf, so zu reden!"
„Was denn dann...", sagte sie leise. „Was bin ich dann, Marcus... Sag es mir..."
„Du bist – –", begann der Junge leidvoll. „Du bist ... das Mädchen, das ich liebe..."
„Aber du weißt doch, dass *das* daraus auch nicht mehr macht..."
„Diana..."
„Wieso täuschst du dich denn jetzt selbst, nur um mich lieben zu können? Dieser ... Körper ist es doch gar nicht wert... Ja, er hat sich vor dir einmal ausgezogen... Und ja, geweint hat er auch noch... Aber die Tränen kommen bestimmt aus irgendeinem anderen Grund..."

„Einem anderen Grund?"
„Ja – nicht von der Seele..."

Bestürzt schwieg der Junge.
„Diana..." sagte er dann wieder bittend.
Sie lächelte leise.
„Ein Satz hat auch eine Seele, Marcus...", sagte sie, und sie
fühlte sich wie der sanft fallende Schnee. „Aber nur beim er-
sten Mal..."
Der Junge konnte nur stumm zuhören.
„Man gewöhnt sich nicht an ihn. Dieser eine, erste Satz – er
bleibt ja... Und er hat *immer* eine Seele, er behält sie. Auch
wenn die anderen Sätze kommen, die aber nicht mehr er
sind... Die Menschen sagen ‚Wiederholung', aber es ist keine
Wiederholung. Erst ab dem dritten Mal. Die dritte wiederholt
die zweite – aber die zweite kann niemals die erste wieder-
holen, denn der erste Satz hatte die Seele..."
Da sagte der Junge:
„Du bist auch nicht wiederholbar, Diana..."
Und dieser eine Satz rührte sie so, dass sie weinen musste.
Still rannen die Tränen über ihre Wangen...
„Diana!"
Und nun warf sie sich von neuem in seine Arme – heiß auf-
schluchzend... Und die Erde hatte sie wieder...

*

Als sie das Naherholungsgebiet langsam wieder verließen,
sagte Marcus:
„Was kann ich tun, Diana..."
Sie wusste, was alles in der Frage lag.
„Ich weiß nicht...", antwortete sie traurig. „Ich wollte dir heute so viel zeigen... Aber nun weiß ich nicht einmal mehr, was
ich tun kann... Ich fühle mich so nutzlos, so unfähig..."

„Nein, das bist du doch überhaupt nicht! Ich liebe dich. Du ... du musst gar nichts weiter tun...“

„Aber du...“, sagte sie leidvoll. „Und ich weiß nicht, was ich tun soll...“

Ratlos schwieg der Junge.

„Das Herz *muss* irgendwann aufhören zu schlagen...“, sagte sie nun leise. „Irgendwann will es nicht mehr... Aber es kann auch nicht mehr, wenn die Seele herausgeht. Wenn sie herausgeht, kann es nicht mehr und will es nicht mehr...“

Und als der Junge weiter schwieg, sagte sie nach einem kurzen Nachsinnen:

„Wenn ich dir nicht helfen kann, Marcus ... vielleicht ... muss ich dann auch aufhören zu schlagen...“

*

Der unglückliche Junge hatte darauf bestanden, dass sie sich morgen wiedersehen würden. Sie hatte vor allem seine Sorge um sie herausgehört. Nun lag sie allein und noch immer hilflos in ihrem Bett. Es tat alles so weh... Sie fühlte sich gefangen in Hilflosigkeit... Selbst ihre Gedanken waren hilflos – sie wusste nicht einmal mehr, was sie denken sollte, durfte...

In ihrer Not flüchtete sie sich wieder zu ihrem zweiten Ich, dort war man nicht einsam...

,Da liegst du nun, in deinem Bett, und weißt nicht weiter. Ich kann dir auch nicht helfen. *Du* hast dich in ihn verliebt – und jetzt siehst du, dass du ihm nicht helfen kannst. Hilf dir selbst! Siehst du? Nicht einmal das kannst du! Du kannst überhaupt nichts. Ausziehen konntest du dich... Aber ihm zeigen, was Fühlen ist... Oder dass die Seele das Blut bewegt... Fast hättest du es selbst nicht mehr geglaubt. Du *hast* es in dieser schrecklichen Stunde selbst nicht mehr geglaubt! Wie willst du ihm da helfen können? Du bist viel zu schwach! Du bist gerade gut genug zum Ausziehen...'

Sie fühlte sich so elend, dass sie schließlich wieder Mitleid mit sich selbst hatte.

,Na gut, damit hast du ihm das Fühlen beigebracht. Du hast geweint – und er hat sich in dich verliebt. Das war viel... Aber nun liegst du da... Hast dich auch in ihn verliebt – und weißt nicht mehr weiter. Das ist deine Schuld! Ich kann dir nicht helfen...'

Unsichtbar und unhörbar bat sie, die so schutzlos im Bett lag, ihr anderes Ich nun um Hilfe.

,Jetzt bittest du auch noch um Hilfe? Willst du mich auch rühren? So wie ihn...? Willst du dich etwa auch vor mir ausziehen? Das wird dir nichts nützen. Ich bin kein Junge. Und ich könnte dir auch trotzdem nicht helfen. Sieh zu, wie du allein damit zurechtkommst, Diana mit den schönen Lippen.'

Nun war ihr so hundeelend, dass sie wirklich das Gefühl hatte, sie müsse vor ihrem anderen Ich gleich weinen. In tiefer Hingabe bat die Diana, die im Bett lag, das andere Ich um Hilfe...

Das andere Ich ließ sich berühren, es bekam Mitleid – aber in demselben Moment verging es langsam, zog sich zurück ... und sie war allein.

Eine Weile fühlte sie sich wirklich vollkommen allein, einsam, ratlos – und es tat wieder so weh... Doch dann geschah etwas. Es war wie eine Anwesenheit. Und kurz fühlte sie ihr Herz heftig schlagen, fast wie in einer heiligen Freude. Und dann war sie *nicht* mehr allein. Sie konnte es nicht beschreiben. Aber sie hatte *sich* wieder. Ihr Herz schlug wieder. Sie fühlte sich wieder begleitet von ihrem eigenen Herzen. Und sie fühlte eine neue Zuversicht...

In der ersten großen Pause am Montag kam Boris zu ihr. Sie wollte das gar nicht, am liebsten wäre sie allein geblieben, aber sie konnte ihn auch nicht abwehren – und wollte dies letztlich auch nicht.

„Hallo, Diana...", sagte er zögernd.

„Hallo, Boris."

„*Darf* ich ... mit dir reden?"

Seine vorsichtigen Worte berührten ihr Herz.

„Aber ja..."

Der Junge schwieg.

„Du sagst ja gar nichts...", sagte sie lächelnd.

„Du bist so schön, Diana..."

Das wollte sie nicht hören. Sie spürte, wie sie sich innerlich ein wenig versteifte.

„Wie du", fuhr der Junge fort, „das eben so gesagt hast..."

„Gesagt?", fragte sie verwundert. „Was habe ich gesagt?"

„Du hast gesagt: ,Aber ja...'"

„Und ... klang das komisch?"

„Nein – es klang ... so besonders."

Gerade als sie ihre Befangenheit spürte, kam Marius, ein anderer Junge aus ihrer Klasse, vorbei und sagte spöttisch:

„Na, Boris – sprichst du wieder mit *Diana*?"

Boris wirbelte herum. Dann sagte er:

„Halt's Maul!"

Marius grinste. Im Weggehen flötete er noch einmal:

„Diaaanaaa..."

„Hau ab!", rief Boris ihm wütend hinterher.

In die bedrückte Stimmung hinein murmelte er dann:

„Tut mir leid..."

„Es ist ja nicht deine Schuld."

„Es hat alles kaputtgemacht."

Sie wollte nicht, dass etwas ,entstand', das sie nicht erwidern konnte...

„Es ist nicht so schlimm, Boris..."

„Doch, es ist schlimm. Es ist auch schlimm, dass du immer so geärgert wirst!"

„Ich werde doch gar nicht geärgert", erwiderte sie. „Es ist nur ... weil du jetzt da bist. Eigentlich meinte er dich..."

„Du meinst, er wollte mich ärgern?"

„Ja, natürlich. Er hat doch auch dich angesprochen."

„Aber er hat sich über dich lustig gemacht!"

„Das stört mich nicht..."

„Diana..."

„Nein, das kenne ich doch schon die ganze Zeit. Es stört mich nicht mehr..."

„Aber ich finde das schlimm."

„Mach dir keine Sorgen, Boris."

„Diana...?"

„Ja?"

„Ich habe den ganzen Sonntag an dich gedacht..."

Sie spürte eine Enge in ihrer Brust.

„Warum sagst du so etwas, Boris..."

„Weil es so ist, Diana", erwiderte der Junge leidvoll. „Ich weiß, du ... du willst das wahrscheinlich gar nicht hören. Aber ich muss es dir trotzdem sagen. Du ... sollst es wissen. Ich ... weißt du, ich ... verstehe jetzt, wenn man sagt: ‚ich kann ohne dich nicht leben'."

Bestürzt hörte sie diese Worte und wusste nichts zu sagen, wäre am liebsten geflohen, irgendwohin...

„Tut mir leid, Boris...", murmelte sie dann schuldbewusst.

„Und...", fragte der Junge zögernd, sehnsuchtsvoll, „es gibt keine Chance, Diana...?"

„Boris...", sagte sie gequält. „Du weißt doch, dass ich einen anderen Freund habe... Es ... es tut mir so leid, dass es so schnell ging, aber ... aber es ist so... Ich kann es doch nicht ändern..."

„Ja...", erwiderte er leise.

„Was soll ich denn *tun*, Boris?", drang sie in ihn. „Ist dir ... ist dir meine Freundschaft nicht genug? Ich kann dir ... nur *diese* schenken, Boris..."

„Bitte verzeih mir, Diana!", erwiderte der Junge nun ebenfalls schuldbewusst. „Das ist wahrscheinlich schon mehr, als ich eigentlich hoffen durfte..."
„Wieso mehr?"
„Na ja, weil ... man selbst so was im Grunde gar nicht hoffen darf."
„Aber warum denn nicht?"
Der Junge schwieg. Dann sagte er:
„Weil du *so* besonders bist, Diana."
„Und dann", fragte sie betroffen, „darf man das nicht hoffen?"
„Nein. Man verdient es ja gar nicht..."
„Aber Freundschaft muss man doch nicht verdienen!"
Wieder schwieg er.
„Bei dir...", murmelte er dann, „ist jedes *Wort* besonders, Diana. Was du sagst... *Wie* du es sagst..."
„Was? Was soll daran besonders sein?"
„Vorhin...", erwiderte der Junge. „Ich habe dich gefragt, ob ich überhaupt mit dir sprechen darf. Und du sagtest: ‚Aber ja...'"
Wieder kam er darauf zurück. Seine Berührung erweckte die ihre.
„Aber was ist daran besonders?", fragte sie staunend und verlegen zugleich. „Ich wollte damit nur sagen: Aber natürlich..."
„Ja – siehst du? Aber du hast gesagt: ‚Aber ja...' Niemand sonst hätte das je getan. Aber du ..."
„Vielleicht", sagte sie verlegen, um von sich abzulenken, „wäre es auch niemandem sonst aufgefallen – aber dir..."

„Ja", erwiderte der Junge leise. „Mir ist es aufgefallen... Aber so ist *alles* von dir, Diana..."

„Nein – das stimmt nicht."

„Doch..."

„Ich glaube, es klingelt gleich... Ist die Pause nicht schon lange zu Ende?"

Sie kam sich schon während dieser Antwort unglaublich töricht vor – aber die Worte waren einfach aus ihr herausgekommen...

„Diana...", sagte Boris eindringlich und hielt sie an der Schulter an, so dass sie fast erschrocken in seine Augen blickte. „Ich kann deine Liebe nicht erzwingen. Ich *will* das auch gar nicht! Trotzdem will ich, dass du weißt, wie besonders du bist. Bitte schäm dich dafür doch nicht! Ich ... ich tu dir nichts, Diana... Ich ... kann ohne dich nicht leben, Diana – aber ich will nicht auch noch deine Freundschaft verlieren. Also ... also werde ich es nicht mehr sagen... Ja...? Aber ... dein *Freund* sein darf ich...?"

Sie hätte so gern einen Ausweg gehabt – einen Ausweg, um ihm zu helfen. Aber sie sah keinen. So sagte sie nur voller Anteilnahme:

„Aber ja..."

Als sie ihre eigene Antwort hörte, blickte sie erschrocken in die Augen des Jungen. Dann mussten sie beide gleichzeitig lachen – und in diesem Moment wurde eine neue Vertrautheit geboren...

Als sie nach dem Klingeln wieder in Richtung Schulgebäude gingen, fragte sie:

„Und was hast du gestern *noch* gemacht?"

„Noch?"

„Ja – außer an mich denken..."

„Nichts..."

„Du hast gefaulenzt?"

„Nein – ich habe nur an dich gedacht, Diana. Ich meine es ernst..."

Nun war sie von neuem tief betroffen.

„Du – du warst nicht auf einer Fete oder so etwas?"

„Nein."

„Du hast nicht mit Freunden ... gechattet oder so?"

„Nur ganz kurz – nicht wirklich. Ich konnte es nicht..."

Sie hatten das Schulhaus betreten.

„Du konntest es nicht?", fragte sie leise.

„Nein..."

*

In der nächsten Pause suchte sie selbst die Begegnung mit ihm. Es hatte sie nicht losgelassen, und sie hatte die ganze Mathematik- und die darauffolgende Englisch-Stunde nur daran denken müssen.

„Boris..."

„Ja?"

„Ich weiß nicht, was ich machen soll..."

Wieder lästerte nun eine Jungenstimme:

„Die zwei Täubchen! Unzertrennlich..."

Sofort ging Boris auf den anderen Jungen los und vertrieb ihn mit wüsten Schimpfworten.

Sie hatte es erschrocken mitverfolgt und sagte nun, als er zurückkam:

„Boris, lass sie doch... Es ist so unendlich unwichtig..."

„Ich kann es nicht zulassen, wie sie dich beleidigen!"

„Aber dich beleidigen sie doch genauso."

„Das ist mir egal."

„Siehst du? Mir ist es auch egal. Lass sie einfach..."

„Aber mir ist nicht egal, wie sie *dich* beleidigen. Du sollst nicht darunter leiden..."

„Ich leide doch gar nicht."

„Ich kann das nicht verstehen!", sagte der Junge hilflos.

„Sie sind wie kleine Kinder. Sie wollen jemanden ärgern. Aber es ist so sinnlos... So unendlich sinnlos... Ich leide nur darunter, dass es ... so schlimm ist. Nicht wegen mir. Ich meine überhaupt. Wieso ärgert man jemanden? Das kann *ich* nicht verstehen. Aber ich leide nicht *mehr* darunter, als wenn sie jemand anderen ärgern würden. Es ist mir egal, ob sie es mit mir tun... Ich finde nur schlimm, dass sie es überhaupt tun. Aber ich kann es nicht ändern. Wenn ich mich wehre, tun sie es noch mehr. Ich will mich gar nicht wehren. Ich will, dass sie einsehen, was sie da eigentlich tun... Vielleicht ... vielleicht muss man es gerade deswegen aushalten. Irgendwann *werden* sie es verstehen...“

Erst nach mehreren Augenblicken sagte der Junge nachdenklich:
„Wer würde das *je* so sehen wie du, Diana...“
Verlegen erwiderte sie zögernd:
„Aber ich wollte eigentlich etwas anderes sagen, Boris...“
„Ja?“
Wieder tat der Junge ihr so leid...
„Ich...“, setzte sie ratlos an. Dann nahm sie einen zweiten Anlauf. „Ich ... ich weiß nicht, was ich tun soll, Boris! So geht es nicht... Du ... darfst einfach nicht nur an mich denken! Das ... das schaffe ich nicht...“
Bestürzt sah der Junge sie an.
„Ich“, stotterte sie beschämt, „kann das nicht, Boris... Bitte versteh das doch! Ich kann das nicht aushalten, dass du an mich denkst... Das zu wissen... Du musst damit aufhören, Boris! Bitte!“
Sie sah ihm inständig in die Augen.
„Aber...“, erwiderte der Junge betroffen, „ich – *kann* das nicht! Soll ich“, stammelte er weiter, „sagen, ich täte es, hätte es getan, obwohl es nicht wahr ist?“
In leidvollem Verstehen hing ihr Blick noch immer in seinem.
„Nein...“, sagte sie leise. „Das kannst du ja nicht tun...“
Dann senkte sie in stiller Verzweiflung den Kopf.

„Warum kannst du es nicht aushalten?", fragte der Junge zögernd und schuldbewusst.

„Weil ich mich verantwortlich fühle!", erwiderte sie verzweifelt. „Wie soll man das ertragen? Zu wissen, dass ... jemand einen liebt und ... man es nicht erwidern kann? Nicht *so*... Würdest du das aushalten?"

Der Junge dachte nach. Dann schwieg er.

„Würdest du es aushalten?", fragte sie noch einmal.

„Na ja...", erwiderte der Junge ausweichend.

„Siehst du? Du würdest es auch nicht ertragen können. Jetzt verstehst du mich..."

„Na ja, Diana ich –", setzte der Junge an. „Nein, ich ... ich verstehe nur, wie besonders du bist... Ich ... könnte es, also, ich meine – –"

„Du könntest", fragte sie bestürzt, „es aushalten, wenn du ein Mädchen liebst, aber ein anderes Mädchen liebt dich? Und es würde sagen, dass es den ganzen Tag nur an dich denken muss? Das würdest du aushalten!?"

Der Junge schwieg – und sie sah, dass es so war.

Betroffen sah sie wieder vor sich hin und sagte fassungslos:

„Was seid ihr nur für *Menschen*?"

Sie fühlte die Scham des Jungen – und litt darunter nicht weniger.

Schließlich sagte sie leise:

„Boris, aber bei mir *ist* das so. Wenn du sagst, du musst die ganze Zeit an mich denken, dann muss ich die ganze Zeit *daran* denken. Ich kann nichts dafür! So, wie du nichts dafür kannst, dass du an mich denkst. Aber ... aber *ich* fühle mich schuldig dabei... Ich weiß, du willst das nicht, und ich kann von dir nicht verlangen, nicht mehr an mich zu denken. Natürlich kann ich das nicht... Es ist ja auch schön, wenn jemand an einen denkt. Aber ... es macht es mir auch schwer. Das – verstehst du, oder?"

„Ja...", gab der Junge zu.

„Ich...", gestand sie nun verlegen, mit einem sehr, sehr großen Vertrauen, „du weißt es ja... Ich habe mich in einen Jungen verliebt, der *nichts* fühlen konnte. Ich muss ihm helfen.
Ich *will* ihm helfen!"
Sie suchte den Augenkontakt zu dem Jungen neben ihr. Sie
fand ihn kurz. Dann gingen sie wieder schweigend nebeneinander.
„Aber", fuhr sie nun innig fort, „ich *kann* ihm nur helfen,
wenn du nicht immer an mich denkst, Boris! Wenn ich nicht
immer daran denken muss... Verstehst du denn nicht? Ich
muss mich auf ihn konzentrieren, Boris. Ihn liebe ich! Ihm
muss ich helfen. Und ich brauche ... ich brauche meine ganze
Kraft dazu... Ich darf nicht – –"
Verzweifelt suchte sie sein Verständnis, verzweifelt nach
Worten...
„Ich fühle mich", brach es nun aus ihr heraus, „wie an einer
Art *Kette*, Boris! Deswegen kann ich es nicht. Ich kann es
einfach nicht. Es ist nicht deine Schuld! Aber ich weiß einfach nicht mehr, was ich machen soll!"

Bestürzt hatte der Junge zugehört und weiter geschwiegen.
Jetzt sagte sie leise:
„Nun siehst du, wie egoistisch ich bin..."
Nach wenigen Schritten kam leise auch seine Antwort:
„Niemand ist das weniger als du, Diana..."
Sie wollte das nicht hören. Es klang tröstlich, aber es half
nichts – und es vergrößerte nur ihr Schuldgefühl.
Sie fühlte, wie ihr Tränen in die Augen stiegen. Verlegen
wischte sie sie fort...
„Diana weinst du?"
Erschrocken blieb der Junge stehen.
„Bitte wein' doch nicht..."
Plötzlich war da wieder eine spottende Stimme:
„Liebeskummer! Diana hat Liebeskummer! Oh, wie –"

„Hau ab, du Dreckskerl!", explodierte Boris und vertrieb den Spötter.

In diesem Moment war sie ihm dafür dankbar...

„Diana...", kehrte er mit zärtlich-sorgender Stimme zurück.

Sie wischte sich noch eine Träne aus dem Auge.

„Du bist so lieb!", stammelte sie. „Und ich bin trotzdem so egoistisch!"

„Nein, bist du nicht."

„Doch! Ich denke nur an mich..."

„Nein. Du denkst an deinen Freund..."

Das fand sie auch noch immer egoistisch.

„...und sogar an mich", fuhr Boris fort.

„An dich?", fragte sie leidvoll.

„Ja, das hast du doch selbst gesagt. Du musst immer daran denken..."

„Ach das...", erwiderte sie bekümmert.

„Du machst dir *so* viele Gedanken, Diana! Du fühlst dich so sehr verantwortlich... Niemand anders würde das so tun..."

„Aber das hilft ja nichts!"

„Mir hilft es schon... Ich will nicht, dass du so eine ‚Kette' fühlst, Diana..."

„Ja, aber du musst ja ... an mich denken."

„Aber du sollst trotzdem keine ‚Kette' fühlen, Diana!"

„Und wie soll das gehen?"

„Vergiss es einfach!"

„Vergessen, dass du an mich denkst?"

„Ja."

„So was kann ich nicht!"

„Warum nicht?"

„*Das* wäre egoistisch!"

Als sie ihren eigenen Satz begriff, lachte sie einmal hilflos verzweifelt auf.

„Siehst du? Ich bin so oder so egoistisch..."

„Nein, Diana – bist du nicht. Alles, was du tust, habe ich noch bei keinem anderen erlebt."

„Was tue ich denn schon groß für dich?", fragte sie leidvoll.

„Diana! Wer würde einem denn ... die Freundschaft anbieten, wenn – – du weißt schon. Jeder andere würde doch sagen: ‚Lass mich in Ruhe!'"

„Wirklich?"

„Na ja, entweder das, oder ... jedenfalls sich nicht so viel Sorgen machen..."

„Aber das hilft dir alles nichts..."

Als der Junge schwieg, sagte sie:

„Und ich muss trotzdem daran denken..."

Und als er noch immer schwieg:

„Und dann kann ich meinem Freund nicht helfen..."

Wieder schämte sie sich ihres Egoismus' bis ins Innerste...

„Diana..."

„Ja?"

Er war wieder stehengeblieben, und furchtsam erwiderte sie nun seinen Blick. Er aber sagte beruhigend:

„Ich will nicht deine Kette sein, Diana. Wirklich nicht. Hilf deinem Freund und ... denk nicht an mich. Ich ... ich bin glücklich, wenn wir uns sehen. Wenn ... wenn du *dann* an mich denkst..."

Fast ungläubig sah sie ihn an.

„Und ... du findest mich ... nicht egoistisch?"

„Nein, Diana –"

Spontan umarmte sie ihn in inniger Erleichterung.

„*Danke*, Boris..."

In diesen zwei Worten lag die ganze Aufrichtigkeit ihres Herzens...

Ihrer beider Befangenheit, als sie sich wieder trennten, wurde schlagartig durch ein Johlen und Klatschen von drei, vier Jungen beendet.

„Yeah! Boris und Diana haben sich umarmt!"

„Jetzt ist es bald soweit! Wo bleibt der Kuss? *Wir* woll'n ein Kuss!"

Bevor noch mehr geschehen konnte, ergriff sie die Hand des Jungen und zog ihn mit sich fort:

„Komm, Boris – wir gehen einfach weg..."

„Ja! Händchenhalten!", rief ein Junge begeistert. „Sie halten Händchen!"

Dennoch ließen die Spötter sie ziehen...

*

Mit einer heiligen Dankbarkeit im Herzen ging sie am Nachmittag zu dem anderen Jungen, der ihr Freund war. Unterwegs kam sie an der Bank vorbei, wo sonst immer die alte Frau gesessen hatte. Heute war sie nicht dort. Betroffen machte sie sich Sorgen. Aber vielleicht kaufte sie sich nur gerade etwas zu essen. Befangen ging sie an der Bank vorbei. Es war ein seltsames Gefühl.

Als sie schließlich vor dem Haus des Jungen angekommen war, musste sie sich regelrecht zwingen, an nichts anderes mehr zu denken. Sie wollte es ja auch gar nicht, sie wollte sich ganz und gar konzentrieren, aber manchmal war es so schwer... Auch wusste sie nicht, was sie erwartete. Sie schämte sich sehr wegen des gestrigen Tages. Und sie hatte Angst – Angst, ihrem Freund nicht wirklich helfen zu können...

Oben erwartete sie Marcus in der offenen Tür.

„Diana! Ich hatte schon Angst, du würdest nicht kommen?"

„Angst? Aber warum?"

„Weil ... weil du es nicht mehr aushältst..."

„Nicht mehr aushalten?"

„Ja... Mich..."

„Doch, Marcus, ich halte dich aus. Ich werde dich immer aushalten. Wenn du mir hilfst..."

„O, Diana! Ich habe dich so vermisst!"

„Ja?"

„Ja! Unendlich... Darf ich ... dich einmal küssen?"

„Aber ja..."

Der Junge nahm sie in seine Arme und küsste sie. Instinktiv wollte sie vor seiner Leidenschaft fliehen, dann aber bat sie ihn wieder:

„Sanfter, Marcus! Bitte sanfter...!"

Und sogleich küsste er sie sanfter. Und nun wurde sie aufgenommen in das zärtliche Reich, gab sich hin...

Und als der Junge flüsterte ‚komm', folgte sie ihm...

Sie erwachte erst wieder zu ihrem gewöhnlichen Bewusstsein, allmählich, als sie, noch immer den singenden Klang der Zärtlichkeit in ihrem ganzen Leib fühlend, in ungläubiger Ermattung die Augen aufschlug.

„Ohh – –", stöhnte sie noch einmal in tiefster Liebe. „Marcus..."

Sie blickte unmittelbar in die so nahen Augen des geliebten Jungen – und er streichelte zärtlich ihre Wange.

„Du bist...", sagte er leise, „so unglaublich schön, Diana..."

„Nein, du..."

„Du wirst die richtige Pille nehmen müssen..."

„Sag das *später*, Marcus...", flüsterte sie bittend.

„Ja... Tut mir leid..."

„Nein..."

Sie zog ihn zärtlich an sich und gab ihm noch einmal einen langen, langen Kuss...

*

„Es tat mir alles so leid, gestern", sagte der Junge schließlich. „Und ich hatte solche Angst, dass ... dass ich dir dauerhaft etwas getan habe..."

„Getan?"

„Ja – du warst so schrecklich verändert."

„Es tut mir leid, Marcus..."

„Nein, mir muss es leid tun. Wie kannst *du* dich dafür nur entschuldigen?"

„Ich war es doch..."

„Ja, aber es war meine Schuld."

„Du konntest doch nichts dafür..."

„Doch, ich hätte wissen müssen, dass –"

„Woher solltest du das denn wissen? Ich wusste es ja selbst nicht..."

„Ich werde jetzt jedenfalls alles ausklammern, was dir wehtun könnte."

„Aber –", erwiderte sie bestürzt, „das kannst du doch nicht!"

„Doch."

„Aber ... das sollst du nicht!"

„Doch, Diana. Ich kann so etwas nicht noch einmal ertragen. Es war zu schrecklich! So etwas darf nie, nie wieder geschehen..."

„Ja", sagte sie leise. „Ich verspreche es..."

„Nein! So meinte ich es nicht. *Ich* verspreche dir, dass ich nie wieder etwas sage, was –"

„Marcus! Das ist unmöglich. So etwas kann man nicht versprechen. Ich kann dir nur versprechen, dass ich ... dass ich es ab jetzt aushalten werde..."

„O, Diana – wie willst du *das* denn versprechen?"

„Ich werde es einfach tun."

„Und wie willst du das machen?"

Sie sah ihm in seine Augen.

„Marcus?", fragte sie leise.

„Ja?"

„Willst du das Fühlen *lernen*?"

„Ja."

„Dann vertrau mir... Ich werde es dir zeigen... Du wirst es lernen... Und hab keine Angst wegen mir... Wenn du ... wenn du es lernen willst, ist alles gut... Ich hab auch keine Angst mehr..."

Staunend sah der Junge sie an.

„Wirklich, Marcus... Ich hab keine Angst mehr... Komm mal her..."

Noch einmal suchte sie seine Lippen und küsste ihn sehr, sehr zärtlich...

*

Sie hatte noch einmal die Wanderung machen wollen. Und nun befanden sie sich wieder draußen, in der Natur. Sie gingen an einem Tümpel vorbei, der von Weiden umgeben war. Überall standen die Kätzchen an den Zweigen.

Sie trat nah an einen solchen Zweig heran und sagte:

„Guck mal, Marcus..." Und als auch er an sie herangetreten war: „Fass mal ein solches Kätzchen an..."

Sie sah, wie er ihre Bewegung vorsichtig nachmachte.

„Und?", fragte sie erwartungsvoll.

„Es ist weich", sagte Marcus.

„Und ... *fühlst* du etwas?"

„Nein...", erwiderte er zögernd. „Nur, dass es weich ist."

„Aber ist das schön? Findest du es schön?"

„Nein – ich weiß nicht, wie du es meinst..."

„O, Marcus!", erwiderte sie schwärmerisch. „Ich freue mich *jedes* Mal so sehr, wenn ich sehe, wie die Kätzchen blühen! Wie kann ich es dir nur erklären? So weich, wie sie sind... So zart, so kuschelig... Und dann schon der Name: Kätzchen...! Das ist doch so wunderschön! Aber dann auch, wenn sie blühen... Jetzt, im April... Oder schon vorher! Sie blühen so früh, Marcus – wie wenn sie selbst voller Freude den Frühling begrüßen. Und hörst du nicht, wie die Bienen summen? Siehst du es nicht? Die fleißigen Bienen und die lieben Kätzchen... *Das* ist Frühling, Marcus! Die Kätzchen, Marcus! Sieh doch nur hin..."

Sie sah ihn in heiliger Begeisterung an.

Er sah auf den Teich, wie sie, nahm das gesamte Bild in sich auf. Dann sagte er:
„Ich sehe deine Begeisterung darüber... Und ich sehe, was du siehst... Aber – –"
„Du siehst...", sagte sie zögernd, „*nicht* die Kätzchen?"
„Doch, ich sehe sie. Aber ... ich fühle nicht, was du fühlst..."
Bekümmert schaute sie halb abwesend auf eines der goldgelb bestäubten Kätzchen.
„Wie kann ich es dir sagen...", fragte sie hilflos.
„Ist es denn so wichtig", fragte der Junge, „dass du wieder leiden musst, Diana? Bitte leide doch nicht darunter..."
„Aber es *ist* wichtig!", erwiderte sie innig. „Es ist sogar sehr, sehr wichtig. Es gibt nichts Wichtigeres, Marcus!"
„Warum denn nicht?"
Sie sah ihn mit einer heiligen Leidenschaft an.
„Siehst du, das hier...", sie machte eine hilflose Geste, die alles umfassen sollte, „das sieht *niemand*! Du bist nicht der Einzige... Ich merke doch, wie es niemand sieht. Ja, man findet es ,schön', aber auch nur, um daran vorbeizuspazieren. Verstehst du, Marcus? *Sehen* tut es niemand! Die Leute denken, sie sehen etwas, aber sie sehen nicht, was *ich* sehe! Und ich verstehe nicht, *warum* nicht...!"

Zärtlich streichelte sie die kleinen Kätzchen eines dünnen Zweigendes.
„Und mit denen, die so alt sind wie wir, ist es noch schlimmer! Die kommen ja nicht mal mehr hierher! Und selbst wenn sie es täten, würden sie nicht mal mehr *hingucken*! Und wenn sie hingucken würden, würden sie gar nichts mehr sehen. Weil sie es uninteressant finden! Wie geht das? Ich verstehe es nicht!
Ich hab manchmal Angst, wo das enden soll. Weißt du, was ich meine? Ich meine – wo soll das enden, wenn das alles

hier nicht mehr *gesehen* wird? Das bedeutet doch, es ist den Menschen egal. Alles ist egal, dann... All das hier – die ganze Natur. Und dann? Wer kümmert sich noch darum? Du denkst, die Natur kann sich um sich selbst kümmern – und das stimmt auch. Aber wenn es die Menschen nicht mehr kümmert, dann ... was ist dann mit dem Abfall? Manchmal liegt hier auch Abfall, einfach so... Und ich habe schon Orte gesehen, die wie eine Müllhalde aussahen – obwohl es eigentlich *Natur* war!"

Sie wurde von einer plötzlichen Woge der Rührung übermannt und musste ein halbes Aufschluchzen unterdrücken. Dann wischte sie sich kurz über das Auge...

„Und das ist noch nicht so schlimm, es ist nur unglaublich hässlich und schade, aber die Natur findet ihren Weg und wächst trotzdem, sogar zwischen allem Müll, der nur die hässlichen Herzen der Menschen offenbart! Aber – wenn den Menschen alles egal ist, weil sie es sowieso nicht mehr sehen, dann werden sie *alles* kaputtmachen. Das tun sie doch jetzt schon! Und es wird ihnen auch dann egal sein. Sie werden alles kaputtmachen. Und sie werden ihre Straßen bauen, ihre Häuser, ihre Parkplätze und Supermärkte, ja sie werden sogar alles kaputtmachen, weil man *irgendwann* einmal dort etwas bauen kann. Sie werden es einfach schon im voraus kaputtmachen, weil sie die Natur einfach nur noch *unwichtig* finden!"

In tiefem Schmerz blickte sie über den wunderschönen Teich. „Die Menschen werden", sagte der Junge nun, „schon so vernünftig sein, dass sie die Natur da erhalten, wo sie können, weil sie doch wissen, dass sie wichtig ist."

„Nein, das werden sie eben nicht!", rief sie leidenschaftlich. „Du siehst doch, dass sie es nicht tun! Hier ja – aber wie lange noch? Und die Regenwälder, die noch viel kostbarer sind, werden einfach vernichtet, weil die Menschen die Natur einfach unwichtig finden!"

„Einige Menschen..."
„Ja, aber viel zu viele! Und es werden immer mehr."
„Es werden auch mehr, die es wichtig finden, sie zu schützen."
„Wo denn?", rief sie verzweifelt. „Ich sehe niemanden! Wo sind sie denn? In meiner Klasse ist niemand. In meiner Schule sind ganz Wenige. Die kleinen Kinder lieben die Natur noch, meistens. Aber irgendwann hört das auf! Dann, wenn sie ein Handy kriegen! Und wann kriegen sie es? Mit neun, mit zehn – spätestens! Diese Maschinen machen etwas kaputt. Sie zerstören etwas *im Menschen*! Und danach ist alles anders..."

„So ein Gerät ist für die Kinder einfach interessanter. Es fesselt ihre Aufmerksamkeit und –"
„Ja, das meine ich doch!", unterbrach sie ihn leidenschaftlich. „*Das* ist interessanter! Aber wie kann das sein? Es ist so sinnlos – so ungeheuer sinnlos! Wie kann das interessanter sein? Als Kinder haben sie die Natur doch noch geliebt! Warum hört das plötzlich auf? Warum *vergessen* sie die Natur? Warum – warum *verraten* sie sie?"
„Verrat ist doch ein bewusstes Hintergehen, Diana. Dazu sind Kinder doch noch überhaupt nicht fähig. Es verschiebt sich einfach ihr Interesse. Das muss man doch verstehen können. Soziale Interaktion ist nun einmal viel interessanter."
„Das ist doch keine soziale Interaktion! Auf dem Handy spielen und dabei nebeneinandersitzen! Oder sich abgerissene Worte zuschicken – die man möglichst auch noch immer sinnloser macht! Lauter Abkürzungen. ‚M.g.h.s.' oder so – und dann noch stolz darauf sein, dass man weiß, was das heißt!"
„M.g.h.s.?"
„Das bedeutet nichts! So, wie mir auch das andere nichts bedeutet. Aber alle anderen vergessen *das* hier –", wieder be-

schrieb sie einen sanften Umkreis, „und das alles für ein paar armselige *Buchstaben* auf einem Bildschirm!"

„Aber wenn es niemand kann, Diana", fragte der Junge nun zögernd, „wieso hast du dir dann mich ausgesucht...?"
Schmerzlich sah sie den Jungen an.
„Weil du *gar* nichts mehr gefühlt hast, Marcus... Bei dir war es furchtbar zu sehen. Bei den anderen ist es nur furchtbar, die Sinnlosigkeit mit anzusehen. Bei dir sah ich *gar* nichts mehr..."
„Aber ist das denn so schlimm? Guck mal, die Gefühle verursachen doch auch Hass, Krieg. Sie verursachen Verletzung, ich meine absichtliche, so viel Schlimmes. Ich – ich tue zumindest niemandem etwas..."
Berührt blickte sie ihn an, und die Berührung drang tiefer.
„Ja, Marcus", erwiderte sie leise. „Du hast Recht. Das ist auch richtig. Du tust niemandem etwas. Und das ist auch schlimm: dass Gefühle so etwas tun..."
Sie musste an die gehässigen Spöttereien auf dem Schulhof denken.
„Und trotzdem ist man ohne Gefühle – – du weißt schon..."
„Kein Mensch..."
„Du *bist* ja ein Mensch!", eilte sie ihm innig entgegen. „Und du hast ja schon Gefühle, Marcus! Aber ... aber je mehr Gefühle man hat, desto ... desto *mehr* wird man ein Mensch."
„Das glaube ich nicht. Das sehe ich weder für die Fanatiker aller Art – ob religiös oder politisch oder im Sport oder sonstwo – noch für die – ich meine nicht dich, Diana! – Vertreterinnen vor allem des weiblichen Geschlechts, die in ihren ‚Gefühlen' geradezu zerfließen und die Dinge immer dramatisch und hysterisch sehen müssen."

„Du meinst *nicht* mich?", fragte sie sehr zögernd.
„Nein, Diana! Auf keinen Fall."
Sie sann nach.

„Trotzdem machen die Gefühle menschlich, Marcus! Du siehst doch: Nur ein Mensch hat Gefühle. Eine Maschine nicht. Ein Computer nicht. Aber es kommt darauf an, wie man sie – – ich kann nicht sagen ‚gebraucht', das wäre ja ein schlimmes Wort. Aber ... wie man ... also *welche* Gefühle es sind...“

„Du meinst, die richtigen Gefühle machen menschlich.“

Wieder überlegte sie.

„Die anderen auch. Nur kann es dann sehr hässlich sein. Sehr unmenschlich auch. Aber nur der Mensch kann unmenschlich werden, nicht wahr?“

„Ja, das ist wahrscheinlich wahr.“

„Siehst du? Deswegen ist die Natur auch unschuldig...“

„Nein, Diana – die Natur ist nur unfähig zu Schuld, weil bei ihr davon noch gar keine Rede ist.“

„Das meine ich doch. Aber dadurch ist sie *un*schuldig.“

„Sie ist a-moralisch – weder, noch.“

„Marcus, du *siehst* es nicht. Die anderen sehen es ja auch nicht. Aber sie fühlen es manchmal noch. Warum lieben die Menschen denn Tiere so? Haustiere? Hunde und Katzen? Weil sie lieb sind, unschuldig, treu und anhänglich...“

„Sie sind so erzogen, gezüchtet, konditioniert. Was willst du denn machen, wenn du einen Menschen brauchst, der dir Futter gibt?“

„Ja, aber Menschen sind nicht so. Du siehst doch, dass ein Hund seinen ‚Besitzer' *liebt*!“

Der Junge schwieg etwas verzweifelt.

„Man kann es nicht so nennen, Diana. Es ist dem Hund angeboren. Wenn er richtig erzogen wird, kann er nicht anders. Er wird es einfach so machen...“

„Ja – genau! Er wird es einfach so machen. *Weil* er unschuldig ist!“

Der Junge lächelte – sie wusste, dass es über ihre ‚Halsstarrigkeit' war ... und freute sich trotzdem.

„Du kannst", sagte er nun, „zu einer Topfpflanze doch auch nicht sagen, sie sei unschuldig, bloß weil sie dort stehenbleibt, wo du sie hingestellt hast."

„Und warum nicht?", fragte sie herausfordernd und ehrlich verwundert zugleich.

Nun musste der Junge wirklich kurz trocken auflachen.

„Weil sie – eine *Pflanze* ist! Sie *kann* nicht anders!"

„Ja! Deswegen ist sie *noch* unschuldiger! Sie kann nicht einmal einer Fliege etwas zuleide tun."

Nun atmete der Junge ergeben aus.

„Bei dir kann man nichts machen, Diana. Du hältst an deinen Begriffen fest wie ein Baum, der sich in die Erde klammert."

„Der Baum ist auch unschuldig...", lächelte sie zärtlich.

Er hatte längst aufgegeben – aber sie noch nicht.

„Marcus – hast du denn nie ein Häschen gesehen? Oder eine Kuh? Du musst einmal eine Kuh anschauen. Ich meine nicht nur anschauen, sondern sie wirklich *anschauen*. Mit *anderen Augen*, Marcus! Schau dir einmal ihre Augen an. Nur ihre Augen. Ganz, ganz lange... *Dann* wirst du es auch sehen. Ich weiß es..."

„Darf ich was sagen, Diana...?", fragte der Junge zögernd.

„Aber ja..."

„Ich glaube einfach...", sagte er vorsichtig, „dass dem Menschen die Tendenz zur Vermenschlichung innewohnt. Wie sollte es auch anders sein? Das ist ja auch schon wieder ‚menschlich', im Sinne von ‚human', also ‚moralisch'. Die Tendenz, alles so zu behandeln, als hätte es die gleiche Würde, die man auch dem Menschen zuspricht. Bei dir ist das ganz stark. Aber die anderen Menschen haben das auch. Manche Männer sollen mit ihren Autos reden... Und wahrscheinlich putzen sie die Karosserie auch so, als würden sie einen Frauenkörper streicheln. Oder hast du mal gesehen, wie Fußballer den Ball küssen, vor dem Elfmeter? Natürlich nicht alle – aber ich meine als Beispiel. Was glauben sie denn? Sie

glauben, dass das einen Unterschied macht. Dass sie auf geheimnisvolle Weise eine Wirkung ausüben oder beeinflussen könnten, obwohl ein Kuss in der nicht-menschlichen Welt *nichts* bedeutet und auch keinerlei Wirkung ausüben kann. Und wenn man lange genug das Auge eines Tieres angeschaut hat, denkt man, dass im Tier etwas Ähnliches wäre wie in einem selbst – jedenfalls was man in sich empfindet. Man überträgt es einfach. Man denkt sich: Da kann doch nicht nichts sein. Es ist ja auch nicht nichts. Aber –"
Der Junge unterbrach sich.
„Was aber?"
„Nichts..."

Verwundert stand sie vor der Leere des abgebrochenen Satzes. Dann hatte sie eine Einsicht und fragte betroffen:
„Wolltest du sagen: im Menschen ist eigentlich *auch* nichts?"
„Lassen wir das einfach beiseite, Diana..."
„Doch", beharrte sie, „das wolltest du sagen. Aber wie kannst du das tun? Fühlst du dich als ein Nichts? Liebst du ... liebst du ein Nichts?"
„Diana, bitte..."
„Nein, Marcus... Mir geht es heute nicht mehr so wie gestern. Ich will es wissen. Du kannst doch kein Nichts lieben! Liebst du ein Nichts, Marcus...?"
„Es ist kein Nichts... Es ist nur – –"
„Was ist es denn nur, Marcus? Sag es doch! Ist es ein halbes Nichts?"
„Du weißt doch, was der Mensch ist – wie jedes andere Lebewesen auch."
„Was denn? Ein Automat?"
„Nein, kein Automat. Ein Organismus."
„Und was ist ein Organismus?"
„Ein Organismus ist ein sich selbst regulierendes System."
„Und was ist ein System?"

„Ein System ... ist eine Gesamtheit verschiedener aufeinander bezogener Elemente."

„Elemente? Was für Elemente?"

„Die Bestandteile des Systems. Gewebe, Organe..."

„Und warum liebt so ein Gewebe-System ein anderes?"

„Das ist Instinkt."

„Was für ein Instinkt?"

„Diana..."

„Nein – sag es!"

„Ich weiß nicht – Sexualinstinkt..."

„Was heißt das?"

„Diana..."

„Nein – sag auch das!"

„Es heißt ursprünglich, dass man sich einen Partner sucht, um sich fortzupflanzen."

„Und deswegen liebst du mich?"

„Nein!"

„Genau!", sagte sie mit Tränen der Rührung in den Augen. „Du liebst mich, weil du mich *weinen* gesehen hast! Deswegen liebst du mich, Marcus! Begreifst du denn nicht? Begreifst du denn jetzt nicht...?"

In tiefster Innigkeit sah sie ihm in die Augen...

„Diana..."

„Was?", rief sie.

„Das ist ... vielleicht auch wieder nur ein Reflex. Ein ‚sozialer Reflex', Mitgefühl..."

„Aber Mitgefühl kann *nie* ein Reflex sein!", rief sie – und warf sich schluchzend an seine Brust. „Warum *verstehst* du es denn nicht?"

Hilflos ließ sie dort ihren Tränen freien Lauf und schlug ein paar Mal mit ihrer hilflosen Faust an seine Brust... Unbeholfen streichelte er ihr Haar – und sie überließ sich ihm, es tat inmitten des Schmerzes so gut...

Als sie sich schließlich verletzlich aus seinen Armen löste, sagte sie leise:

„Du denkst vielleicht ... Mitgefühl ist ein Reflex, weil es *automatisch* gefühlt wird. Aber du hast es nur bei *mir* gefühlt. Und weißt du warum? Weil das Herz sich *aussuchen* kann, bei wem es mitfühlt... Wenn es wirklich ein Herz ist, fühlt es bei *allen* mit – aber außerdem noch muss es sich entscheiden. Bei einem Reflex *kann* man sich nicht entscheiden...“

Der Junge sagte nichts.

„Warum sagst du nichts?“, fragte sie leidvoll.

„Ich will dich nicht weiter leiden sehen, Diana...“

„Warum denn nicht?“

„Weil ich dich liebe.“

„Aber du liebst mich doch nur, weil du mich leiden sahst!“

„Ja, aber jetzt will ich dich nicht mehr leiden sehen, weil ich dich liebe.“

„Siehst du denn ein, dass es kein Reflex war?“

„Bestimmt hat deine Schönheit auch mitgespielt...“

„Meine Schönheit?“

„Ja.“

„Wie das?“

„Nun, es gibt Schönheitsideale, und darunter liegen wieder instinktive Programme, welches ... Weibchen wohl –“

„Nein!“, rief sie, „Marcus, hör auf... Das ertrage ich wirklich nicht mehr... Nein... Nein...“

Betroffen hatte der Junge sofort aufgehört.

„*Fühlst* du denn etwas davon?“, fragte sie innig. „Fühlst du etwas von all diesen Instinkten?“

„Nein, das nicht –“

„Na, siehst du!“

„Instinkte kann man ja auch nicht fühlen. Man muss ihnen folgen – und sie bleiben ganz unbewusst.“

„Aber du *musst* mich nicht lieben! Du kannst auch wieder aufhören!“

„Nein, das kann ich glaube ich nicht."

„Und warum nicht?"

„Weil ich dich nun einmal liebe."

„Und wenn wir uns streiten würden, ich meine, sehr schlimm, dann würdest du mich irgendwann nicht mehr lieben."

„Vielleicht."

„Aber dein Sexualinstinkt würde dir noch immer sagen, du *sollst* mich lieben..."

„Vielleicht."

„Und andere Jungen haben völlig andere Sexualinstinkte, weil mich bisher *keiner* geliebt hat, bis vor kurzem..."

„Die jeweiligen Schönheitsideale lagern sich darüber..."

„Aber was *bedeutet* dann ,Instinkt' noch? Instinkt wäre doch, wenn man eine starke Frau mit großen Brüsten und breiten Hüften ,lieben' würde, weil man weiß, sie kann die Jungen ernähren und verteidigen und so weiter. Was soll denn Instinkt sonst *bedeuten*?"

„Ich bin mir nicht sicher... Das Kulturelle lagert sich eben darüber."

„Und die anderen Jungen haben eine ganz andere Kultur als du?"

„Sie haben einen anderen Geschmack. Sie ... finden dich wahrscheinlich langweilig..."

„Natürlich tun sie das! Aber das heißt, der Instinkt ist gar nicht da!"

„Diana – es gibt genauso viele Mädchen wie Jungen. Es ist doch genug Auswahl da... Der Instinkt wirkt natürlich in jedem Jungen – und auch in jedem Mädchen. Aber wer sich dann wen aussucht, das –"

„Das?"

„Das ist verschieden..."

„Wonach richtet sich das?"

„Was weiß ich? Vielleicht auch nach dem Erbgut. Sicher nach den Kindheitserfahrungen, nach dem Typ der Mutter, des Vaters, nach anderen frühen Prägungen. Das alles, was dann das sogenannte ‚Schönheitsideal' wird – sehr verschieden."

„Also ich bin dein Schönheitsideal?", fragte sie auf einmal ruhig und leise.

„Du bist sehr schön, ja."

„Aber bin ich *dein* Schönheitsideal...?"

„Ich weiß nicht, ob ich ein Ideal hatte. Ich hatte nicht ein bestimmtes..."

„Ich *auch* nicht, Marcus! Du warst es bestimmt nicht! Ich habe mich in dich nicht wegen deines Aussehens verliebt. Vielleicht hat es das nicht verhindert – aber es war nicht *wegen* deines Aussehens. Wegen was denn dann? Etwa wegen deiner Muskeln? Welche Muskeln denn? Wegen *was*, Marcus?"

Er lächelte.

„Wegen meiner Intelligenz bestimmt nicht..."

„Nein – natürlich nicht! Wo sind nun alle Instinkte und alle Schönheitsideale? Wo sind sie hin? Ich wollte mit dir kein Kind. Ich wollte *überhaupt* kein Kind. Ich wollte mich nicht einmal verlieben. Und es war schon ein Junge da, in den ich mich verlieben hätte können – und ich war wahrscheinlich schon dabei... Aber dann kamst *du*! Warum habe ich mich in dich verliebt, Marcus? Warum denn?"

„Ich weiß nicht..."

„Ich wusste es auch nicht. Und doch weiß ich es jetzt. Es *war* mein Mitleid! So wie es *deines* war! Wir haben uns beide auf die gleiche Art verliebt! Du hast dich in mein Weinen verliebt – und ich habe mich verliebt, weil dir etwas fehlte! Wo können denn da Instinkte sein? Instinkte verlieben sich in etwas, was *da* ist! Ich habe mich verliebt, weil etwas nicht mehr da war! Weil ich dir helfen wollte, es wiederzufinden! *Nur deshalb* habe ich mich verliebt. Das wollte ich gar nicht. Aber ich habe es trotzdem getan. Und nun liebe ich dich. Aber ich liebe *dich*! Keinen Automaten. Keinen Organismus.

Keinen Jungen, mit dem man Kinder kriegen kann. Sondern *dich*, Marcus – dich!"

„Okay...", sagte der Junge geschlagen. „Ja, Diana, ich liebe auch *dich*... Ich verstehe es nicht, aber es ist so..."

Überglücklich und unendlich erleichtert fühlte sie die Kraft von sich weichen – und stumm umarmte sie ihn, während die Tränen ihre Wangen hinab rannen...

*

Sie hatte Marcus auf dem Rückweg spontan gebeten, mit zum Abendessen zu kommen. Sie wollte ihn ihren Eltern vorstellen. Er hatte gefragt, ob man das heute noch mache – und sie hatte gesagt, *sie* wolle es tun...

So stand er nun einigermaßen nervös neben ihr, während sie die Haustür aufschloss. Dann gingen sie zusammen in den zweiten Stock, wo sie wohnte, und schließlich standen sie im Flur ihrer Wohnung.
„Mama?", rief sie in die Wohnung hinein.
„Ja?", kam die Antwort aus der Küche.
Sie zog sich die Schuhe aus und gab auch ihm eine kleine Geste, dies zu tun.
„Ich möchte dir jemanden vorstellen, Mama!"
Verwundert kam ihre Mutter aus der Küche – und sie sah ihren kleinen Schrecken über den fremden Jungen hinter ihr.
Sie machte ihm Platz, bis er neben ihr stand, und sagte:
„Das ist Marcus, Mama. Wir sind befreundet... Kann er heute mit uns essen?"
„Äh, ja – ja, natürlich...", stotterte die Mutter. „Seit ... seit wann kennt ihr euch denn...?"
Sie sah Marcus an, der ihren Blick erwiderte.
„Seit Mittwoch..."

„*Fünf* Tage?", sagte die Mutter.

„Heute ist der sechste Tag...", erwiderte sie, als ob es etwas ändern würde.

Betroffen fragte sie dann:

„Ist etwas daran nicht in Ordnung, Mama...?"

„Doch – ich ... dachte nur, dass du dir mit so etwas mehr Zeit lässt..."

„Ich bin doch schon fünfzehn..."

„Nein, ich meine, mit dem Kennenlernen."

„Ach so..."

Leise beschämt warf sie Marcus einen kurzen Blick zu.

„Aber ... manchmal geht es eben schnell..."

„Ja, das sehe ich..."

Nun war es ihr doch ziemlich unangenehm.

„Kann er bleiben, Mama...", fragte sie befangen. „Kann er mit uns essen – oder –"

„Ja, natürlich", unterbrach die Mutter schnell. „Das habe ich doch gesagt. Macht es euch bequem. Ich bin gerade am kochen. Du weißt ja, in einer halben Stunde kommt Papa, und dann essen wir um sechs."

„Ja..."

Mittlerweile war ihr Bruder herausgekommen. Bevor sie ihn begrüßen konnte – oder er etwas dergleichen tat –, war er schon im Zimmer seiner älteren Schwester verschwunden, und von dort hörte man ihn bis in den Flur:

„Julia, komm schnell – Diana hat einen Freund!"

„Was?", hörte sie die Stimme ihrer Schwester. „Du musst dich irren!"

„Nein, wirklich – guck doch selbst! Schnell! Er bleibt zum Essen!"

Und schon sah sie ihre neugierig grinsende Schwester im Schlepptau ihres Bruders.

„Ist das echt wahr?", sagte Julia. „Und du hast ihn mitgebracht? Zum Essen?"

Etwas beschämt vom Verhalten ihrer Geschwister sagte sie:
„Julia – das ist Marcus. Marcus – das ist meine Schwester
Julia..."
Die beiden begrüßten sich und gaben sich nach dieser förm-
lichen Vorstellung auch die Hand. Sie sah, wie sich Julias
neugieriger Blick in keiner Weise veränderte, als sie das Gesicht des Freundes ihrer Schwester ausgiebig musterte. Ihr
Lächeln gefiel ihr gar nicht – bis sie merkte, dass ihre Schwester offenbar selbst in dieser kurzen Sekunde versucht hatte,
mit ihm zu flirten...
Sie fragte sich noch, ob sie sich nicht doch irrte, da sagte ihre
Schwester zu ihr:
„Ich kann leider nicht zum Essen bleiben – ich bin noch verabredet..."
Dann warf sie dem Jungen noch einen Blick zu und verschwand wieder in ihrem Zimmer. Auch ihr Bruder war so
schnell wieder verschwunden, wie er gekommen war.

Sie hatte gar nicht so schnell reagieren können, wie alles passiert war – nun blieb sie ungläubig betroffen zurück und musste sich erst einmal wieder sammeln.

„Ähm – ich zeig dir mein Zimmer... Komm..."

Als sie die Tür hinter sich und ihm geschlossen hatte, fühlte
sie sich etwas sicherer – aber nur etwas, denn nun bangte sie
vor seinem Urteil über ihr Zimmer, verfolgte beinahe ängst-
lich das Wandern seines Blickes...
„Und ... gefällt es dir?", fragte sie schließlich befangen.
Er sah sie an. Als er ihren Blick sah, fragte er leise betroffen:
„Diana ... hast du etwa Angst, es würde mir *nicht* gefallen?"
Sie senkte etwas beschämt den Blick.
„Ja ... ich glaube, das hatte ich..."

„Du weißt doch, dass du mir das alles erst noch beibringen musst... Ich fälle gar keine Urteile... Es gefällt mir aber schon deshalb, weil es *dein* Zimmer ist...“

Etwas verlegen deutete sie auf das Poster an ihrer freien Wand, an der auch ihr Bett stand – es zeigte einen Weg mitten in einem wunderschön grünen Buchenwald.

„Vielleicht findest du ja das Poster etwas ... naiv. Julia und Thomas finden es stinklangweilig...“

„Nein – es ist genau das, was man in deinem Zimmer erwartet.“

„Ist...“, fragte sie zögernd, „das jetzt gut oder schlecht...?“

Marcus trat auf sie zu – und streichelte zärtlich ihre Wange.

„Ich kenne das nicht, Diana... Warum bist du auf einmal so unsicher... Du bist *so* unsicher wie noch nie. Warum?“

„Ich weiß auch nicht...“ Sie fuhr sich verlegen einmal durch das Haar. „Vielleicht ist das so eine Art Erster-Besuch-Reflex, wenn man sich liebt...?“

Der Junge lächelte.

„Ja, vielleicht... Das klingt viel schöner, als zu sagen, man will einen guten Eindruck machen, um die Bindung des ... Sexualpartners zu sichern...“

Entsetzt sah sie ihn an.

„Du bist wirklich furchtbar, Marcus!“

„Ich meine es nicht so. Aber das ist es ... doch auch?“

„Aber wir haben doch herausgefunden, dass wir uns aus ganz anderen Gründen verliebt haben?“

Wieder streichelte sie der Junge. Dann flüsterte er zärtlich:

„Aber trotzdem sind wir doch jetzt auch ... das...?“

„Ich wäre auch aufgeregt“, sagte sie in nur halb ernster Empörung, „wenn wir *nicht* ‚das‘ wären!“

„Ja...“, antwortete er liebevoll. „Deswegen liebe ich dich so.“

„Weswegen?“, fragte sie überrascht.

„Wegen all dem... Das sind doch alles Gefühle, oder?“

„Du –", sie starrte ihn fast ungläubig an, „du liebst mich wegen meiner Gefühle?"

„Ja... Ja – ich glaube ja... Ich liebe dich immer mehr – genau deswegen. Und war nicht schon dein Weinen ein Gefühl, Diana? Es war das berührendste Gefühl, das ich je erlebt habe. Ich *konnte* mich nur verlieben..."

„Du liebst mich wegen meiner Gefühle...", sagte sie leise, wie zu sich selbst.

„Und du, Diana?", fragte er unsicher. „Wirst du mich eines Tages auch für *meine* Gefühle lieben? Auch wenn du dich in mich verliebt hast, weil ich sie nicht habe...?"

„Was?"

Sie sah ihn erstaunt an, bis sie den Sinn seiner Worte begriff.

„Natürlich! Du *hast* doch schon Gefühle! Schon dein erster Brief war wegen deines Gefühls geschrieben, Marcus!"

„Ja, gut ... ich hoffe nur, das reicht..."

„Und das andere ... werde ich dir beibringen ... und du willst es doch lernen, nicht wahr?"

„Ja, Diana. Ich will es lernen."

Sie umarmte ihn und küsste ihn innig.

*

Sie saßen zu fünft am Esstisch. Sie saß ihrem Vater gegenüber, Marcus ihrer Mutter, und Thomas saß an der Schmalseite. Ihr Vater war über das plötzliche Erscheinen eines Freundes noch irritierter gewesen als ihre Mutter und hatte sie sogar kurz gefragt, ob man ‚so etwas' nicht ankündigen könne. Entsprechend gespannt war die Stimmung zunächst, als die Mutter, bemüht, die Wogen zu glätten, jedem etwas zu essen auftat. Es gab Roulade mit Kartoffeln. Für sie hatte die Mutter zwei Grünkernrouladen zubereitet – sie hatte, zunächst gegen den Widerstand ihres Vaters, seit Jahren kein Fleisch mehr angerührt.

Marcus hatte, als die Reihe an ihn kam, einmal zu ihr geschaut. Und sie hatte geflüstert: ‚Du kannst ruhig eine richtige nehmen...'

Nun ergriff die Mutter auch das Wort. Nach einem einleitenden ‚Dann lasst es euch schmecken!' fragte sie:
„Und wie habt ihr euch kennengelernt?"
Die Frage war an sie beide gleichzeitig gerichtet. Die Mutter überließ es der Einfachheit halber ihnen selbst, zu entscheiden, wer antworten wollte. Sie hatte an diese einfache Frage überhaupt nicht gedacht. Es war kompliziert – alles war kompliziert, wenn man es so sah...
„Ähm...", stotterte sie ein wenig, „also ... beim Einkaufen..."
„Beim Einkaufen?"
Die Frage war gemein. Es gab nicht viele andere Gelegenheiten, wo es überhaupt möglich gewesen wäre, wenn nicht in der Schule.
„Ja."
„Also ihr geht nicht auf die gleiche Schule?"
„Nein..." Gleich wurde es vermutlich noch komplizierter.
„Marcus geht auf gar keine Schule mehr. Er studiert schon."
„Sie studieren schon?", sagte ihr Vater jetzt, und es hörte sich fast wie eine Art persönliches Beleidigtsein an. „Wie alt sind Sie denn?"
„Sechzehn."
„Dann kann man doch noch nicht studieren."
„Papa – Marcus hat einen Intelligenzquotienten von einhundertsiebzig. Er hat schon seine Geburtsurkunde selbst gefälscht..."
Es sollte witzig sein – wie bei ihr. Aber der Vater schaute jetzt völlig entgeistert, und nur Marcus rettete die Situation, als er erklärte:
„Das war ein Witz, den ich mit Diana gemacht hatte. Aber der erste Teil stimmt. Und deswegen studiere ich tatsächlich.

Computertechnik. Ich habe in der Schule insgesamt drei Jahre übersprungen..."

Dem Vater blieb gleichsam die Sprache weg. Sie sah, wie es in seinem Kopf arbeitete. Dann fragte er noch immer wie leise persönlich beleidigt:
„Und wie lernt man sich beim Einkaufen kennen?"
Sie sah den Jungen an, und er erwiderte ihren Blick. Dann sagte sie:
„Er hat mich angesprochen. Ihm war ... meine ‚emotionale Intelligenz' aufgefallen..."
„Deine ... was?"
„Meine ‚emotionale Intelligenz'."
„Was ist denn das?"
Nun sah sie wieder ihren Freund an. Er konnte es doch so gut erklären...
„Das ist", antwortete dieser, „eine ausgesprochene Begabung in den Gefühlen..."
Völlig erstaunt sah sie ihn an.
„In den Gefühlen, ja...?", erwiderte der Vater. „Und wie ist Ihnen das aufgefallen?"
Sie konnte sich mit dem ‚Sie' gegenüber dem Jungen gar nicht anfreunden. Noch weniger aber gefiel ihr die misstrauische Art ihres Vaters.
„Sie war sehr freundlich."
„Zu Ihnen?"
„Zu der Verkäuferin. Und ja, zu mir auch..."
„Und *inwiefern* freundlich?"
„Gefällt es Ihnen nicht, dass Ihre Tochter freundlich ist?"
„Was soll denn *das* heißen?"
„Oder gefällt es Ihnen nicht, dass Ihre Tochter zu mir freundlich war? Ich vermute –"
Sie konnte wiederum gar nicht so schnell reagieren, wie sich das Geschehen auch hier wieder entfaltete.

„Marcus!", schaffte sie es viel zu spät, zu unterbrechen, „was – was *machst* du denn?"

„Was ich mache?"

„Und du, Papa", wandte sie sich nun an diesen, „warum bist du so unfreundlich?"

„Ich bin doch nicht unfreundlich!"

„Doch – misstrauisch und unfreundlich!"

„Kinder", versuchte nun auch noch ihre Mutter, die Gemüter abzukühlen, „könnt ihr euch nicht alle wieder beruhigen. Das darf doch nicht wahr sein. Da bringt Diana ihren Freund mit, und wir schaffen es noch nicht einmal, gemeinsam zu essen und uns vernünftig zu unterhalten?"

Der Vater zog seine Krallen wieder ein – aber er sagte kein einziges Wort mehr. Nun verlegte er sich auf die Panzerung...

Deshalb übernahm die Mutter das Gespräch:

„Und *was* studieren Sie? Computertechnik?"

„Ja."

„Ah ja. Und – gefällt es Ihnen?"

„Ja."

„Und ... Sie leben aber auch noch bei Ihren Eltern?"

„Nein."

„Nein?"

„Nein. Meine Eltern leben in Nürnberg."

„Ah..."

Das Gespräch stockte etwas. Und ihr wurde immer unwohler. Dann fragte die Mutter:

„Und wie haben Sie sich nun wirklich kennengelernt? Ich meine", ihre Mutter wandte sich nun doch wieder an sie, „wie ist es dann weitergegangen? Ihm fiel auf, dass du sehr freundlich bist – und dann?"

Sie hatte das Gefühl, dass diese Frage sehr indiskret war, aber irgendetwas musste ihre Mutter ja fragen. Man lernte jemanden immer irgendwie kennen.

Aber sie brachte die Wahrheit einfach nicht über die Lippen.

„Ihre Tochter hatte Mitleid mit meiner *fehlenden* emotionalen Intelligenz..."

Bestürzt sah sie ihn wieder an – und er lächelte leicht.

„Ah ja...", sagte die Mutter nicht sehr verständnisreich. „Und dann?"

„Nichts ,und dann' – irgendwann merkt man dann, dass man sich mag..."

Ein drittes Mal sah sie ihn völlig erstaunt an, diesmal allerdings so heimlich wie möglich.

Dann fiel der Mutter etwas ein.

„Also – – dann war der Brief von letzter Woche von Ihnen!" Wieder sahen sie sich an.

„Ja, das war er", antwortete sie.

„Und warum", fragte die Mutter weiter, „hast du dann so geweint? Du warst ja völlig außer dir!"

Diese Frage hätte nicht kommen dürfen. Sie spürte, wie sie hochrot wurde und wie ihre Gedanken rasendschnell zu kreisen begannen. Sie konnte keine Antwort geben, keine einzige...

„Das war meine Schuld", sagte der Junge nun, und jetzt wurde ihr wirklich siedendheiß, weil sie nicht wusste, was gleich geschehen würde... „Bitte ersparen Sie mir weitere Einzelheiten. Ich sagte ja schon: fehlende emotionale Intelligenz. Aber Ihre Tochter bringt mir das gerade bei..."

Sie konnte nur voller Bewunderung zu ihm aufblicken... Ihre Eltern dachten sich ihren Teil – sie hatte keine Ahnung was, aber sie wollte es auch nicht wissen. Sie war einfach heilfroh, dass dies alles nun besprochen war und sie keine weiteren Fragen zu fürchten hatte. Sie kam sich vor wie nach einem schweren Kampf, so erschöpft...

Dennoch lief das weitere Gespräch sehr unerfreulich, nämlich fast gar nicht. Und sie konnte sich nach dem Essen bei ihrem Freund nur vielmals entschuldigen, dass es so verlaufen war.

Er sagte ihr immer wieder, sie solle sich keine Sorgen machen, aber sie war untröstlich. Lange beklagte sie sich bei ihm, dass ihr Vater so war – und er versuchte ihr zu erklären, wie es dazu kam, aber das konnte sie nicht trösten. Schließlich verabschiedeten sie sich und verabredeten sich für den nächsten Tag. Die Verabschiedung durch ihren Vater war fast eisig... Sie konnte ihrem Freund zuletzt nur einen erneut um Verzeihung bittenden Blick hinterhersenden...

*

Unmittelbar nachdem die Tür sich wieder geschlossen hatte, stellte ihr Vater sie zur Rede.

„Was ist denn *das* für ein Kerl, Diana!", war sein erster Satz.
„Er ist kein ‚Kerl' – was meinst du?", verteidigte sie sich – und ihn.
„Was ich meine? Was er sich erlaubt! *Das* meine ich! Hast du gehört, was er am Tisch gesagt hat?"
„*Du* warst unfreundlich, Papa! Er hat nur gefragt, ob du es schlimm findest, wenn ich freundlich bin."
„Nur?", wiederholte ihr Vater betont. „Nur? Ich glaube, selbst du weißt nicht mehr, was sich gehört! Sonst könntest du kaum so eine Antwort geben!"
„Er hat nur –"
„Nein, er hat *nicht* ‚nur'!", unterbrach sie der Vater. „Er war die Frechheit in Person! Und seine nächste Frage war dann ja wohl der Gipfel!"
„Aber genauso war es doch!", erwiderte sie leidenschaftlich.
„Du hast ihn doch von Anfang an nicht gemocht! Das hat er einfach nur gemerkt – und dich dann gefragt..."
„Tja!", stieß ihr Vater verächtlich aus. „Und hättest du ihn nicht unterbrochen, wären diese Frechheiten noch weitergegangen!"

Sie hasste sich selbst, dass ihr keine Antwort einfiel – und nach wenigen Momenten war es dann immer zu spät...

„Ich frage mich", setzte ihr Vater nun nach, „was du an diesem ... Kerl findest. Das frage ich mich wirklich..."
„Das musst du dich nicht fragen, Papa. Er ist sehr lieb...", versuchte sie, sich wieder mit ihrem Vater zu versöhnen.
„Aha. Davon hat man nur nichts gemerkt."
„Er muss ja nicht zu *dir* lieb sein..."
Sie hatte damit noch immer Verständnis bei ihrem Vater wecken wollen – aber er bekam diese Antwort auch wieder in den falschen Hals.
„Ach so! Und den Respekt kann er auch gleich weglassen, wie?"
„Das hat er doch gar –"
„Und wie lieb ist er zu dir? Bei seiner fehlenden emotionalen Intelligenz?"
„Papa!", sagte sie empört. „Zu mir ist er *sehr* lieb! Und er *hat* emotionale Intelligenz. Sogar immer mehr..."
„Das gefällt mir alles gar nicht!", stellte ihr Vater kurzerhand fest. „Er *studiert* schon, und du bist erst fünfzehn. Gerade mal in der zehnten Klasse."
„Ja, aber er ist auch erst sechzehn."
„Trotzdem. Das kommt mir vor wie ein Verhältnis zu einer Minderjährigen."
„Aber er ist *auch* noch minderjährig, Papa!"
„Ja – benehmen tut er sich so."

„Du bist doch nicht *besser*, Papa!"
„Was heißt denn das? Ich frage nur, wie er dich kennen–"
„Nein, du warst von Anfang an misstrauisch – und dann sogar unfreundlich! Du hast dich auch von Anfang an geärgert, dass wir nicht vorher gefragt haben – und dass ich seinen Besuch nicht ‚angekündigt' habe. Aber dann hättest du auf *mich* wütend sein müssen, nicht auf ihn. *Er* hat sogar gefragt,

ob man so etwas heute noch macht! Und ich habe gesagt, dass *ich* es wollte. Wegen *euch*! Lieber hätte ich es jetzt nicht gemacht. Ich schäme mich vor ihm..."

Nun wusste ihr Vater nichts mehr zu erwidern...

Schließlich grummelte er verlegen:

„Aber das Andere geht hoffentlich nicht so plötzlich."

„Welches Andere?"

„Na, du weißt schon. Deine Schwester war damit viel zu schnell. Mit sechzehn hatte sie schon fast ein Kind im Bauch! Ich gehe davon aus, dass du da vernünftiger bist."

Sie spürte, dass sie rot wurde. Zum Glück konnte es auch wegen des Themas an sich sein. Außerdem war der Flur, in dem sie noch immer standen, ein bisschen dunkel...

„Nein, ich werd' nicht schwanger, Papa..."

„Das will ich hoffen! Aber ich meinte es generell. Ich hoffe, du lässt dir da noch viel Zeit."

„Ja, Papa..."

*

Als sie an diesem Abend im Bett lag, hatte sie viel nachzudenken. Was wollten Eltern, wenn sie so etwas taten? Marcus hatte ihr gesagt, dass Väter oft irgendwie ihre Tochter ‚beschützen' wollten, was so weit ging, dass sie manchmal jeden Freund als ‚Nebenbuhler' betrachteten. So konnte es zu regelrechten ‚Revierkämpfen' kommen. Sie verstand das alles nicht. Sie hatte vorher niemals an so etwas gedacht. Nun aber hatte ihr Vater sich unmöglich benommen. Warum nur? Nur weil er beleidigt gewesen war, dass sie nicht vorher Bescheid gesagt hatte? Aber er war so unfreundlich gegen ihren Freund gewesen, dass er etwas gegen *ihn* haben musste.

Störte es ihn, dass er ein Jahr älter war als sie? Störte es ihn, dass er so intelligent war? Störte es ihn, dass sie *überhaupt* einen Freund hatte? Aber er hatte sie schon manchmal gefragt. Es musste ihn stören, dass sie *diesen* Freund hatte.

Was hieß überhaupt ‚Nebenbuhler'? Sie mochte all diese Worte nicht. Nebenbuhler hieß doch Konkurrent. Konkurrent um *sie*? Aber ihr Vater kümmerte sich doch überhaupt nicht um sie. Kaum. Und warum dachte er, dass er sie beschützen müsste? Vor was?
Und er wollte nicht, dass sie mit ihm schlief. Warum wollten Eltern das nicht? Sie hatte auch ein bisschen Angst davor gehabt. Aber es war viel schöner gewesen, als sie es sich vorgestellt hatte. Sie *hatte* es sich bereits schön vorgestellt – aber sie hatte keine Ahnung gehabt...
Zuerst war er nicht sanft gewesen ... aber wie hätte er es auch sein können, wo auch er es nicht gekannt hatte? Aber dann hatte sie ihn gebeten, sanfter zu sein, und er *wurde* sanfter. Und dann war es so unglaublich schön, dass ihr auch jetzt wieder, als sie daran dachte, leise Schauer durch den Leib rieselten...

Sie konnte nicht verstehen, wie Eltern das verbieten konnten. Nun hatte ihr Vater sie zu einer Lüge gezwungen... Hätte sie auch *nicht* lügen können? Dann wäre ihr Vater furchtbar wütend geworden – oder furchtbar enttäuscht. Sie hätte seinen Erwartungen nicht entsprochen. Nun tat sie es auch nicht – und war noch dazu in einer Lüge gefangen. War dies besser? Wenn man den Vater ohnehin enttäuschte – war es dann nicht wenigstens besser, man sagte die Wahrheit? Was war, wenn er es später *herausfinden* würde? Dann würde er für immer und ewig darüber enttäuscht sein... Er würde es nicht fassen können.
Aber er würde es auch nicht fassen können, dass sie mit einem Jungen schlief. Das hatte sie deutlich gespürt. Und erst recht nicht würde er es jemals fassen können, dass sie es schon nach fünf Tagen tat. In Wirklichkeit hatte sie es schon

nach zwei Tagen getan. Nach einem Tag hatte sie sich für ihn ausgezogen, am nächsten Tag hatte sie mit ihm geschlafen. Ihr Vater würde *nichts* davon verstehen...

Sie spürte wie eine ganze Welt das Leid des *Nicht-verstanden-Werdens*... Warum war das so? Warum verstanden Menschen einander nicht? Selbst die, die sich liebhatten... Wenn man sich *liebhatte*, musste man sich doch verstehen? Aber dafür musste man sich Mühe geben. Sie spürte, wie ihr Vater bestimmte Vorstellungen hatte und wie er sich keine Mühe gab, *ihre* Gedanken und Gefühle zu verstehen. In seinen Augen war es schlimm, schlecht, böse und zu früh, wenn sie mit einem Jungen schlief. Aber sie hatte es gar nicht vorgehabt! Julia hatte es wahrscheinlich schon vorgehabt – und sie hatte immer neue Freunde. Aber sie doch nicht! Sie hatte es nicht vorgehabt. Es war einfach *passiert*. Aber es war etwas Wunderschönes. Sie fragte sich, ob es für Julia auch so wunderschön war. Aber wenn es so war – warum wechselte man dann die Freunde, immer wieder? Sie konnte sich das nicht vorstellen. Sie konnte sich nicht vorstellen, sich mit verschiedenen Jungen *so* zu lieben. Es war etwas Heiliges. Und man zog sich auch nur vor *einem* Jungen aus... Im Grunde war alles schon an diesem ersten Tag geschehen... Sie hatte es da noch nicht gewusst. Aber geschehen war es trotzdem...

Und was machte sie nun mit ihrer Lüge? Sie fand keinen Ausweg, bis sie allmählich und immer sicherer den Entschluss fasste, ihrem Vater einen Brief zu schreiben. Sie stand wieder auf und setzte sich an den Schreibtisch, holte ein weißes Blatt Papier aus ihrer Schublade und begann zu schreiben...

Lieber Papa,
vielleicht bist Du von mir sehr enttäuscht, wenn du diesen Brief gelesen haben wirst. Aber ich will Dich nicht belügen. Ich hatte heute nur große Angst vor Dir.

Ich verstehe nicht, wovor Du mich beschützen willst. Marcus ist der liebste Freund, den es gibt, und er liebt mich so sehr wie ich ihn. Du brauchst Dir keine Sorgen zu machen. Du weißt, dass ich mich nicht schnell verliebe. Aber nun habe ich es doch getan. Und ich weiß, dass es richtig war und ist.

Und ich will Dich nicht belügen. Deswegen muss ich Dir sagen, dass wir doch schon zusammen geschlafen haben. Ich weiß nicht, was daran schlimm ist. Es ist wunderschön. Bitte mach Dir keine Sorgen, Papa. Und wenn Du böse sein willst, dann bitte nicht auf ihn...

Deine Diana

Sie würde diesen Brief morgen auf den Sekretär ihres Vaters legen. Sorgfältig faltete sie ihn einmal zusammen. Dann ging sie wieder in ihr Bett – und hatte ihren Frieden gefunden.

Am nächsten Tag war die alte Frau wieder da. Sie traf sie auf dem Weg zu ihrem Freund. Und so nahm sie ihn an der Hand und ging mit ihm zu ihr – auch er sollte sie kennenlernen...

„Gisela, das ist Marcus, mein Freund, von dem ich dir erzählt habe...“
Erschrocken bemerkte sie, dass sie zum ‚du' gewechselt war. Mit etwas Herzklopfen beschloss sie, dabei zu bleiben...
„Guten Tag, Marcus.“
„Guten Tag.“
„Setz dich, Marcus“, sagte sie, nachdem sie es sich bequem gemacht hatte. „Warte, ich rück noch ein bisschen...“
Der Junge setzte sich ebenfalls auf das Pflaster, und sie sah, dass er so etwas sonst nie tat.
„Ist es ... in Ordnung, Marcus?“, fragte sie besorgt.
„Ja, es ist alles gut, Diana.“
„Wie geht es dir, Gisela?“, erkundigte sie sich nun nicht weniger besorgt nach dem Wohlergehen der alten Frau.
„Ach, Kind... Nicht gut. Ich glaube, ich werde krank. Mir tut alles weh... Ich weiß nicht warum, aber ... vielleicht war es gestern morgen etwas kalt...“
„Und was machst du jetzt?“, fragte sie betroffen.
„Ich kann nichts machen... Ich weiß es nicht... Tagsüber habe ich nichts...“
Nun war sie vollends bestürzt. Hilflos ging ihr Blick zu ihrem Freund.
„Marcus...“, sagte sie bittend.

Der Junge sah sie an...
Dann wandte er sich an die alte Frau und sagte:
„Diana hat mir schon von Ihnen erzählt. Aber bitte erzählen Sie mir noch einmal Ihre Geschichte...“

Auch die Frau sah erst sie an, und sie nickte ihr ermutigend zu – und dann erzählte sie auch ihm noch einmal ihre ganze Geschichte.

Er stellte einige Rückfragen, und auch diese wurden ihm beantwortet. Dann sagte er:

„Wir schalten die Zeitung ein. Die Presse – die soll was tun."

„Was denn tun?", fragte sie besorgt.

„Die Presse kümmert sich oft um die ‚Not vor Ort'. Ich weiß nicht, wie das hier ist. Aber man hat gute Chancen. Wenn nicht, gehen wir direkt zu den Politikern."

„Du meinst, das geht?"

„Ich denke, so etwas will niemand so lassen, wie es ist, wenn er direkt angesprochen wird."

„Aber wie lange dauert das?"

„Ein, zwei Wochen, wenn alles gut geht."

„Aber Gisela fühlt sich *jetzt* krank..."

„Sie kann erstmal zu mir."

„In dein kleines Zimmer?"

„Ja, was soll ich machen..."

„Aber wo schläft sie dann?"

„In meinem Bett."

„Und du?"

„Weiß ich nicht... Wenn ich einen Schlafsack hätte..."

„Ich hab einen!"

„Der ist mir wahrscheinlich zu klein. Aber besser als nichts."

Sie schaute entsetzt und zugleich so voller Hoffnung ihren Freund an.

„Das ... das würdest du wirklich machen, Marcus?"

„Ja, Diana."

„Aber das", sagte nun die alte Frau, „kann ich doch gar nicht annehmen..."

„Doch!", sagte sie leidenschaftlich. „Das musst du annehmen, Gisela. Du musst! Du kannst nicht hier auf der Straße krank werden! Wenn du krank wirst, dann bei uns... Ich bin dann auch so oft da, wie es geht." Sie lachte entschuldigend einmal kurz auf. „Das wird ganz schön eng werden! Aber ich hoffe so sehr, dass das klappt, mit der Hilfe. Marcus, denkst du, dass es klappt?“

„Ich denke, ja. Irgendetwas wird klappen.“

„Okay, dann ... können wir sie jetzt zu dir bringen, Marcus?“

„Ja.“

„Kann – kann ich dann schnell nach Hause laufen und meinen Schlafsack holen?“

„Ja. Mach das.“

„Gut, ich beeil mich.“

„Ist schon gut, Diana – keine Sorge.“

„Es ist nicht weit, Gisela! Nur fünf, sechs Minuten von hier. Komm...“

Sie stand auf und reichte nun der alten Frau die Hand. Diese ergriff sie und kam mühsam auf die Beine. Mit der anderen Hand hatte die Frau ihren Pappbecher mit den Münzen genommen, nun hielt sie diesen noch immer. Als sie die alte Hand mit dem armseligen Becher sah, in dem ein paar Münzen lagen, durchwogte sie eine heftige Welle von Mitleid, gefolgt von Scham – über sich selbst und eine Welt, die einer so lieben, armen Frau nicht half...

„Ich geh schon...“, sagte sie hilflos, wandte sich schnell um und rannte davon.

Im Laufen wischte sie sich ein paar Mal über die Augen...

*

Zwanzig Minuten später war sie wieder bei den anderen. Die Frau lag bereits im Bett, und Marcus erwartete sie schon.

„Ich geh nochmal Kräutertee und Honig kaufen. Und Paracetamol für den Notfall.“

„Ja...“, sagte sie betroffen. „Hast du ... Geld?“

„Ja, ich hab Geld.“

In ihrer Brust formte sich eine Riesenwoge...

Als ihr Freund weg war, war sie mit der alten Frau allein – in seiner Wohnung. Es kam ihr alles noch immer irreal vor – aber sie war so unglaublich dankbar und erleichtert, dass es der alten Frau jetzt gut ging. Jetzt im Moment ging es ihr gut...

„Ach, Kind...", sagte diese nun mit ebenfalls dankbarer Stimme, „hast du nicht gesagt, dein Freund kann nicht fühlen? Was meinst du? Ich meine, er fühlt mehr als fast alle anderen..."

Wieder musste sie sich die Augen wischen...

„Ja...", brachte sie mit erstickter Stimme hervor.

„Aber du...", sagte die alte Frau nun. „Du bist wirklich ein Engel..."

Sie hatte am Bett der alten Frau gekniet.

Nun konnte sie nur mit tränennassen Augen hilflos den Kopf schütteln und ihn in ihren Armen bergen. Als sie die Hand der alten Frau in ihrem Haar spürte, musste sie aufschluchzen...

„Schsch...", hörte sie ihre beruhigende Stimme. „Nicht weinen..."

Aber es nützte gar nichts...

Als ihr Freund wieder da war, kam sie zu ihm an die Tür. Er sah ihre geröteten Augen.

„Hast du geweint, Diana?"

Sie nickte.

„Es ist nicht schlimm, Marcus... Eigentlich bin ich jetzt sehr, sehr glücklich..."

„Du ... du hast Mitleid, nicht wahr?"

Wieder nickte sie.

„Es wird schon gut werden, Diana. Ich koch mal Tee..."

Sie folgte ihm wie ein anhängliches Kätzchen in die winzige Küche.

„Und du, Marcus...", fragte sie, tief berührt. „Warum machst *du* das alles?"

„Weil ich sehe, wieviel sie dir bedeutet..."

„Das heißt ... du tust es für *mich*?"

„Ja."

„Aber...", sagte sie fassungslos, „es ist *mehr*, Marcus! Ich ... ich hab doch gesehen, wie du losgegangen bist... Wie du alles von dir aus gemacht hast. Wie du an alles gedacht hast... Wie du sogar jetzt den Tee machst... Das ist doch nicht nur für *mich*!"

Der Junge hörte kurz auf, herumzuhantieren, ließ ein wenig die Schultern hängen und sah sie an.

„Doch, Diana... Es ist ... es ist *schon* alles für dich... Ich weiß, was gemacht werden muss. Dazu gehört ja nicht viel. Und der Rest ... ergibt sich, weil ich sehe, was du fühlst..."

„Du ... tust es nur für mich?"

„Ja ... es ist schlimm, nicht wahr? Ich schäme mich deshalb auch..."

„Warum denn, Marcus?"

„Weil ich ... so ein schlechter Schüler bin..."

„Aber ... aber es sah so sehr danach aus, Marcus!"

„Ja – es tut mir leid..."

„Und ... Gisela bedeutet dir nichts?"

„Nein... Vielleicht in ein paar Tagen."

„Aber du hilfst ihr..."

„...wegen dir."

Erschüttert sah sie auf die Anrichte, an der sie stand.

„Verachtest du mich jetzt, Diana?", fragte er leise.

„Nein...", sagte sie leidvoll. „Wenn dann *mich*... Ich bin so eine schlechte Lehrerin..."

„Diana! Nein, das bist du nicht. Du bist eine wunderbare Lehrerin. Du machst alles richtig. Ich – ich brauche wahrscheinlich nur ein bisschen Zeit. Ich ... ich kenne Gisela doch noch gar nicht wirklich..."

„Ja? Denkst du das? Dass du nur etwas Zeit brauchst?", fragte sie mit inniger Hoffnung.

„Ja, Diana. Ich hoffe es... Aber ... wie *du* ist niemand. Du weißt ja, wie die anderen Menschen sind. Sie würden nichts tun. So wie ich ... wenn ich dich nicht lieben würde. Aber durch deine Liebe und durch meine Liebe zu dir ist sie jetzt hier... Diana... Und du bringst mir so viel bei... Ich bin noch nicht so weit. Aber gib nicht auf! Gib *mich* bitte nicht auf, Diana! Ich vertraue dir. Und ich weiß, dass du Recht hast...“

Wieder schlug die Woge über ihr zusammen. Sie war so unendlich gerührt von diesem armen Jungen, den sie so sehr liebte... Und hilflos warf sie sich nun *ihm* in die Arme, drückte ihr Schluchzen in seine Schulter – und dann küsste sie ihn weinend... Sie würde ihn nie, nie, niemals aufgeben...

*

Zuhause erwartete sie ihr Vater im Wohnzimmer. Sie traute sich erst nicht zu ihm, aber er rief sie zu sich. Er saß auf seinem Stuhl am Sekretär. In der Hand hielt er ihren Brief – und schon diese Geste ließ sie Scham empfinden...

„So – du hast also mit diesem ... Jungen schon geschlafen?“
„Ja.“
„Und was denkst du dir dabei? Mit *fünfzehn*?“
„Was ist denn mit dem Alter, Papa?“
„Dem Alter! Dem Alter! Weißt du, wann wir früher miteinander geschlafen haben? Mit achtzehn, neunzehn, zwanzig. Die Vorlauten mit siebzehn. Und weißt du, warum so spät? Weil man dann erst Verantwortung übernehmen kann, Entscheidungen treffen, damit *umgehen*!“
„Welche Entscheidungen denn?“
„Ja, siehst du? Du weißt nicht mal, welche Entscheidungen! Zum Beispiel, ob man mit jemandem sein Leben lang zusammenbleiben will! Oder willst du die Freunde wechseln wie deine große Schwester? Wie die Hemden? Willst du das? Du

kannst doch noch gar nicht wissen, wie lange du mit diesem ‚Freund' zusammen sein willst! Aber du schläfst mit ihm schon nach fünf Tagen! Oder schon nach drei? Ich kann es einfach nicht fassen! Wie ist so etwas möglich! Und gerade bei dir! Von dir hätte ich das niemals gedacht! Bist du auch so eine? Rein ins Bett – und von jetzt an jede Woche, oder jeden Tag? Und wann kommt der nächste ‚Freund'? Das ist furchtbar, so etwas!"

Sie hatte keine Kraft mehr, etwas zu erwidern oder sich zu verteidigen. Sie war wie erschlagen. Sie wandte sich zum Gehen und sagte nur leise:

„Er ist mein Freund... Und das Sich-Lieben ist etwas Heiliges..."

An diesem Tag kam sie nicht zum gemeinsamen Abendessen. Sie konnte es einfach nicht...

An den darauffolgenden Tagen überschlugen sich die Ereignisse ein wenig.

Ihr Vater hielt ihr am nächsten Morgen eine weitere Predigt, die aber im Grunde eine Art Entschuldigung sein sollte, denn letztlich akzeptierte er die Situation, wie sie war, auch wenn er weiterhin seine deutliche Unzufriedenheit zeigen musste.

Sie aber war froh, denn sie kannte ihn gut genug, und so wurde beim Abendessen über diesen Punkt eisern geschwiegen, und die Harmonie war im Prinzip wiederhergestellt.

Vor allem aber erreichte Marcus weder bei der Presse noch bei den Lokalpolitikern etwas. Die Presse zeigte sich nicht interessiert, eigene Bemühungen zu machen, und die Politiker verwiesen an die zuständigen Behörden.

Bestürzt hatte sie diese Informationen zur Kenntnis genommen, aber dann hatte Marcus bereits einen neue Strategie: Er schlug vor, nun vor Ort auf die skandalöse Situation aufmerksam zu machen.

Und so saßen sie bereits drei Tage später, als es der alten Frau wieder besser ging, gemeinsam mit ihr mitten in der Fußgängerzone und hielten zwei selbstgemachte Schilder hoch.

Auf dem einen, welches Marcus hielt, stand: ‚Alte Frau erst geschlagen, dann obdachlos – Lokalpresse und Lokalpolitiker tun nichts!' Und sie hielt ein Schild, auf dem sie geschrieben hatte: ‚Helfen Sie uns – sprechen Sie mit Ihrer Zeitung und Ihren Politikern!'

Sie hatten auch viele Kopien bei sich, auf denen Marcus einen kurzen Text mit der Geschichte der Frau formuliert hatte – einschließlich verschiedenster Ansprechpartner, an die man sich wenden konnte, bis hin zum Bürgermeister. ‚Man muss es den Leuten so leicht wie möglich machen', hatte er dazu erklärt.

Selbstverständlich litt Gisela unter der Situation, derart im Mittelpunkt zu stehen – andererseits war sie es durch ihr Schicksal bereits gewohnt, hatte dem Vorgehen zugestimmt und war ihnen beiden für ihren Einsatz unendlich dankbar.

„Ihr seid zwei so besondere junge Menschen!", wiederholte sie zum ungezählten Male fassungslos, als sie sich auf dem Steinpflaster eingerichtet hatten.

Der Junge schwieg dazu. Er saß in stoischer Ruhe direkt neben Gisela, so als täte er dergleichen jeden Tag. Sie selbst saß dann neben ihm, schwieg aus ganz anderen Gründen, lächelte der alten Frau nur liebevoll zu – und blickte hoffnungsvoll in das Gesicht jedes einzelnen Passanten, der vorbeiging...

Dabei verteilten sie ihre Zettel – und nicht wenige Menschen blieben stehen, und es ergaben sich Gespräche, in denen sie auch persönlich darum baten, der alten Frau zu helfen. Mehrere Menschen versprachen dies auch ganz unmittelbar, bevor sie schließlich weitergingen.

„Es sind jetzt schon so viele Menschen gewesen", sagte sie begeistert, als es langsam dunkel wurde, „dass doch jetzt etwas passieren muss! Oder, Marcus?"

„Rechnen muss man mit allem", sagte er. „Wahrscheinlich sagen die meisten Leute ‚ja' und tun dann doch nichts."

„Aber warum denn nicht?"

„Weil es zu anstrengend ist."

„Einen *Anruf* zu machen – oder eine E-Mail oder einen Brief zu schreiben?"

„Ja."

„Aber – wie kann das zu anstrengend sein?"

„Das ist Psychologie."

„Wieso ist das Psychologie? Ich verstehe das nicht..."

„Jede Handlung braucht eine Motivation – sonst wird sie unterlassen. Man braucht einen Antrieb, zum Beispiel die Vorstellung einer Belohnung, etwa, dass man sich hinterher gut fühlt. Daneben laufen aber unbewusst diverse Kosten-Nutzen-Rechnungen. ‚Tue ich lieber das oder das?' Diese Aktion steht in Konkurrenz zu tausend anderen Dingen: Zeitung lesen, Fernseher anschalten, einen Film gucken, mit dem Ehemann streiten, die Kinder zum Müll-Raustragen anhalten, einfach mal die Beine hochlegen, Tante Berta anrufen und so weiter und so fort. Da fällt so ein Flugblatt schnell wieder hinten runter, wenn man zuhause angekommen ist."

Sie war nach dieser Aufzählung erst einmal so bestürzt, dass ihr die Sprache wegblieb. Dann schwieg sie weiter, weil sie nachdenken musste. Sie nahm die Passanten, die an ihnen vorbeigingen, nur noch halb wahr und sann über das nach, was ihr Freund eben beschrieben hatte, versank regelrecht darin...

Schließlich – sie dachte nicht einmal darüber nach, wieviel Zeit inzwischen vergangen war oder ob ihr Freund noch wusste, woran sie anknüpfte – sagte sie langsam, aus ihrem Nachsinnen auftauchend, aber zugleich noch immer leise darin verweilend:

„Das kann nur passieren, wenn man es *unwichtig* findet... Denn sonst würde man es doch tun, so etwas Einfaches. Man würde es sogar sofort tun, weil es einem wichtig wäre. Aber ... als sie den Zettel nahmen und es versprachen, *war* es für sie wichtig – sie fanden es wichtig! Aber ... das bedeutet, dass es auf dem Nachhauseweg verlorengeht... Was geht denn da verloren? Eben gerade das! Das *Gefühl*, dass es wichtig ist. Dass man das fühlt! Das geht verloren... Die Menschen *finden* es gar nicht unwichtig, Marcus – sie finden es aber zu kurz wichtig, und zuhause haben sie es schon vergessen, dass sie es wichtig gefunden haben. Ihr ... ihr Herz ist nicht treu genug! Oder ... nein ... sie hören nicht lange *genug* auf ihr Herz... Sie müssten, wenn sie zuhause sind, noch immer dasselbe fühlen, was sie fühlen, wenn sie hier stehen und unsere

Schilder sehen und Gisela und uns. Da fühlen sie doch etwas, Marcus! Aber zuhause dann nicht mehr wirklich...

Und das ist es eben! Das ist es, Marcus! Immer wieder ist es das! Sie fühlen zu wenig, die Menschen. Sie fühlen zu wenig, zu kurz, zu schwach – es *bleibt* nicht! Es bleibt nicht, obwohl es da war! Es war ja da! Aber sie schaffen es nicht, es mit bis nach Hause zu nehmen. Ihr eigenes Gefühl schaffen sie nicht, bis nach Hause zu tragen – lebendig zu halten! Es ist doch wie ein Feuer im Herzen, ein warmes Feuer, eine Flamme, ein liebes, warmes Feuer – und man könnte es lebendig halten, die ganze Zeit! Warum tut man es nur nicht? Wieso wissen die Menschen nicht, wie das geht? Oder wissen sie es und tun es nur nicht? Nein, sie wissen es nicht!"

Sie sah ihren Freund leidenschaftlich an, und dieser hörte ihr aufmerksam zu.

„Marcus, man *sieht* es bei jedem Menschen, wie das Gefühl lebendig wird, wenn sie uns und unsere Schilder sehen. Weil die Menschen auf einmal *begreifen*, was es bedeutet. Weil sie sehen, dass da ein Mensch ist. Sie gehen nicht mehr vorbei, sie sehen Gisela, und sie sehen: das ist eine liebe, alte Frau, *ein Mensch*! Und er hat eine Geschichte. Und man versteht, was passiert ist. Und man sieht, dass wir ihr helfen wollen. Und man versteht es – man versteht die Ungerechtigkeit von alledem, und man versteht, dass das nicht sein darf. Und man *fühlt* es! Man fühlt Mitleid – und will selbst helfen! Und *das*, Marcus – *das* müsste man bis nach Hause tragen können. Dass man helfen will, weil man sich berührt fühlt von diesem Schlimmen..."

„Ja, Diana...", sagte ihr Freund. „Du hast Recht..."

„Und wenn man *das* hätte", sprach sie innig weiter, „dann gäbe es gar keine Konkurrenz. Weil man niemals lieber einen Film gucken würde, bevor man Gisela nicht geholfen hätte! Man würde es einfach nicht wollen! Man würde zuerst ihr *helfen* wollen – und dann alles andere tun, wenn man noch Zeit hat. Und ... und man bräuchte sich auch gar nicht extra ‚gut' fühlen hinterher – weil man gar keinen Grund braucht, etwas zu unternehmen. Man *will* es mehr als alles andere – und ist erst zufrieden, wenn man es getan hat! Man muss sich nicht ‚gut' fühlen – sondern man würde sich *schlecht* fühlen, wenn man es *nicht* tut! Man bräuchte keine Motivation, man bräuchte jemanden, der einen davon *abhält* – aber es könnte einen niemand davon abhalten! Man wäre nicht mehr zu stoppen... Wenn man nur *fühlen* würde... Wirklich fühlen, Marcus...“

Das Feuer ihrer Leidenschaft besänftigte sich wieder zu einem kleinen, treuen Flämmlein, und in ihr stieg das reine, zarte Glück darüber auf, alles zum Ausdruck gebracht zu haben, was die Seele gefühlt und erkannt hatte. Unbewusst atmete sie einmal sehr tief ein und strahlte ihren Freund in inniger Wärme an...

Die Antwort des Jungen war ein zärtlicher, langer Kuss...

*

Sie setzten ihren Einsatz gleich am frühen Samstagvormittag fort, noch vor Öffnung der ersten Geschäfte. Es war ein wunderschöner Sonnentag Ende April. Die Fußgängerzone war bei diesem Wetter auch am Wochenende sehr beliebt, und die Dynamik ihrer Aktion hielt an.
Sie versuchte nun noch inniger, in den Menschen jenes Feuer zu wecken, mit dessen Hilfe man das Schicksal eines anderen Menschen wirklich *sah*. Und jedes Mal sah, sann, fühlte, ja wollte sie den Menschen hinterher, wie um ihnen zu helfen, diese wärmende Flamme innerlich bis nach Hause zu tragen, sie wirklich bis dorthin zu hüten...

Und dann kam am Nachmittag, kurz bevor die meisten Geschäfte schlossen, tatsächlich das Lokalfernsehen – und drehte, filmte sie, interviewte sie, alle drei. Die drei Menschen vom Fernsehen, es waren zwei Männer und eine Frau, nahmen auch das Flugblatt mit, stellten noch weitere Detailfragen – und zogen dann wieder ab.

Sie war völlig überwältigt, als es vorbei war. Ihr Herz schlug bis zum Halse, sie konnte sich kaum beruhigen und auch ihre Gedanken fast nicht ordnen.
„Marcus, was passiert jetzt?", fragte sie aufgeregt. „Wann wird es nochmal im Fernsehen kommen? Haben sie das gesagt? Hab ich – hab ich keinen Unsinn gesagt? Wie war das, was ich gesagt habe, Marcus? Du warst ganz toll! Sie hätten nur dich interviewen sollen – dich und Gisela. Und ... und denkst du, jetzt wird ihr geholfen? Wie lang wird es noch dauern, Marcus? Jetzt *muss* doch etwas passieren, oder?"
Bevor sie überhaupt verstand, was geschah, hatte sie der Junge erst einmal in die Arme genommen und wiederum zärtlich geküsst – bis sie sich beruhigt hatte...
„Ja", sagte er dann ruhig. „Ich hoffe, jetzt passiert etwas..."

Sie blieben noch bis zum Abend, obwohl sich nach dem Schließen der Geschäfte der Strom der Menschen sehr vereinzelte – aber es ging ihnen nicht um die Zahl, sondern um die Sache. Man konnte nicht nur ein paar angenehme Stunden lang eine echte Notsituation in die Herzen der Menschen bringen, man selbst musste die größte Treue von allen haben...

*

Am Abend bestand dann Gisela darauf, wieder in die Notunterkunft zu gehen. Sie war wieder gesund und wollte den beiden jungen Menschen, auch wenn diese auf dem Gegenteil zu bestehen versuchten, nicht ‚zur Last fallen'.

So ging sie mit ihrem Freund nach Hause, um noch etwas Zeit mit ihm zu verbringen, bis sie zu sich nach Hause gehen würde. Ihre Eltern hatten der Aktion distanziert gegenüber gestanden. Sie hatten nichts unternommen, sich nicht daran beteiligt. Es war, wie wenn sie davor *flohen*, mit dem Schicksal der alten Frau in Berührung zu kommen. Es war mehr als Skepsis – die Skepsis steigerte sich zur Abwehr. Für sie blieb dies ein Rätsel, unter dem sie litt, aber mit dem sie sich abfinden musste. Julia und Thomas hatten jeder für sich die ‚Aktion' cool gefunden – aber sich auch nicht weiter interessiert. Sie war in ihrer Familie allein geblieben...

Marcus schloss die Wohnungstür auf – und sie tranken in der winzigen Küche erst einmal ein Glas Wasser.
„Was möchtest du essen, Diana?"
„Was? Nein, danke – ich hab keinen Hunger..."
„Aber du hast seit heute Mittag nichts mehr gegessen!"
„Ja, kann sein... Aber ich hab keinen Hunger."
„Du musst was essen."
„Nein, Marcus, wirklich nicht. Mach dir keine Sorgen. Vielleicht esse ich nachher zuhause noch etwas."
„Na gut, dann esse ich auch später."
„Nein, du kannst dir ruhig etwas machen."
„Nein – ich kann auch noch warten. Komm, wir gehen ins andere Zimmer."

Es war seltsam. Nun war es wieder sein Zimmer – oder ihrer beider Zimmer. Gisela war nicht mehr da. Ein paar Tage hatte sie hier gelebt, hatten sie sie hier gepflegt, waren einfach für sie dagewesen – sie zumindest nach der Schule. Und nun waren diese Tage wieder vorbei. Wie seltsam so etwas immer war. Und jetzt dies... Wie alles so geschah – Tag für Tag. Ein Tag kam und ging vorbei ... und jeden Tag gab es nur einmal. Und wenn er vorbei war, dann war er vorbei. Er kam nicht wieder – und der Tag danach auch nicht, und keiner...

Sie spürte auf einmal, wie müde sie war. Sie spürte die Anstrengung des heutigen Tages, ja, der letzten beiden Tage. Und beschämt dachte sie daran, wie viele Tage Gisela schon auf der Straße gelebt hatte – *ohne Heimat*. Und sie dachte daran, wie viele Menschen für immer auf der Straße lebten, ohne Heimat... Und sie war schon nach eineinhalb Tagen müde...

„Du siehst müde aus, Diana...“
„Ja, bin ich auch, Marcus...“, sagte sie, dankbar für sein Mitgefühl.
„Willst du nach Hause gehen?“
„Nein... Ich will einfach nur noch ein bisschen bei dir sein. Es ist so schön...“
Sie saßen zu zweit auf dem Bettrand. Der Junge schwieg.
„Oder –“, sie sah ihn erschrocken an, „willst du vielleicht allein sein?“
„Nein!“, beruhigte er sie. „Es ist alles gut, Diana... Für mich ist es ganz genauso. Wirklich ganz genauso... Ich will dich einfach nur noch ein bisschen bei mir haben...“
Sie sah ihn an – und auf einmal stieg eine unsägliche und zugleich unsäglich sanfte Rührung in ihr auf. Es war so schön, dass sie einfach nichts tat, als diesen Jungen anzusehen – und ihren still über ihre beiden Wangen rinnenden Tränen einfach freien Lauf zu lassen...
„Diana...!“, sagte Marcus besorgt und wollte ihr die Tränen abwischen.
„Nein!“, hauchte sie und hielt ihn mit ausgestrecktem Arm davon ab, ließ ihn dann wieder sinken. „Bleib einfach... Einfach nur so bleiben, bitte...“
Und er blieb sitzen, wo er saß, und die Zeit blieb nicht stehen, denn sie *sah* ihn, und ihre Tränen rannen, und das Glück strömte, und die Zeit blieb stehen, *während* sie in heiligem Strom dahinfloss... Es war das Glücklichste und Berührend-

ste, was sie in ihrem ganzen Leben bisher erlebt hatte...
Glück und Liebe und Rührung rannen aus ihren Augen...

Und dann, schließlich, ganz am Ende, noch immer schweigend, kuschelte sie sich leise in seinen Schoß...

Und er streichelte sie sanft, nur ganz vorsichtig, und dann fragte er flüsternd:
„Was *war* das, Diana...“
Sie sah ihn nicht, sie lag seitlich und blickte in sein Zimmer hinein, aber sie brauchte ihn auch nicht zu sehen, er war so *nah*, er war so ganz bei ihr...
Noch immer eingehüllt in diese tiefe Berührung, flüsterte sie antwortend:
„Das war *Glück*... Einfach nur Glück...“
Sie atmete ganz langsam einmal tief ein und wieder aus. Und das tiefste Glück verwandelte sich in einen unbeschreiblichen Frieden...
Sie spürte seine sanfte Hand in ihrem Haar – und diese Momente hätten zu einer Ewigkeit werden können. Es würde nichts Schöneres geben...

„Diana...“
„Ja...“, flüsterte sie glücklich.
„Was du gestern gesagt hast...“
Sie hörte schweigend zu. Das war das Schönste... Dass sie keine Worte mehr brauchten, um zu wissen, dass der Andere ganz bei einem war...
„Ich habe... Ich habe *da* etwas verstanden...“
„Ja?“, fragte sie sanft, wie man eine Tür öffnete, damit jemand eintreten konnte...
„Ja...“
„Und was...?“, fragte sie weich.

Und seine Hand, und die Müdigkeit und alles, alles hätte ewig so bleiben können – sie war so glücklich... Sein Zimmer, seine Stimme, seine Nähe...

„Etwas, was mir niemand erklären konnte. Was überhaupt niemand erklären konnte. Etwas, was nicht in Büchern steht. Was man nicht anfassen kann. Was einfach nur ein großes Rätsel ist. Was auch niemand sonst zu verstehen schien. Niemand kann es erklären. Aber du... Du konntest es, Diana... Ich habe verstanden, was *Fühlen* ist...“

Sie drehte sich in seinem Schoß um. Sah zu ihm auf, staunend. Dann richtete sie sich auf, noch immer staunend, fast ungläubig, oder zumindest wie halb im Traum. Dann saß sie bei ihm, ganz nah, sah in seine ruhigen, klaren Augen – und fragte leise:

„Du ... hast es ... verstanden?“

„Ja...“

„Und was bedeutet das?“

Ihr Herz schien gleichzeitig wie zum Zerspringen gespannt und doch wie bleibend in einem heiligen Frieden – wie eine Erwartung, die zugleich die Ewigkeit kennt...

„Ich *weiß* es jetzt, Diana... Ich weiß es... Ich ... kann es nicht erklären... Es bedeutet ... dass ich es *jetzt* von dir lernen werde... Ich weiß, was es ist, Diana... *Jetzt* wirst du meine Lehrerin sein... Denn jetzt weiß ich, was es ist – und ich will es von dir lernen. Du warst es schon immer. Du warst schon immer meine Lehrerin. Aber jetzt kann auch mich nichts mehr stoppen... Denn jetzt weiß ich, was es ist... Es ist eine Art Wunder... *Das* zu begreifen...“

Sie hatte vorhin schon alle Tränen geweint. Es war, wie wenn das, was jetzt geschah, zeitlich umgekehrt war. Sie *hatte* bereits das absolute Glück erlebt – und jetzt kam etwas, was sie eigentlich hätte *noch* glücklicher machen müssen, aber es war nicht mehr möglich.

Hilflos sagte sie:

„Ich kann nicht mehr, Marcus ... was ist mit mir los? Ich schäme mich, weil ich mich fast nicht mal freuen kann, weil ich *eben* schon so glücklich war... Und jetzt sagst du das? Wie egoistisch bin ich nur...!"

Der Junge lächelte bloß – und streichelte sanft ihre Wange.

„Schsch...", tröstete er. „Das macht nichts... Selbst das verstehe ich... Es ist so gut zu verstehen... Mach dir keine Sorgen, Diana – es ist alles gut..."

„Aber gar nichts ist gut!", klagte sie nun, indem ihre Scham wuchs. „Du hast gerade –"

„Schsch...", machte er wieder und erstickte ihre Worte in einem zärtlichen Kuss.

„Du hast", flüsterte er, „genug getan, Diana. Du hast alles, alles getan. Du wirst noch genug Zeit haben, dich zu freuen, das weiß ich. Mach dir keine Sorgen! Es ist alles, wie es sein soll. Alles... Auch du. Dein Glück. Deine Erschöpfung. Du hast *alles* richtig gemacht. Und ich kann es nicht fassen, *wie* schön du bist, Diana! Selbst jetzt – in deiner Erschöpfung. Nicht zu beschreiben... Noch weniger als das Fühlen. Denn das bist du, Diana. Königin... Du bist wirklich eine Königin... Mehr kann ich dazu nicht sagen... Und du sagst jetzt auch nichts... Du Liebe... Du unendlich Liebe..."

Und dann küsste er sie zärtlich. Und ihre Herzen konnten sich nicht mehr trennen, bis auch ihre Leiber zueinander finden wollten – und zueinander fanden, in allertiefster Liebe...

Es war nicht zu verstehen, wie es geschah – aber als an demselben Abend die Nachrichten kamen, hatte man gleichzeitig auch noch den Bürgermeister vor die Kamera bekommen, und dieser hatte nun auf einmal doch schnelle und unbürokratische Hilfe zugesagt.

Das Ganze war eine Sensation. Für sie selbst war es völlig unfassbar, wie schnell alles nun auf einmal ging – und für ihre Familie war es kaum fassbar, dass sie auf einmal im Fernsehen war. Auch in der Schule erntete sie in den Tagen darauf nicht wenige anerkennende Blicke – und plötzlich waren auch ihre Begegnungen mit Boris kaum noch von Spott verfolgt.

Sie konnte das nicht verstehen. Was änderte es so grundlegend, dass man einer lieben alten Frau versucht hatte zu helfen? War es denn das, was die spottenden Jungen auf einmal schweigen ließ? War es, dass sie im Fernsehen gewesen war? Oder weil sie sich getraut hatte, sich mit einem Schild auf die Straße zu setzen? Warum änderte dies so viel? Warum wurde man auf einmal ‚anerkannt' – und vorher verspottet? Weswegen? Warum waren diese Jungen so?
Sie verstand das Phänomen des Spottes nicht. Dieses verschloss sich ihrem Herzen völlig. Dass er nun auf einmal so völlig abflaute, machte sein Rätsel im Grunde nur noch größer. Sie hatte sich fast schon damit abgefunden, dass ihr Wesen diesen Spott aufrief. Aber dass er nun aufhörte, ließ selbst diese Annahme in ein Rätsel münden... Es war, wie wenn der Spott sich immer ein Opfer suchte – und sie dafür im Moment nicht zur Verfügung stand...

Natürlich ging es letztendlich doch nicht so schnell. Eine Wohnung für Gisela musste erst einmal gefunden werden. Aber es war deutlich, dass sie gefunden werden würde. Die

Geschichte beschäftigte die Lokalpresse auch die nächste Zeit noch – auf einmal war sie ein dankbares Thema, das man wie eine reife Frucht nur noch aufgreifen und auslöffeln musste. Sie hatte an dieser einen Geschichte unglaublich viel über die Presse und auch die Politik gelernt...

Aber das alles überragende Ereignis war eines, das der großen Welt verborgen blieb. Ein Junge, dem das Fühlen ganz und gar und völlig fremd gewesen war, hatte begonnen, es zu lernen – und es lernen zu wollen... Und dies – dies hatte sie in den folgenden Tagen so glücklich gemacht, dass sie noch mehr als einmal hatte weinen müssen, vor lauter Glück, vor lauter Berührtheit – bei ihm, allein zuhause, sogar leise mitten im Unterricht in der Schule...

*

Und an einem dieser Abende beschäftigte sie das Fühlen so tief wie nie zuvor. Es war ein milder Abend Anfang Mai. Sie war sehr früh ins Bett gegangen, weil sie nichts anderes tun wollte, als in Ruhe nachzusinnen... Und es war noch hell, und sie spürte die frische Bettdecke, roch ihren Duft, hörte ein paar gedämpfte, vertraute Geräusche – und war darüber hinaus umgeben von der Stille. Allein schon dies alles erfüllte sie mit einem wundersamen Frieden und einem stillen, geheimnisvollen Glück.

Und sie wurde eins mit dieser Ruhe und tauchte ein in das Nachsinnen...

Das Fühlen wohnte doch im Herzen... Daran konnte kein Zweifel bestehen... Aber wie geheimnisvoll das war! Und auch, dass manche Menschen fühlten und andere nicht – nicht *so*...
Wie groß die Unterschiede waren...

In manchen Herzen wohnte das Spotten. Wirklich auch im Herzen? Eine Lust am Spotten... Wohnte die Lust auf Feten, auf Handys auch dort? Woher kam die Lust auf solche Dinge? Und wenn sie auch aus dem Herzen kam, warum waren manche Herzen so anders? Oder warum waren die anderen Herzen so anders als *ihres*?

Sie wollte, dass in der Welt alles *gut* war. Was es auch sei. Sie wollte, dass alles gut war. Und das war in ihrem Herzen – dort kam es her...
Sie versuchte, sich hineinzusenken in das, was das war... Nun war sie nicht weit weg und schaute auf ihr Spiegelbild oder sprach mit ihm – nun war sie mitten *in* sich, auch in ihrem Körper, denn es war das *wirkliche* Herz, wo man es herkommen fühlte, und das war ganz drinnen im Körper, da kam es her...
Wenn man nicht darüber nachdachte, wenn man es nur fühlte, wusste man nicht, wo es herkam. Aber wenn man dann versuchte, zu fühlen, *wo* es herkam, kam man immer ... zum Herzen...

Und es war wie ein Strom... Wie ein Strömen... Ein warmer Strom. Und dieser Strom wollte, dass alles *gut* war. Und es war, wie wenn er zu allem hinging, weich, unendlich zart, viel zarter noch als Wasser, aber nicht einfach wie Luft, viel dichter, viel wärmer und auch echter... Und es ging überall hin ... und ... es war, wie wenn es alles *streichelte*... Alles hatte es *lieb*...

Sie dachte, vereint mit diesem heiligen, wundersamen Strom, wieder an die Kuh, an die unbeschreiblichen Augen eines solchen Geschöpfes. Dieser Strom, der aus dem Herzen kam und der alles liebhatte – dieser Strom *wusste*, dass ein Tier mit solchen Augen *unschuldig* war. Und das bedeutete wirklich etwas. Mit diesem Strom sah man, was ganz unbezweifelbar war.

Und dieses Fühlen, was mitten aus dem Herzen kam und zu allem hinging ... dieses geheimnisvolle Strömen wollte das Unschuldige auch *beschützen*.

Sie dachte wieder daran, wie oft sie diese Vorstellung gehabt hatte, meist hatte sie dies sogar geträumt. Das völlige Beschützen, sogar bis zum Tod... Sie hatte diesen Traum mit einem Bären gehabt, mit einem Kaninchen, mit einem Reh... Immer wurde das Tier angegriffen, von einem Menschen oder von mehreren. Mit Gewehren oder mit Pfeilen. Und ... sie hatte sich vor das wehrlose Tier gestellt ... und für ihn die Kugel oder den Pfeil gefangen, hingenommen, mit ihrem eigenen Leib. Und dann war sie niedergesunken... Und das Blut war aus ihrer Wunde geflossen...

Fast war das Blut das Gleiche wie der heilige, unsichtbare Strom der Liebe... Während die Liebe zu dem Tier ging, strömte das Blut aus der Wunde, *für* das Tier...

Und heftig erschrak sie, als sie erkannte, dass das *Andere*, der Spaß am Handy und am Spaßhaben selbst, diesen heiligen Strom *unmöglich* machte. *In* dem Strömen selbst erlebte sie, dass dies beides unvereinbar war. Es konnte nur ein Entweder-Oder geben. Der Spaß war das Todesurteil für jenes heilige Strömen. Es ereignete sich einfach nicht... Es konnte nicht erwachen. Es war absolut unmöglich.

Das heilige Strömen liebte *alles*. Das Andere interessierte sich für nichts. Es war gleichsam das Gegenteil. Die völlige *Abwesenheit* dieses unbeschreiblichen Geheimnisses...

Kein Junge, der stundenlang auf sein Handy starrte, würde für ein liebes Tier sterben... Kein Mädchen, das sich stundenlang im Spiegel schminkte, würde für ein Tier sterben. Sie kannten dieses *Gefühl* nicht – diese unendliche Liebe, die selbst dazu bereit war, einfach, weil sie *liebte*...

Und einen kurzen Augenblick lang hatte sie ein geradezu furchterregendes Bild. Diesen einen kleinen Moment lang war es ihr, als würden die Handys, als würde jener Blick in den Spiegel, als würde all dies diesen heiligen Strom in einem Bruchteil von Zeit *ansaugen und vernichten* – immerfort, in dem Moment seiner zarten Entstehung, weil er in *jedem* Herzen entstehen wollte... Es fand fortwährend eine unvorstellbare Vernichtung statt – und nur deshalb war nichts vorhanden. Nur deshalb war sie mit all diesen Erlebnissen ... allein.

Und sie erschauerte. Und sie fragte sich, welche Kräfte dem Herzen helfen könnten, dass es gerettet blieb, dass es nicht *verdorben* wurde, dass es seine einzige, heilige Kraft hüten könnte... Es war etwas Böses in der Welt – und dieses stahl den Herzen ihre Erinnerung... Ihre Erinnerung an das, was sie *eigentlich* fühlten sollten... Alle... Dann wäre Frieden... Dann wäre Liebe... Dann wäre *die Welt gut*...

Und dieses Fühlen, dieses heilige Strömen, das war ... wie der *Lichtglanz* dieser wunderbaren Welt. Sie wusste nicht, woher sie dies plötzlich hatte. Aber es war ihr für Momente so deutlich... Es war, wie wenn die ganze Welt überall da, wo *dies* da war, flimmerte und glitzerte wie das schönste Sonnenlicht auf einem Bächlein – und wie wenn selbst die Engel, wenn es sie gäbe, von den fernsten Weiten des Himmels noch diesen Lichtglanz auf der Erde sehen müssten...

Sie ging Hand in Hand mit ihrem Freund... Die Maisonne schien von einem blauen Himmel, und überall schien das Leben einen unsichtbaren Schöpfer zu preisen.

„Diana?"
„Ja?"
„Ich muss mich bei dir für eine Sache auch noch entschuldigen..."
„Für was denn, Marcus?"
„Ich sagte doch am Anfang, du musst aufpassen, ob du nicht ein ‚Helfersyndrom' hast."
„Ach so..."
„Ich habe mich völlig geirrt, Diana."
„Ja?"
„Ja..."
Sie gingen eine Weile schweigend. Für sie gab es nichts Schöneres als diese Momente – das Glück der völligen Harmonie ... und die Harmonie des tiefen, gemeinsamen Glückes...
„Ein Helfersyndrom haben Menschen, die selbst Hilfe brauchen, Anerkennung; Menschen, die im Grunde in all ihrem Helfen selbst hilflos sind. Die gebraucht werden wollen...
Aber du... Du brauchst keine Anerkennung. Du siehst einfach, was gebraucht wird. Du siehst, was fehlt..."
„Und du, Marcus...", fragte sie in inniger Liebe ihren Freund, „siehst *du* es jetzt auch...?"
„Ja... Aber ich fühle mich noch immer so sehr wie ein Anfänger. Hilf mir, Diana..."

„Warum willst du es jetzt so sehr lernen, Marcus?", fragte sie glücklich und staunend zugleich. „Was hat dich so verändert... Was siehst du schon...?"
„Du, Diana", erwiderte der Junge. „Du hast mich so verändert. An dir habe ich es gesehen... An dir habe ich es lieben gelernt. Du selbst warst es. *Dich* liebe ich. Dich und *dein*

Fühlen... Ich habe es *nur* an dir gesehen, Diana. Aber das hat gereicht. Das hat so unendlich gereicht...
Was ich gesehen habe? Ich kann es nicht beschreiben. Wie soll man es auch beschreiben? Alles, worüber wir gesprochen haben. Alles, was du gesagt hast. *Wie* du es gesagt hast. Dein Ernst. Deine Leidenschaft. Deine Schönheit... Dieser volle Widerspruch zwischen einer bloß physikalisch-biologischen Welt *und dir*...
Ich habe gesehen, dass ich mit meinen Gedanken nicht mehr weiterkomme. Wenn ich so weitergedacht hätte wie bisher, hätte ich dich nie begreifen können – und du hast mich ja eigentlich auch schon so oft widerlegt. Das Fühlen ist etwas, was in der naturwissenschaftlichen Theorie nicht vorkommt. *Dein* Fühlen. Es ist unmöglich. Es kann nicht existieren. Aber du existierst. Du bist das *eine* Gegenbeispiel, Diana... Das eine Gegenbeispiel, das eine ganze Theorie zusammenstürzen lässt. Du bist kein Hormonsystem, du bist kein Helfersyndrom, du bist keine geheime Kosten-Nutzen-Rechnung voller Selbstbezug, du bist keine Manipulation, keine Intention, du bist nicht einmal bloß emotionale Intelligenz – du bist ein Wunder...“

„Jetzt übertreibst du, Marcus...“
„Nein! Emotionale Intelligenz ist selbst ein Grenzbegriff, an dem die naturwissenschaftliche Weltsicht aus den Angeln gehoben wird. Ich hab mich in den letzten Tagen ein bisschen damit beschäftigt. *Empathie* ist evolutionsbiologisch eigentlich nicht zu erklären. Gut, es kann das Überleben der Art sichern. Aber wenn man davon ausgeht, dass sich doch immer wieder die *nicht* empathischen Individuen durchsetzen, kann es die Empathie eigentlich nicht geben. Wir sind ja auch keine Ameisen oder so etwas.
Nun ja, wahrscheinlich haben Gemeinschaften besser überlebt als Einzelmenschen. Aber das ist dann doch eher über

harte Gesetze und Pflichten innerhalb des Stammes durchgesetzt worden, ‚kulturell' im basalen, existenziellen Sinne..."
„Das sind jetzt wieder so Gedanken – –", sagte sie traurig.
„Nein, Diana, tut mir leid – ich wollte ja auch eigentlich etwas ganz anderes sagen... Empathie. Letztlich ist Empathie der Kern der emotionalen Intelligenz. Aber das ist gerade das Gegenteil von Selbstbezug. Empathie ist das Gegenteil! Das Gegenteil von Egoismus, das Gegenteil von ‚Survival of the fittest', das Gegenteil von Konkurrenz, aber auch von sozialem Druck und Zwang, von ungeschriebenen Gesetzen einer Gruppe. Empathie ist von der Wissenschaft *nicht vorgesehen*. Nun hat man in den letzten Jahren die ‚Spiegelneuronen' entdeckt. Die erklären wieder, wie Empathie möglich ist – im Sinne von einem Mitempfinden. Aber das bleibt eigentlich immer nur auf einer basalen Stufe, die gerade mal verhindert, dass die Menschen sich die Köpfe einschlagen.
Aber dass es Menschen gibt, die ... nein, dass es *einen* Menschen gibt, der alles andere ausschaltet, der überhaupt nichts hat von dem normalen Egoistischen, von irgendetwas, was alle anderen haben, und der sozusagen *ganz* aus diesem anderen ‚besteht' – als wenn er nur Spiegelneuronen hätte... Das ist einfach nicht erklärbar..."

Sie musste daran denken, dass sie so innig mit ihrem Spiegelbild zu tun hatte, und fragte sich, ob das auch irgendwie damit zusammenhängen könnte. Dennoch hatte sie instinktiv auch gegen diese ‚Spiegelneuronen' eine Art Abneigung.

„Marcus, das ist doch immer noch etwas, was nur mit dem Gehirn zu tun hat. Aber ich spüre doch, dass das Fühlen mit dem *Herzen* zu tun hat. Und nicht nur zu tun – es *kommt* ganz und gar daher, wirklich nur daher! Die Wissenschaft kann das ja nicht erklären – aber ich fühle es! Und muss man etwas erst erklären können, bevor es *wahr* ist? Wenn das Herz nicht wäre, gäbe es kein Fühlen!"

Sie hatte den letzten Satz ohne zu Überlegen ausgesprochen. Er war so wahr wie nur etwas – sie hatte in dem Moment keinerlei Zweifel an diesem Satz. Stellte man sich einen Menschen ohne Herz vor – er könnte nicht fühlen. *Warum* das so war, war ein Mysterium. Dennoch konnte man an dieser Wahrheit nicht vorbei...

„Ich sage ja", erwiderte der Junge hilflos, „ich kann es nicht beschreiben. Alles, was ich beschreibe, ist ja nicht das, was ich sehe. Ich sehe ein Wunder – das die Naturwissenschaftler nicht erklären können, und ich auch nicht. Aber *lieben* kann ich es – und tue es und tat es von Anfang an. Von dem Moment an, wo dieses Wunder geweint hat ... und ich es erkannte... Ich wusste damals noch nicht, dass ich es erkannt hatte – wahrscheinlich war es mein Herz gewesen. Und jetzt ... jetzt begreife ich erst, was ich von Anfang an gesehen habe... So merkwürdig ist das..."
„Und warum willst du es jetzt auch lernen, Marcus...?", fragte sie leise, noch immer glücklich und berührt.
„Weil ich das, was ich sehe und nicht begreife – ich begreife eigentlich nur das Unbegreifliche –, weil ich das ... weil ich ... weil ich begonnen habe, mich danach zu sehnen, Diana. Anders kann ich es nicht sagen..."
„Du kannst es nicht sagen, wonach...?"
„Ich will auch fühlen...! Ich will auch ... aber das ist ja verrückt ... wie kann man sagen ‚ich will auch ... diese Selbstlosigkeit'. Aber man *sieht* dich – und es entsteht eine Sehnsucht danach..."

„In Wirklichkeit", sagte sie in einer plötzlichen Eingebung, „bedeutet ‚menschlich' doch: an *Andere* denken... *Das* ist doch menschlich, Marcus...!"
„Es gibt so viele Aussagen darüber. ‚Irren ist menschlich.' ‚Der Mensch ist der größte Feind des Menschen.' Immer wieder hat man versucht –"

294

„Nein, ich meine die Wahrheit!", unterbrach sie ihn innig.
„Ich meine, was *wirklich* menschlich ist. Das weiß man doch!
Jeder Mensch weiß im Herzen, dass *das* menschlich ist – und
nichts anderes."
„Ja, du hast wahrscheinlich Recht. Da beginnt das Wunder
schon. Warum ist das menschlich? Aber du – du beschränkst
dich ja gar nicht auf andere Menschen. Bei dir geht das ja
einfach weiter ... Tiere, Pflanzen, was auch immer...."
„Und wenn auch *das* eigentlich menschlich wäre...?", sagte
sie leise.
„Ja...", erwiderte der Junge langsam, nachdenklich. „Dann
wärst du der einzige *Mensch*..."
„Nein...", wehrte sie sanft ab. „Es gibt auch andere..."
„Wen denn?"
„Auch andere wollen die Natur beschützen, die Tiere, alles..."
„Ja?"
„Ja."
„Aber ich habe sie noch nicht gesehen. Und ganz sicher ist
niemand so wie du."
„Jetzt hör auf...", bat sie.

„Bring mir davon etwas bei, Diana... Bitte. Lehre mich..."
Sie sah ihn hilflos an. Sie fühlte sich immer beschämt, wenn
er so sprach. Wie konnte sie etwas beibringen? Sie wollte gar
nicht in dieser Position sein... Und doch wollte sie ihm so
gerne in seiner Bitte entgegeneilen, also musste sie den Rest
einfach vergessen...

„Wie soll man es nur erklären, Marcus? Die Natur... Du
musst es an der Natur lernen... Sieh doch nur den Baum dort.
Der da so alleine steht. Darum das Gras. Wenn ich so etwas
sehe ... es ist einfach so *wunderschön*... Aber wie soll man es
nur erklären? Man kann es nicht erklären! Ich ... ich fühle
mich ... ihm *nah*... Verstehst du? Aber auch allem anderen.

Wenn hier ein Tier auftauchen würde – eine Maus zum Beispiel. Ich würde mich ihr so *nah* fühlen! Wie verwandt... Oder ein Frosch. Früher – ich weiß noch – sind wir alle zusammen spazieren gegangen. Auch hier. Und als mein Bruder vier oder fünf war, hat er auch noch alles so angestaunt. Aber später nicht mehr. Mit acht oder neun nicht mehr. Und das *verstehe* ich nicht. Dass es allen Menschen später so egal wird. Sogar meinem kleinen Bruder! Ich habe es bei ihm noch *gesehen*!

Wenn jetzt ein Frosch käme... Ich würde ihn *liebhaben*, Marcus! Ich würde ihn am liebsten in meine Hand nehmen und streicheln... Und von ganz nah anschauen. Und er würde lieb *sein*, Marcus, verstehst du? Die Tiere *sind* alle *lieb*!

Weißt du, die Erwachsenen sagen alle: ‚Ih, ein Frosch!', oder sie sagen: ‚Ach so, ein Frosch – hab ich ja schon tausendmal gesehen.' Aber sie sehen nicht, dass es *dieser* Frosch ist! Es gibt ihn nur einmal, und er hüpft *jetzt* über diesen Weg. Es ist dieser Frosch – kein anderer. Aber sie sehen es nicht – verstehst du, Marcus? Du musst sie sehen lernen! Alle einzeln... Und du musst spüren, dass du sie *liebhast*. Auch alle einzeln. Weil es dieser Frosch ist... Und du wirst ihn nur jetzt einmal sehen. Aber jetzt könnt ihr euch liebhaben. Oder du ihn... Weil auch er wunderschön ist. Er ist ein Tier. Ein wunderschönes..."

Sie sah ihn an. Er hörte aufmerksam und berührt zu.

„Ich kann mich noch immer zur Erde bücken, um dem Frosch nahe zu sein, Marcus. Mein Bruder kann das nicht mehr. Aber nicht nur bücken. Wenn ich mich nicht schämen würde, würde ich mich zu ihm niederknien, Marcus! Es ist nicht wegen meinem Kleid – das kann ruhig etwas schmutzig werden. Man kann es ja wieder waschen... Aber weil es *niemand* macht ... schäme auch ich mich. Aber wenn es niemand sehen würde... Dann würde ich mich niederknien... Weil ich das Liebhaben nicht beschreiben kann, Marcus.."

„Zu ihm niederknien?"

„Ja..."

„Aber wieso?"

„Marcus! Verstehst du das Gefühl nicht?"

„Nein..."

Sie nahm ihn bei der Hand.

„Komm... Wir können es hier tun... Es ist gerade niemand da. Komm..."

Sanft kniete sie sich nieder und zog ihn mit sich. Er folgte ihr etwas unbeholfen und ohne dieses Gefühl.

„Und hier wäre jetzt der Frosch..."

Sie zeigte die Stelle.

„Verstehst du, Marcus?"

„Hilf mir...", bat der Junge.

„Du musst es fühlen, Marcus!", bat sie innig. „Hier ist der liebe Frosch... Du hast dich für *ihn* hingekniet – weil du ihn *liebhast*. Fühl das, Marcus! Fühl, dass du ihn liebhast..."

Innig wartete sie, sah sie ihn voller Hoffnung an.

„Kannst du es fühlen...?"

„Ich...", erwiderte der Junge zögernd, „fühle, dass *du* den Frosch liebhast, Diana..."

„Nein, du!", bat sie leidenschaftlich weiter. „*Du* musst ihn liebhaben, Marcus. Fühle es... Du kniest hier für ihn, bei ihm, weil *du* ihn liebhast...!"

„Und", fragte er leise, „warum habe ich ihn lieb, Diana..."

„Einfach, weil er *da* ist, Marcus. Und weil du ein *Herz* hast."

Der Junge verharrte auf der Stelle.

„Weil ich ein Herz habe?", sagte er, noch immer leise.

„Ja, Marcus", erwiderte sie liebevoll. „Weil du ein Herz hast..."

„Aber wie kann das Herz das?", fragte er unglücklich. „Ich sehe, wie du ihn liebhast! Ich fühle, dass ich etwas tun muss. Ich versuche es. Aber es geht nicht... Diana ... wieso geht es nicht? Was mache ich falsch?"

Sie sah ihn voller Mitgefühl an.

„Bei *mir* geht es doch, oder, Marcus?"

„Ja..."

„Bitte küss mich...", flüsterte sie.

Und sie spürte seine Lippen, beide kniend auf dem Weg, sich innig umarmend, in zärtlicher Leidenschaft...

Fast konnte sie sich nicht wieder lösen. Sie bekämpfte ihre Sehnsucht. Und in inniger Hoffnung deutete sie wieder auf die Stelle.

„Und jetzt der Frosch, Marcus..."

Der Junge sah sie fast mit Bestürzung an.

„D-dasselbe?", stotterte er.

„Nicht dasselbe! Aber etwas sehr, sehr ähnliches... Hab ihn lieb, Marcus! Hab ihn so lieb wie mich ... erinnere dich! Erinnere dich, wie es ist, liebzuhaben – und hab ihn lieb! Einfach, weil er da ist... Von deinem Herzen", sie berührte es sanft, „zu *ihm*..."

Langsam ging ihre Hand zu der Stelle, wie jener zärtliche Strom des Liebhabens...

Der Junge starrte auf die Stelle – aber sie sah, wie sehr er sich bemühte.

Und dann trat eine staunende Verwunderung in seinen Blick. Und sehr leise fragte er:

„Aber warum hast du alles so lieb, Diana..."

„Spürst du es?", flüsterte sie innig.

„Ja..."

„Dann hör nicht auf...", bat sie so leise wie möglich. „Hör nicht auf, Marcus... Du ... du fühlst die Antwort *selber*, wenn du nicht aufhörst..."

Mit banger Erwartung sah sie den Jungen an. Kaum wagte sie es zu atmen. Nichts durfte ihn jetzt stören...

Nach einigen Augenblicken sah er sie wieder an.

„Es ist noch ein weiter Weg, Diana..."

Sie erhoben sich in stillem Schweigen wieder und setzten ihren Weg langsam fort.

„Warum verdient so ein Frosch so etwas...", fragte der Junge leise weiter.

„Warum verdiene ich es denn?", fragte sie sanft.

„Weil du so wunderschön bist."

„*Alles* ist schön, Marcus..."

„Nicht so wie du."

„Aber anders. Wenn du es liebhast, Marcus, *ist* es schön. Und du hast es lieb, *weil* es schön ist... Du musst es nur spüren! Es geht von deinem Herzen da hin. Und zu allem! Es geht zu allem... Du musst es nur spüren, Marcus."

„Und warum... Warum geht es zu allem, Diana?"

„Weil...", erwiderte sie innig. „Es *ist* einfach so! Ich kann es nicht erklären. Ich *habe* alles lieb. Aber es ist auch alles schön! Aber ... was hier ... vom Herzen ausströmt, das ... das *möchte* auch gar nichts ausschließen."

Sie suchte einen Vergleich, ein Bild...

„Der ... Schnee möchte ja auch nichts ausschließen. Er fällt sanft und leise auf *alles* – und alles wird so wunderschön..."

„Aber erst dann."

„Marcus", bat sie, „es ist nur ein Vergleich! Weißt du – das Herz würde doch *selbst* leiden müssen, wenn es etwas ausschließen würde!"

„Ja? Warum?"

„Marcus!", sagte sie in leiser Verzweiflung. „Das Herz *möchte* es einfach! Es möchte lieben. Es kann ja nur das. Wozu sollte ein Herz denn gut sein, wenn es *nicht* lieben würde? Aber ... ist es nicht wunderbar, dass alles so schön ist, dass man es lieben *kann*? Ja, lieben muss...?"

„Nein, nur du bist so schön, Diana..."

„Nein", widersprach sie innig, zärtlich. „Du musst es nur erst lernen, Marcus."

„Wie soll ich es lernen, wenn ich dich so sehr liebe?"

„Du hast es vorhin doch gespürt, Marcus. Das hast du doch?"
„Ja, aber – –"
„Du musst es nur wollen, Marcus... Und wenn du es noch nicht wollen kannst, dann ... tu es für mich... Bitte tu es dann für mich ... bis du es allein kannst..."
„Ich soll es für dich tun...", murmelte er nachdenklich.
„Du sollst nicht", verbesserte sie innig. „Es ist eine Bitte... Es ist meine Bitte... Mein Herz bittet dein Herz, etwas zu tun. Alles liebzuhaben... Es ist das, was auch dein Herz *möchte*, Marcus! Du weißt es nur noch nicht ganz. Aber bald ... wirst du es auch können. Das weiß ich ganz sicher!"

Und als der Junge sie ein wenig hilflos ansah, umarmte sie ihn zärtlich und küsste ihn innig, als könnte sie ihm auf diesem Weg alles beibringen. Aber als er es ebenso zärtlich erwiderte, vergaß sie alles, gab sich nur noch *diesem* unendlichen Glück hin...

Als sie schließlich voller Zärtlichkeit weitergingen, sagte der Junge bis ins Innerste erschüttert:
„O, Diana... Ich habe für dich keine Worte... Ich kann es nicht glauben, dass wir uns begegnet sind. Aber eines glaube ich ganz sicher. Du *wirst* mir alles beibringen. Du wirst es einfach... Du bist die Eine, die das kann. Etwas, was niemand sonst gekonnt hätte. Etwas, was ich ebenfalls nie geglaubt hätte. Jetzt glaube ich es. Denn ich liebe dich... Und für dich werde ich alles schaffen. Ich weiß es jetzt..."

Und ein reines Mädchenherz wehrte alles sanft und leise beschämt ab, was zuviel war – doch zugleich wurde es erfüllt von einem unsäglichen Glück. Und das Glück war überall, und mit ihm fasste ihre Hand die des innig geliebten Freundes noch zärtlicher...